Konrad Wachsmann **Wendepunkt im Bauen**

Konrad Wachsmann **Wendepunkt im Bauen**

mit einem Vorwort von Otto Patzelt

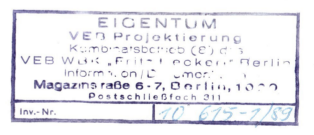

VEB Verlag der Kunst

ISBN 3-364-00116-2

© VEB Verlag der Kunst Dresden 1989
Reprint der 1959 im Krausskopf-Verlag, Wiesbaden, erschienenen Ausgabe (© 1959 by Konrad Wachsmann)
© 1988 by Judith Wachsmann
Veröffentlicht unter der Lizenz-Nr. 413-455/A61/88
Gesamtherstellung: Interdruck Graphischer Großbetrieb Leipzig, Betrieb der ausgezeichneten Qualitätsarbeit, III/18/97
Printed in the German Democratic Republic
LSV 8123 Best.-Nr. 500 727 3
05300

Wendepunkt im Bauen – Utopie und (oder?) Wirklichkeit

„Alles Maschinelle kann schön sein, wenn es nur schmucklos ist. Versucht nicht, es zu verzieren. Wir können uns eine gute Maschine nur graziös vorstellen, denn der Linienzug der Kraft und Schönheit ist der Gleiche." (O. Wilde[1])

KONRAD WACHSMANN:
Klassiker des modernen Bauens

Vor einem Vierteljahrhundert lasen wir, die damals Jungen, WACHSMANNs Buch über den Wendepunkt im Bauen. In klaren, hellen Worten wurde die Geschichte des modernen Bauens als eine Geschichte seiner Technologie beschrieben, und die phantastischen Möglichkeiten künftigen Bauens wurden gezeigt. Es eröffnen sich neue Horizonte des Bauens: „Wissenschaft und Technik – eine neue Kunst".

Überzeugt haben die präzisen Forderungen und Vorstellungen WACHSMANNs, und wesentlich für die Begeisterung war des Autors Persönlichkeit: Er hatte von der Pike auf gelernt, projektiert und gebaut; er wußte, wovon er sprach.

Das Buch erschien in einer Zeit großer Fortschrittsgläubigkeit und Technikbegeisterung. Seine Ziele waren den meisten von uns nah, sie schienen machbar. Machen und machbar waren damals starke und sehr positive Worte. Zwar ging auch zu jener Zeit schon NESTROYs amüsant-hintergründiger Satz um: „Überhaupt schaut der Fortschritt immer größer aus, als er wirklich ist!" Aber die Fortschritte in der Bautechnik, wie überhaupt in der Technik, waren groß: Frei OTTO baute Seildächer mit bislang nie gesehenen Formen und Spannweiten, Richard Buckminster FULLER errichtete Kuppeln gleich riesigen facettierten Diamanten, Pier Luigi NERVI und Felix CANDELA ließen den Stahlbeton geradezu erblühen. Ich gehörte zu denen, die diese Männer – ich sage es auch heute noch ohne Verlegenheit – wie Gurus bestaunten.

Die Wissenschaft bestärkte in den sechziger Jahren die Architekten und Ingenieure im Glauben, in absehbarer Zeit nahezu alles machen zu können. Die Werkstoffwissenschaftler versprachen Materialien, die die Grenzen der idealen Festigkeit erreichen sollten (immerhin sollte 1 cm² Eisenquerschnitt mit 134 000 kg belastbar sein, Kohlenstoffasern sollten noch wesentlich mehr tragen können. Letztere gibt es ja schon in der Raumforschung und in den Stäben der Stabhochspringer. Es ist aber fraglich, ob bei den gegenwärtigen Preisen sie im Bauwesen Chancen haben werden. Den Bauleuten versprach man

Gläser, Sitalle genannt, die die besten Eigenschaften des Glases mit den Eigenschaften von Metallen vereinigten. Aktivierte Zemente, mit billigen Sanden vermischt, ergaben im Laborversuch einen Festigkeitszuwachs von nahezu 50 Prozent; und dabei waren diese Betone 20 Prozent leichter als unsere derzeitigen[8].

Mitte der sechziger Jahre hatten wir in einem Moskauer Institut solches schon mit den Händen erfühlen können. „Zum Mars reisen, auf dem Meeresgrund ernten, den Golfstrom umleiten, das alles waren Dinge, die jeder von der Zukunft erwartete", schrieb ein Schriftsteller jener Generation. Die Fortschritte der Bautechnik waren in der Tat so rasant, daß sie vorbildlos erschienen. Es war WACHSMANN, der in dieser euphorischen Stimmung die große Bedeutung der Erkenntnisse des 19. Jahrhunderts für die moderne Bautechnik erkannte, als sehr viele Künstler, Kunstwissenschaftler und Architekten über das „Plüsch- und Plunderjahrhundert" die Nase rümpften. Er analysiert und beschreibt in seinem Buch die Leistungen der schon in Vergessenheit geratenen Meister wie Joseph PAXTON, Alexander Graham BELL, Johann August ROEBLING, Louis H. SULLIVAN und anderer. Er beschreibt das knapp, klar und so wesentlich, daß wir es, einmal gelesen, nicht wieder vergessen werden. Wichtig erscheint ihm die Rolle der Außenseiter, vertreten durch PAXTON, BELL und MONIER, für das moderne Bauen, und er läßt uns begreifen, daß vielleicht nur diese Außenseiter, an keine Konvention und Werkzünfte gebunden, zu den überraschenden Projekten fähig waren. WACHSMANN schreibt so, wie wir uns einen guten Erläuterungsbericht für ein Projekt wünschen. (Es sei hier daran erinnert, daß VITRUVs Werk, kurz vor der Zeitenwende geschrieben, als „Küchenlatein" belächelt wurde. Späteren Generationen wurde es Vorbild für die Beschreibung klarer Sachverhalte. Die technisch Interessierten waren angetan von der Einsehbarkeit der Texte; so machte er Schule.) Ich lese WACHSMANNs Texte auch deshalb gern, da sie mir, wie schon gesagt, nach dem ersten Mal Durchlesen verständlich sind. Durch seine klare Betrachtung wird auch das alltägliche, oft schon als banal empfundene technische Detail, wieder bedeutsam. Selbst der Fahrradrahmen, durch ihn vorgestellt, erhält Würde und Allgemeingültigkeit. Und noch etwas sehr Wesentliches: Werkzeug und Maschine werden durch ihn hochbedeutsam. Zwar wurde in unserem Jahrhundert durch Technikgeschichtler (z. B. MATSCHOSS und FELDHAUS) sehr eindringlich auf die Bedeutung von Werkzeugen in der Kultur hingewiesen; aber diese Schriften hatten für die tätigen Techniker kaum Bedeutung, sie waren eine interessante Feierabendlektüre. Vor allem die Architekturgeschichte interessierte nur das fertige Projekt, (ich nehme hier Josef DURMs: Baukunst der Römer, Baukunst der Griechen und Baukunst der Renaissance, geschrieben um die Jahrhundertwende, aus; leider hatte dieser hervorragende und kenntnisreiche Baumeister kein besonderes Interesse am Bauen seiner Zeit). Bei der Analyse des Projektes und des Aufbaues des Londoner Kristallpalastes für die Weltausstellung von 1851 gelingt es WACHSMANN, diesen Bau als folgerichtiges Ergebnis einer konsequenten technologischen Methode darzustellen. Das Studium dieses Baues, der von dem genialen Gärtner PAXTON entworfen wurde, läßt uns die Revolution der modernen Bautechnik in der zweiten Hälfte des 19. Jahrhunderts verstehen und darüber hinaus deren Konsequenzen bis auf die vorgefertigten Platten- und Skelettbauten unserer Tage. Ich werde darauf noch zu sprechen kommen: Konsequenzen, die für unsere Vorstellungen von Architektur nicht immer angenehm sein müssen. WACHSMANN bildet in seinem Buch ganz folgerichtig neben seinem Projekt auch die Maschinen ab, die die Bauelemente produzieren sollen. Er widmet dem Werkzeug und der Werkzeugmaschine viel Raum. Er behauptet: „Das Prinzip der Industrialisierung ist identisch mit dem Begriff der Massenproduktion."[2] Es wäre an uns, diese Behauptung näher und unter dem Aspekt der gegenwärtigen technischen Revolution zu präzisieren, ob die neuesten Technologien solches unbedingt fordern. Der Begriff Massenprodukt hat im künstlerischen Bereich — und dazu gehört die Architektur — eine stark negative Bedeutung; zudem zeigt uns WACHSMANNs Werk eigentlich eine Vielfalt moderner Produkte, die in dieser Vielfalt „das Massenprodukt" schon einschränken. Ohne dieses Dilemma weiter zu erörtern, sei empfohlen, alle die von ihm vorgestellten mit modernsten Werkzeugen der vierziger und fünfziger Jahre gefertigten Elemente, sehr genau zu besehen. Unsere Bewunderung für diesen Architekten, der ja auch ein „Selfmademan" war, wird dadurch noch vermehrt (er hatte kein Abitur, kein abgeschlossenes Studium – na, hätte er es heute schwer!). Wir können davon auch noch technisch viel profitieren. Sie sollten die Bilder dieses Buches in ihrer Reihenfolge betrachten; es gelingt nicht sofort, die oft sehr komplizierten Knoten zu begreifen und deren Probleme auch zu verstehen (und es gibt reichlich Probleme bei den Knoten). So ein Verbindungsmittel ist komplex und hat viele Ansprüche zu erfüllen:

· Es muß herstellbar sein,
· es muß passungsfreundlich sein,
· sich leicht montieren lassen,
· es muß, um Massenprodukt zu werden, unterschiedliche Ansprüche bedienen,
· es muß die fast immer großen Kräfte, die sich in ihm konzentrieren, aufnehmen können.

Sehr anregend finde ich WACHSMANNs Vorschläge für unterspannte Plattenkonstruktionen (Bild 356). Korrosionsgefahren in den Spanngliedern können heute weitgehend ausgeschaltet werden, so daß von dieser Idee unser Bauen profitieren könnte. Daß Konrad WACHSMANN zudem über eine starke Imagination in der Raumvorstellung verfügte, beweist Bild 53. Ob ihm bei diesem Beispiel eine praktische Anwendung vorschwebte, ist schwer zu sagen, verliebt war er in diese Zeichnung offensichtlich. Sie hat für mich eine Verwandtschaft zu den hochintelligenten grafischen Verwirrspielen von V. VASARELY und M. C. ESCHER. So gesehen, möchte ich aber ihre praktische Verwendung als Tragkonstruktion schon anzweifeln.

1960 brachte eine Zeitschrift[2] einen Exklusivbeitrag über Konrad WACHSMANN. Die Laudatio beginnt: „Es fällt schwer, schon jetzt die Bedeutung WACHSMANNs und seiner Leistung zu bestimmen. Seine Arbeit und sein Denken kreisen um Dinge, die technisch schon heute, wirtschaftlich erst in der Zukunft in großem Ausmaß realisiert werden können." Der Verfasser versucht in einigen Stichworten WACHSMANNs Fragen an Technik und Gesellschaft vorzustellen, Fragen, die nach wie vor noch genauso aktuell sind:

· Was vermag eine Maschine zu leisten?
· Wie beeinflußt sie den Produktionsprozeß und das Wirtschaftsleben?
· Welche Ansprüche stellen die Produkte an den Menschen?
· Welche Ansprüche kann der Mensch an die Produkte der Maschine und an die Maschine selbst stellen?
· Warum und inwieweit beeinflussen die inneren Gesetze der Wirtschaft das Verhältnis von Mensch und Maschine?

Diese Fragen müssen immer wieder neu beantwortet werden; ein einzelner vermag es nicht. Und WACHSMANN wußte das sehr genau. Konsequent bemühte er sich um eine komplexe Teamarbeit. Ja, er betrachtete es als eine seiner wichtigsten Aufgaben, die Bedingungen und Arbeitsmethoden solcher Kollektive zu untersuchen und zu testen. Er tat es in berühmt gewordenen Seminaren in den USA, in Salzburg, Tokio, Ulm und Lausanne. Er schreibt dazu: „Wie jede andere Epoche stellt auch die Gegenwart Aufgaben, die nur in ihren komplexen Beziehungen erfaßt werden können ... Freilich kann dies der einzelne nicht mehr alleine tun. <u>Man muß sich also zuerst einmal bemühen, durch die Zusammenarbeit einen engen Kontakt herzustellen und schöpferische Arbeitsgruppen zu bilden.</u>" (Unterstreichung von mir, d. Verf.).[2] Für seine Kollektive forderte er: „Persönliche Ansprüche müssen zurückgestellt und durch andere Interessen ersetzt werden; die Arbeit muß in einem Rhythmus vor sich gehen, der für das ganze Team gültig ist ... <u>Die Fähigkeit zu bauen, kann ja schließlich nicht immer von mehr oder weniger genialen Einfällen abhängen und das exklusive Geheimnis der Begabten sein.</u> Wir sollten uns vielmehr um die Schaffung sicherer Grundlagen und um die Stabilisierung der allgemein anerkannten Qualität bemühen". (Unterstreichung von mir, d. Verf.)[2].

WACHSMANN beläßt es nicht bei verbalen Forderungen. In der genannten Literatur stellt er präzise Tagesabläufe für die Entwurfskollektive vor. Selbst die Anordnung der Arbeits- und Diskussionstische mit der Aufstellung von Informationstechnik wird perfektionistisch ausgearbeitet und zeichnerisch dokumentiert. Er legte auf eine umfassende Information größten Wert und schlug dafür ein Informationssystem aus Lochkarten mit Mikrofilmeinlagen vor, womit er immerhin etwa eine Million Kombinationsmöglichkeiten erreichte. Zweifellos bietet heute der Computer elegantere Informationssysteme an; aber die Grundstrukturen einer solchen Informationssammlung sind bleibende. WACHSMANNs Informationssystem, über das Auge eingehend, ist ästhetisch und sehr vermittlungsfreudig. Auch dies eine Aufforderung an alle, die sich mit der Entwicklung von Informationsaufbereitung befassen, diese Arbeiten von WACHSMANN zu studieren.

Seine Bewunderung für die industrielle Technologie kann er ebenfalls bei der Kollektivzusammenstellung nicht verhehlen. Das Kollektiv selbst soll in einer rhythmisch abgestimmten technologischen Linie arbeiten. WACHSMANN glaubt hier große demokratische Tugenden verwirklichen zu können, und wir täten gut daran, solche Ideen nicht gleich zu belächeln und zu verwerfen, sondern sie auf Wert und Verwirklichung abzuklopfen. Selbstverständlich läßt sich ein internationales Sommerseminar, noch dazu in Salzburg, nicht mit einer oft viele Jahre währenden Tätigkeit in einem Projektierungsbüro vergleichen – das weiß ich sehr wohl.

Konrad WACHSMANN ist ein radikaler Denker; ein solcher Mensch schafft sich Gegner. Die folgenden Zitate können und haben schon Widerspruch und Gegnerschaft hervorgebracht: „Die Industrialisierung stellt alle traditionellen Vorstellungen des Bauens überhaupt in Frage und läßt in diesem Zustand der Unsicherheit eine kontinuierliche Entwicklung nicht mehr erkennen"[2]. Dieser Satz, gewissermaßen als Credo vorgestellt, brachte zwei Lager gegen ihn auf:

eines, das sich der Tradition verpflichtet fühlt, und das andere, das glaubt, die Zukunft nicht genau planen zu können aus ganz prinzipiellen Gründen.

Die erste Gegnergruppe beherrscht in unseren Tagen das Feld in großem Umfang nach ihren Niederlagen der sechziger Jahre. Tradition auf der einen und Mode auf der anderen Seite gehören wohl, trotz vieler Irrationalitäten, zum Kitt unseres Daseins. Ihm war die Zeitbedingtheit der Form jedoch klar; er schreibt: „Die Form ist nicht willkürlich, sondern zeitbedingt".

Er glaubte ungebrochen an die Macht des Rationalen, des Definierbaren in der Technik und damit an eine Technik, deren Grenzen nicht festgelegt werden können, und die, da vernünftig und definierbar, schön und nützlich sein muß.

Die Ausbildung der Architekten auf den verschiedenen Schulen sah er nicht sehr freundlich: „Immerhin gäbe es genügend Gründe, die Zulänglichkeit eines Architektur- oder Kunststudiums einer kritischen Untersuchung zu unterziehen; denn die erste Voraussetzung jeder Bildung und Ausbildung – die Bestimmung des Zieles – scheint hier sehr in Frage gestellt"[2]. Natürlich konnte und wollte er als Ziel einer solchen Ausbildung Fachleute mit der Fähigkeit zum perfekten Umgang mit den neuen Technologien sehen. Ich mag nur Vermittler und Berichterstatter sein, fühle mich dennoch zu diesen Gedankengängen WACHSMANNs hingezogen.

1955 erschien von dem berühmten Architekten, ehemaligen Bauhausdirektor und Freund Konrad WACHSMANNs, Walter GROPIUS ein Buch: „Architektur"[3]. Es erschien schon damals im Verhältnis zum „Wendepunkt im Bauen" merkwürdig dürr. Interessieren soll es hier nur deshalb, da in diesem Buch der Name WACHSMANN gar nicht fällt (nur ein Foto einer italienischen Kirche, aufgenommen von WACHSMANN, ist darin zu sehen; übrigens ein großartiges Foto!). In einem Kapitel, genannt „Die Stellung des Architekten innerhalb unserer industriellen Gesellschaft" läßt erstaunen, wie wenig sich GROPIUS mit dem industriellen Bauen auseinandersetzte, wo er doch schon seit 1941, also 15 Jahre lang, mit WACHSMANN zusammen gearbeitet hatte und von ihm die Bedeutung der Industrialisierung für das Bauen erfuhr. GROPIUS bringt in seinen Abbildungen eine Reihe moderner Konstruktionen, sieht aber nur deren Form. Kein Beispiel WACHS-

MANNs ist dabei. Besonders dieses Kapitel wirkt schwach und belletristisch ohne jedes Verständnis für die Auswirkung und die Dimension der Industrialisierung.

Nicht viel anders lesen wir es in dem Buch „Architektur und Gemeinschaft" von Siegfried GIEDION[4], auch mit WACHSMANN befreundet. GIEDION gilt als einer der bemerkenswertesten Architektur- und Kunsttheoretiker. Er spricht über das moderne Bauen ähnlich GROPIUS, vielleicht noch allgemeiner, falls das möglich ist (ich meine nicht GIEDIONs Aussagen zu Städtebau und Architektur in diesem Buch): „Was wir dringend benötigen, sind Leute, die einen Sinn für Koordination haben. Es sollte deshalb einer der ersten Zwecke der Erziehung sein, in den Jungen diese Fähigkeit zu entwickeln. Um dies zu erreichen, müssen wir uns von der auf enzyklopädisches Wissen ausgehenden und die einzelnen Disziplinen streng voneinander scheidenden Erziehungsmethode befrein ...". Er fordert einen Koordinator: „ ..., der die Elemente, die ihm durch die Spezialisten geliefert werden, in ein Kunstwerk zusammenschweißt"[4].

Dagegen ist nichts zu sagen, nur, daß es geradezu unübertrefflich allgemein und damit recht nutzlos ist. Zu WACHSMANN weiß er nur zu sagen, daß er „so ungewöhnlich weit vorkragende Hangars möglich machen würde."

Ich will keineswegs hier WACHSMANN zum Maßstab des neuen Bauens machen und die anderen daran messen: nur waren beide, WACHSMANN und GIEDION nicht nur befreundet, sondern GIEDION wurde durch WACHSMANN einer der Berater bei der Firma General Panel Corporation, und er profitierte wie Walter GROPIUS, der im gleichen Unternehmen dank WACHSMANN Vizepräsident wurde, von eben jenem Industrialisierungskonzept. Es mag uns schon verwirren, daß diesen beiden berühmten Männern – damals noch nicht alt –, die Gedanken WACHSMANNs zur Industrialisierung des Bauens nicht eingegangen waren. 1941 war WACHSMANN 40, GROPIUS 57, GIEDION 47 Jahre alt. Dabei sollen GROPIUS und GIEDION sehr generöse Naturen gewesen sein, und es lag wohl nicht am guten Willen: Eine neue Zeit war angebrochen, und WACHSMANN war einer ihrer Exponenten.

Und doch stellen wir gegenwärtig fest, daß die rationale, die definierbare Architektur, vor allem durch eine im Sinne der sechziger Jahre irrationale Auffassung, die Postmoderne, in Frage gestellt wird. Man kann sich deren Argumentation nicht so verschließen, wie man es gern möchte: Die Architektur soll als eine Kunstform wieder mit Körpern und Räumen Phantasie produzieren. Wer möchte gegen dieses Argument antreten? – Sicher werden jetzt auch einige der Leser sagen: „Nichts anderes wollten GROPIUS und GIEDION in ihren Büchern ausdrücken". Die WACHSMANN-Anhänger werden erwidern, daß einige der aufregendsten und phantasievollen Bauten der Moderne, wie beispielsweise das Centre Pompidou, ganz im Sinne WACHSMANNs gestaltet wurden.

In diesem letzten Vierteljahrhundert ist vieles anders geworden, als wir damals dachten. Das Buch „Wendepunkt im Bauen" wurde, wie schon erwähnt, eine Art Klassiker. Vielleicht werden spätere Generationen es einmal mit einem anderen klassischen Baubuch vergleichen, mit Marcus VITRUVIUS POLLIOs „X Bücher über Architektur". VITRUVIUS schrieb für seine Zeit (ca. 80...10 v. u. Z.) ein enzyklopädisches Werk über das Bauen; übrigens das einzige Werk über Bauen, das uns aus der Antike bekannt ist. Sie sollten, falls Sie VITRUV interessiert, eine Originalübersetzung lesen, und dann werden Sie auch Parallelen zur WACHSMANN-Diskussion erkennen mögen: VITRUV forderte wie WACHSMANN rationale und nachprüfbare Lösung für den Gesamtbau und für das Detail. Aus seinen polemischen Einlagen geht hervor, daß sich viele, möglicherweise die meisten der römischen Baumeister nicht darum scherten, sicher auch deshalb, da die Tagesaufgaben solche Qualitätsmerkmale weder forderten, noch daß sie entsprechend bezahlt wurden. Im Gegensatz zu WACHSMANN, der die Vergangenheit schätzt, doch sie als maßstabbildend nicht unbedingt anerkennt, sieht VITRUV für die Architektur als Kunst nur die Vergangenheit als Maßstab an. VITRUV verfaßte sein Werk als Sechzigjähriger und war offensichtlich schon recht vergnatzt. Dennoch behaupte ich, daß beispielsweise die Kapitel über Bausande, Kalk und seine Verarbeitung, über dauerhaften Estrich und dauerhaftes Mauerwerk es wert wären, heute von Baufachleuten studiert und diskutiert zu werden. Und da bin ich schon wieder bei WACHSMANN: Klassiker sollte man immer wieder – nicht ununterbrochen – lesen. Ich weiß, selbst ein Klassiker ist nicht endgültig; aber er ist ein vollendeter Zweig auf einem immer weiterwachsenden Baum unserer Kultur.

WACHSMANNs Ideen heute

Haben Sie „Wendepunkt im Bauen" durchgelesen, die Bilder besehen, so werden Sie sich fragen, wie ich mich auch immer wieder frage, weshalb wohl die Architektur das von Konrad WACHSMANN vorausgesagte, euphorisch gesteckte Ziel nicht erreicht hat (meinetwegen **noch** nicht erreicht hat?). Schließlich sollten wir uns fragen, was dieser Ideensammlung noch – oder wieder – entnommen werden könnte.
Anfang der siebziger Jahre steckten viele Architekten und Konstrukteure ihre kühnen und allzuoft überzogenen Prognosen in die Schublade; sie wollten wieder ganz schlicht Alltägliches machen. Als mir 1979 jemand mitteilte, WACHSMANN sei in der DDR, stand ich auf einer Baustelle, die WACHSMANN verächtlich „Kraterlandschaft in Schlamm und Geröll"[1], genannt haben würde, und es diese nach seiner Meinung eigentlich nicht geben dürfte. Doch es gibt sie und wird sie, wenn Keller und Gräben im bindigen Boden ausgehoben werden, wohl immer geben. Der „Wendepunkt im Bauen" kennt solche Baustellen nicht, da die meisten Beispiele Hallen und eingeschossige Bauten darstellen, ohne Keller und ohne die oft schwierigen Einordnungszwänge in bebaute Gebiete. Die Materialien sind überwiegend Metalle, Plaste, Sperrhölzer.
In Michael GRÜNINGs schönem und interessantem Buch „WACHSMANN-Report"[1] wird WACHSMANN von einem Dresdner Professor gefragt: „Sind diese zum Verwechseln ähnlichen Gebäude (er meint unsere Städte; d. Verf.) nicht das Ergebnis dessen, was sie gerade in Ihrem Vortrag verlangt haben ...?" WACHSMANN, sich offensichtlich ereifernd, bezweifelt überhaupt alles wissenschaftliche Vorgehen bei diesen Projekten: „Diese Kästen sind starre Gebilde, unveränderbar, ohne Wände, die sich bewegen lassen, ohne die Möglichkeit, den Bau den Bedürfnissen und Erfordernissen anzupassen."
Die folgenden Bemerkungen werden mir sicher den Vorwurf des „Kleinkarierten, der Besserwisserei und Bauleitermentalität" einbringen. Glücklich der Bau-

mensch vor Ort, der den Kasten Haus starr stehen hat, ohne daß Wasser, Wind, Staub und Schall eindringen, und bei Schweiß- und Nacharbeiten das Werk plötzlich Feuer fängt und abfackelt. Besonders skeptisch sehe ich die wissenschaftlich durchdachten, leichten, versetzbaren Wände. Ich kenne keine, die schallschutzmäßig wirklich bewältigt wurden. Bei der Größe des Baues treten allein durch thermische Verformungen Haarrisse an den Fugen auf, und genau da schlüpft der Schall durch. Eine 24 cm dicke Wand, beidseitig verputzt, kostet meist nur einen Bruchteil der leichten, versetzbaren Wand und wäre sicher schalldicht. Übrigens erlebte ich selten, daß die leichte, versetzbare Wand versetzt wurde. Auch ist mit dem bloßen Versetzen der Wände noch nicht viel getan: Die Installationen, Wasser, Strom, Informationsnetze, Klimatechnik usw. lassen sich nicht einfach verschieben. Die vertikale Ordnung, besser gesagt, das dauernde Verletzen der vertikalen Ordnung, gespeist aus dem Irrglauben ungebundener Flexibilität, ist eine Quelle so mancher Bauschäden.

Seit dem Ende der fünfziger Jahre wurde in der DDR die Vorfertigung von Stahlbetonelementen in besonderen Fertigungsstätten gefördert. Es gab – und gibt – dafür gute Gründe:

- Die Vorfertigung ist unabhängig von widrigen Witterungen,
- Sie erfolgt in präzisen Formen mit geringen Toleranzen,
- Vorfertigung spart Arbeitszeit.
- Der vorgefertigte Stahlbeton erspart uns die knappen Materialien Holz und Stahl.
- Der Stahlbeton ist nicht brennbar, und sollte es brennen, so leistet er dem Brand Widerstand;
- der Stahlbeton behindert auf Grund seiner Masse den Schalldurchgang, und
- er gleicht aus dem gleichen Grund Temperaturspitzen aus.
- Stahlbeton, zuverlässig hergestellt, korrodiert wenig.

Leider bringt er für eine kontinuierliche Vorfertigung und für den Montageprozeß auch beträchtliche Nachteile:

- Er benötigt zum Abbinden unter idealen Bedingungen mindestens zehn Stunden;
- er muß mehrere Tage nachbehandelt werden, sonst folgen Spätschäden.
- Transport und Zwischenlagerung der Teile, die um fünf Tonnen liegen, verlangen schweres Gerät.
- Die Fugendichtung der Außenwände ist ein ständig währender Kampf mit Material und Toleranzen.

WACHSMANN versuchte sich mit einem Kollektiv an der Internationalen Sommerakademie in Salzburg 1959 an Beton-Strang-Preßprofilen. Er entwickelte mit einem Team ein universelles Bausystem, das sowohl stabförmige als auch flächenförmige Elemente umfaßte und eine sehr interessante Lösung vorstellt. Er schrieb dazu: „Das Hauptproblem bildete die Frage, ob es möglich ist, Betonkonstruktionen ohne irgendwelche Schalungen herzustellen ... Das Arbeitsergebnis bestand darin, daß spezielle Kaliberköpfer, das heißt vorgeformte Kunststoff-Endungen der Profilstäbe, entwickelt wurden ...".[2]

Da mir keine weitere Verbreitung dieses Systems bekannt wurde, glaube ich an größere Schwierigkeiten bei der Umsetzung in die Praxis; die Düse mag nur eine sein, der Zusammenhalt des noch nicht abgebundenen Betons, der die Form verläßt, eine weitere. Über die Nachbehandlung fehlt die Aussage; dies Problem allein kann den schönen Gedanken zu Fall bringen. Trotzdem scheint mir das eine anregende und weiter zu beachtende Studie (ältere Fachleute mögen sich noch an die Gleitfertiger-Diskussion – Anfang der sechziger Jahre – erinnern).

Die derzeitige Herstellung der Großplatten in Kipp- und Batterieformen ist zwar effektiv, die Variationsmöglichkeit der Teile jedoch gering. Transport- und Montagegeräte sind wesentliche Bestandteile der Bausysteme, und so wurden die Bauweisen folgerichtig nach ihrer Masse bzw. nach ihrem Gewicht benannt (z. B. 2 Mp, 5 Mp usw., nach SI 20 kN, 50 kN). Die Sachzwänge dieser Bauweisen für den Architekten sind beträchtlich, und die Gefahr der Monotonie ist groß. Monotonie heißt wörtlich Eintönigkeit. Monotonie hat mit der Qualität – das muß auch gegen WACHSMANN gesagt werden – erst einmal nichts zu tun; sie ist ein Quantitätsmerkmal. Die perfekteste Vorhangfassade in „hight tech" ... zigmal aneinandergereiht ist monoton. „Einen Regenbogen", schrieb Goethe, und er bewunderte ihn über die Maßen, „der eine Viertelstunde steht, sieht man nicht mehr an".[5] Goethe schloß sich in diese Aussage ein, und er war einer der Großen der Welt, der kaum zynisch sprach. So gesehen, ist Konrad WACHSMANN in seinen Betrachtungen zur Monotonie nur wenig hilfreich, wenngleich seine Entwürfe überhaupt nicht monoton wirken.

Ein weiteres, nicht bewältigtes Problem des modernen Bauens sind die Fugen, von denen er sagt: „Die Fuge ist kein notwendiges Übel" (Kapitel 31). Leider ist sie es doch – das notwendige Übel. Die Aufwände für ihre Dichtigkeit sind beträchtlich. Man steht fassungslos vor den alten fugenlosen Ziegelbauten, staunend, wie sie nur so dicht und dauerhaft bleiben können. Alleine dadurch könnte man zum Häretiker am modernen Bauen werden. Bei allen Fortschritten der Bautechnik rangiert die Fuge weit hinten. Da fällt es schwer, sie als ästhetischen Fakt, der Monotonie verhindert, zu rühmen. Bei dem Bemühen, durch horizontale und vertikale Versetzungen die Monotonie zu mindern, sind es gerade die Fugen, die schon im Montageprozeß irreversible, oft nicht sichtbare Schäden bedingen. Elemente mit über 15 m² Fläche und 5 t Masse lassen sich bei Wind und Wetter nicht so fügen wie ein durchaus gleichgroßes und gleichschweres Maschinenteil in einer Industriehalle. Diskussionen gegen das Bauwesen wie „wir können zwar zum Mond fliegen, aber eine Fassade kriegt ihr nicht dicht", mögen ulkig sein, nur liegen die Probleme beim Bauen halt doch anders. Wir können weiterhin gespannt sein, ob Hochtechnologie in absehbarer Zeit im Bauwerk Fuß fassen kann. Sie ist im wesentlichen eine Technik der kleinen Dimension; Bauen ist Technik der großen Dimension, und dies ist auch ein prinzipieller Unterschied. Aus diesem Grund werden beim städtischen Bauen wieder mehr Bauweisen mit kleineren Teilen, Elemente der Block- und Streifenbauweise eingesetzt, die wegen ihrer Kleinheit variabler sind.

Die tägliche Praxis ist immer dem „Chaos und dem unwissenschaftlichen Sumpf"[7] nahe. Wenn WACHSMANN meint: „In der Natur gibt es keine Zufälle, sondern nur Ordnungssysteme"[1], dann fehlt er –, auch wenn er sich dabei auf Albert EINSTEIN beruft. Ich bringe als Erwiderung ein Zitat eines anderen bedeutenden Gelehrten, Ilja PRIGOGINE, Nobelpreisträger von 1977, dessen radikale Gegenposition lautet: „Wir befinden uns in einer Welt des Zufalls wieder, in einer Welt, in der Reversibilität und Determinismus nur für einfache Grenzfälle gelten, während Irreversibilität und Unbestimmtheit die Regeln sind"[6]. Ich meine, wir Bauleute können uns aus dieser Diskussion heraushalten. Wichtig für das Planen ist jedoch die Erkenntnis, daß der Parameter Zeit nicht umkehrbar ist und geplante und erhoffte Ordnungen meist nur schwer sich realisieren lassen. Dies ist kein Grund zur Resignation, wohl aber eine Distanzierung zu WACHSMANNs Planungsoptimismus.

Ich sprach eingangs von dem Optimismus der sechziger Jahre in bezug auf neue Werkstoffe; WACHSMANN benutzte bevorzugt Materialien mit recht genau vorhersagbaren Eigenschaften. Er war zudem überzeugt, daß die den Werkstoffen noch anhaftenden Mängel durch Wissenschaft und Technik schnell zu beseitigen sind. Ich erinnere mich eines Kolloquiums um 1968, als der Nestor der Elektrochemie der DDR und Präsident der Leopoldina, Kurt SCHWABE, vorhersagte, daß wir die Korrosion des Stahls demnächst nicht in den Griff bekommen werden (Gleiches sagte K. THINIUS von der Zukunft der Plaste). Nur die Autorität der beiden Wissenschaftler hielt viele von uns ab, sie als veraltet abzutun: Der Stahl rostet nach wie vor und nicht weniger schnell, die Plaste verspröden, selbst der Beton muckt weiter und wieder. Genauso deprimierend waren die Einsichten über den mangelnden Brandschutz, die geringe Temperaturstabilität, die Schalldurchlässigkeit der modernen Materialien.

Weitgespannte leichte Konstruktionen brachten neues Kopfzerbrechen: die Einleitung großer Kräfte in die schlanken Profile; kleinste Lunker in den Knoten verminderten das Tragverhalten dramatisch; für eine

Halle, wie die in Bild 42, sind viele tausend Knoten erforderlich: Es stellen sich ganz neue Anforderungen an Prüfung und Zuverlässigkeitsaussagen. Ja – und die Fugen, ich sprach schon von ihnen: trotz Neoprenen, Thioplast, Epoxid und Polyurethan, Silikonen (abgesehen von den Preisen), bereiten immer noch Probleme auf den Baustellen! Schließlich werden die Bauten durch die Menge ihrer Zulieferer zu einem komplizierten System. Nach den Gesetzen der Wahrscheinlichkeit multiplizieren sich die Zuverlässigkeitswerte, die immer kleiner als 1 sind. Wenn in einem System zwanzig voneinander unabhängige Partner zuliefern und jeder eine Zuverlässigkeit von 95 % erreicht, dann hat das komplette System leider nur noch eine Gesamtzuverlässigkeit von $0{,}95^{20}$, das sind 36 %. Da das zu wenig ist, wird die Redundanz gewaltig erhöht – und die Folge ist, wie es ist ...

Vor allem in den Ausbaugewerken schlug die internationale Entwicklung der Bautechnik einen anderen Weg ein als den von WACHSMANN geforderten: Eine erstaunliche Entwicklung bei der Kleinmechanisierung bescherte handliche Werkzeuge, wie Sägen, Schleifer, Knabberscheren, selbstschneidende Schrauben, Bohrvorrichtungen für Beton, eine Vielzahl von Dübeln, Ankerschienen, Spritzwerkzeugen usw. Mit einem Billigbaustoff, Gipskarton, lassen sich passungsfrei Wände und Unterdecken herstellen, billig und gut. Dies eigentlich entgegen WACHSMANNs Voraussagen.

Diese etwas negativ erscheinende Diskussion kann' und soll die Bedeutung der WACHSMANNschen Gedanken über moderne Technologien im Bauwesen nicht mindern, klassische Werke sind mehr als zeitbezogene Rezeptbücher.

Aus der Biographie des Konrad WACHSMANN

Konrad WACHSMANN wurde 1901 in Frankfurt (Oder) als eines von vier Kindern in einer Apothekerfamilie geboren. Mit 14 Jahren begann er eine Tischlerlehre, auf die er sein Leben lang stolz war. Danach ging er zur Kunstgewerbeschule nach Berlin, um Architektur zu studieren. Die Ausbildung sagte ihm nicht zu; er bewarb sich bei Heinrich TESSENOW an der Dresdener Kunstakademie. TESSENOW war ein Vertreter einer handwerklich geprägten Architektur. Er war: „Still, solide, ordentlich, wie ein Präzisionsuhrwerk, sauber in jeder Beziehung"[1]. Obwohl WACHSMANN nur kurze Zeit bei ihm war, machte TESSENOW auf ihn mit seiner Forderung: „Talent ist gefährlich, arbeiten Sie, WACHSMANN"[1], einen nachhaltigen Eindruck. Er erkannte bald, daß auch TESSENOWs Welt nicht die seinige sein konnte. Seine nächste Stelle war ein Meisterschülerplatz bei dem berühmten Hans POELZIG (1923). Nicht lange. WACHSMANN zog es zu OUD nach Holland. Der 1890 geborene Jacobus Johannes OUD, einer der Begründer der Stijlbewegung, war für die jungen Architekten eine Symbolfigur erster Ordnung. Doch wegen der wirtschaftlichen Lage konnte er weder bei OUD in Holland noch bei Le CORBUSIER in Frankreich unterkommen. Nach Deutschland zurückgekehrt, vermittelte der generöse Hans POELZIG ihm eine Arbeit bei der Holzbaufirma CHRISTOPH und UNMACK in Niesky (Lausitz). Die praktische Arbeit mit Material und Maschine faszinierte ihn: „Die Arbeit des Werkzeugmachers begeisterte mich, ein Beruf, der die Zukunft des industriellen Zeitalters formen würde"[1].

Er berichtet begeistert von seiner Arbeit mit den Leuten in den Werkstätten. So wurde er zu einem profunden Kenner der Vorfertigungsprobleme. Holzkonstruktionen wurden seit alters vorgefertigt, denken wir nur an die mittelalterlichen Fachwerkhäuser. WACHSMANN war nie am Bauhaus, und er war nie ein „Bauhäusler": „Im Bauhaus ... verspürten viele Schüler keine Lust, intensiv zu arbeiten. Die meisten träumten davon, berühmte Maler zu werden"[1]. Bekannt wurde er durch den Bau des Hauses für Albert EINSTEIN in Caputh. Dieser Erfolg war ihm Anlaß, der Lausitz den Rücken zu kehren und sich in Berlin als freischaffender Architekt niederzulassen.

1932 wurde ihm der Rompreis zuerkannt, der ihm einige Jahre sorgenlose Forschung auf seinen Interessengebieten versprach. Die Machtübernahme der Nazis in Deutschland beendete für ihn als Bürger jüdischer Herkunft jäh diesen Aufenthalt. Von seiner Familie überlebten nur er und eine Schwester den Holocaust.

Nach Aufenthalten in Italien, Spanien und Frankreich, wo er als Architekt auch Stahlbetonbauten projektierte, emigrierte er 1941 in die USA. Dort arbeitete er bis 1948 mit Walter GROPIUS zusammen. Er gründete die schon legendäre erste hochautomatisierte Fabrik für vorgefertigte Bauelemente, deren erster technischer Direktor er wurde; später auch ihr Präsident. Das Institut of Design im Illinois Institute of Technology berief ihn als Professor. Aus dieser Zeit stammt seine immer klarer und schärfer formulierte Forderung nach dem Primat des Methodischen, was gegenwärtig den Vorrang industrieller Methoden beim Bauen bedeuten sollte. Viele Länder boten ihm Gastfreundschaft und baten um seine Lehrtätigkeit. In berühmt gewordenen Seminaren in Salzburg, Japan, Hongkong, der BRD, Singapur und Israel kam er den Einladungen nach. Nach 1956 gab er seinen Lehrstuhl in Chicago auf, um sich noch intensiver seiner Forschung widmen zu können. Seine Reisen führten ihn auch in die DDR. Michael GRÜNING begleitete ihn bei seinem letzten Besuch, zeichnete seine Gespräche auf. Es entstand der WACHSMANN-Report, ein Buch, das nicht nur über den Architekten und Erfinder Konrad WACHSMANN berichtet, sondern auch ein Zeitalter belichtet.

Konrad WACHSMANN starb 1980, nahezu achtzigjährig. Es war sein Wunsch, in Frankfurt (Oder), auf dem Waldfriedhof, beerdigt zu werden.

Schlußbemerkung

Der ehrenvolle Auftrag des Verlages der Kunst, zu diesem Reprint ein Nachwort zu schreiben, war für mich Anlaß, meine über 30 Berufsjahre zu rekapitulieren. So wurde manches wieder wach – Freuden und Ärgernisse.

Sollte in meinen Betrachtungen mehr als erlaubt Subjektives untergekommen sein, so bitte ich um Nachsicht. Ich hoffe damit für das bedeutende und überaus schöne Buch die Diskussion erneut eröffnet zu haben.

Berlin, 28. März 1988   Otto Patzelt

Literatur

1 GRÜNING, M.: Der Wachsmann-Report, Berlin (1985)
2 Bauen und Wohnen, München, 10. (1960)
3 GROPIUS, W.: Architektur, Frankfurt/M. (1956)
4 GIEDION, S.: Architektur und Gemeinschaft, Hamburg (1956)
5 GOETHE, J. W.: Ausgewählte Schriften über die Natur, Weimar (1961)
6 PRIGOGINE, I., STENGERS, I.: Dialog mit der Natur, München (1981)
7 Korrosion 13, Bericht über die Diskussionstagung Lochfraßkorrosion, Weinheim (1960)
8 Wissenschaft und Menschheit, Leipzig, Jena, Berlin (1966).

Konrad Wachsmann   Wendepunkt im Bauen

Krausskopf-Verlag Wiesbaden

Konrad Wachsmann

Wendepunkt im Bauen

(C) 1959 by Otto Krausskopf Verlag G.m.b.H., Wiesbaden. Alle Rechte vorbehalten. Jegliche, auch die auszugsweise Vervielfältigung, Übersetzung oder andere Verarbeitung bedarf der ausdrücklichen Genehmigung. Layout, Einband und Schutzumschlag: Konrad Wachsmann. Gesamtherstellung: Universitätsdruckerei H. Stürtz AG., Würzburg. Printed in Germany.

Für Judith mit dem Dank für alles

Die Frage vieler Studierender, Kollegen und Freunde nach einer generellen Zusammenfassung der Gegenwartsprobleme des Bauens in einem Buch hatte in mir schon lange den Gedanken wachgerufen, zumindest eine einführende Arbeit zu schreiben, in deren Folge dann vielleicht jene komplexen Probleme im einzelnen in weiteren Publikationen von Berufenen behandelt werden könnten.

Meine Freunde Heinz und Ruth Liepman bestärkten mich in Gesprächen am Lago Maggiore, diese Arbeit, so lange ich noch in Europa sei, sofort in Angriff zu nehmen. Auf Veranlassung von Frau Dr. Ruth Liepman, — wofür ihr mein besonderer Dank gebührt, — lernte ich kurze Zeit später in Salzburg, im Herbst 1958, den Verleger Otto K. Krausskopf kennen.

Der Krausskopf-Verlag widmete sich bisher vornehmlich Problemen der Industrie und der Technik, wie Materialflußfragen, Automation, Regel- und Steuerungstechnik, Ölhydraulik und Pneumatik, kurzum vielen Themen der Produktionsmitteltechnik, sowie der Luftfahrttechnik und neuerdings der Entwicklung von Flugkörpern und der Raumfahrtwissenschaft.

Daß ein Verlag, der bisher vorwiegend auf rein technologisch wissenschaftlichen Gebieten spezialisiert war, sich nun für Gegenwartsprobleme des Bauens interessierte, gab mir den entscheidenden Anstoß zu diesem Buch.

In einer Abendunterhaltung entstand das ganze Projekt. So ist das, was nun vorliegt — in Ulm an der Donau begonnen und in Le Treytorrens fertiggestellt — durch das Verständnis, die Voraussicht und Unterstützung von Otto K. Krausskopf möglich geworden. Dafür bin ich ihm dankbar.

Ebenso danke ich ihm für die unermüdliche Hilfe, die er und seine Mitarbeiter mir während der Entstehung des Buches zukommen ließen, wie auch für die Möglichkeit, die sich in der Entscheidung des Krausskopf-Verlags ausdrückt, mit diesem Buch beginnend, im Laufe der Zeit eine Reihe von Werken verschiedener Autoren herauszugeben, die sich ausschließlich mit den Fragen der wissenschaftlich technologischen Annäherung und dem Einfluß der Industrialisierung auf das Bauen beschäftigen sollen.

Mein besonderer Dank gebührt Robertson Ward jr., Robert Adams, Douglas Ryhn, Chicago, und Frank Newby, London, frühere Studenten oder Gasthörer des „Institute of Design" vom „Illinois Institute of Technology, Chicago", Männer, die, auf verantwortlichen Posten, trotz aller Überlastung, Informationsmaterial beschafften.

Auch fühle ich mich meinem alten Freund, dem Ingenieur Wolfgang Krauss, New York, der die größten Erfahrungen auf den hier behandelten Gebieten besitzt und selbst Wichtiges zur Industrialisierung des Bauens beigetragen hat, für seinen Rat und das zur Verfügung gestellte Material zu größtem Dank verpflichtet.

Ebenso drängt es mich, den Brüdern Fritz und Peter Sulzer, die in verschiedenen meiner Seminare mitgearbeitet haben, meinen Dank auszusprechen für die Mühe und Anstrengung, nicht nur höchst wertvolle Informationen und Abbildungen zu beschaffen, sondern auch in Paris und New York für dieses Buch zu fotografieren.

Auch möchte ich die Bemühungen dankend anerkennen, die sich Jacques Uffholz von der Universität Lausanne durch das Herausfinden verschiedenen Illustrationsmaterials machte.

Ich möchte an dieser Stelle fernerhin allen denen danken, die durch die Erlaubnis, verschiedene Bilder und Zeichnungen aus schon veröffentlichten Werken zu reproduzieren, erst ermöglichten, das Buch auf relativ breiter Basis aufzubauen. Dieser Dank gilt auch jenen Personen oder Organisationen, Firmen und Behörden, die mir Veröffentlichungsrechte erteilten.

Aber außerdem ist es mir klar, daß diese Arbeit vielleicht jetzt noch nicht entstanden wäre ohne meinen Freund, den Verleger und Kunsthändler Friedrich Welz, Salzburg, der mich seit Jahren drängte, ein solches Buch zu schreiben und der stets aktiv die Gedanken, die meine Arbeit beherrschen, förderte. Als Direktor der Internationalen Sommer-Akademie in Salzburg bemühte er sich seit langem in aufopfernder Tätigkeit um den Ausbau der Abteilung des Bauseminars, ohne welches einige mir wichtig erscheinende Beiträge dieses Buches nicht entstanden wären. Dafür meinen Dank von ganzem Herzen:

Indem ich versuchte, in diesem Werk nur einen Zustand zu schildern, der identisch mit einer Gegenwart ist, die im allgemeinen nicht immer ganz in ihrer Gegenwärtigkeit erkannt wird, erschien es gegenstandslos, das „Beste", das Ausgewählte, darzustellen. Wichtiger war es mir, das ohne weiteres Mögliche, das Typische, das von dem Genie der Persönlichkeit Unabhängige, als Beispiele zu benutzen im Sinne zufälliger Andeutung von Umständen, Ursachen und Wirkungen, auf die es mir ausschließlich ankam, die, wie durch die hier verwendeten Mittel zur Themenerläuterung, ebenso durch jedes andere Medium dargestellt werden könnten.

Konrad Wachsmann   Le Treytorrens-Cully, Juni 1959

Erster Teil

1

Zeit, Bewegung, Energie bestimmen den Rahmen des Möglichen, in dem ein Bauwerk gedacht und entwickelt werden kann.
Bedingt durch die Mittel der Zeit, aus konkreten Ursachen und abstrakten Folgerungen werden Ausgangspunkte und Richtlinien erkennbar, die zu neuen Erkenntnissen von Funktion und Raum führen.
Die notwendige Betonung der Methoden bedeutet aber nicht, daß rationelle Annäherungen allein entscheidend und Selbstzweck sind, obwohl sie in ihrem Einfluß gar nicht überschätzt werden können. Erst durch die Überwindung von Material, Methode und Aufgabe, in der übertragenden Formulierung schöpferischer Entscheidungen wird sich indirekt ein neues Raumerlebnis formen.
Grundsätzlich andere Prinzipien als jene, die bisher bestimmend waren, erfordern eine völlige Revision aller komplexen Probleme, die nicht nur das Einzelne, sondern das gesamte Gebiet des Bauens umfassen. Dazu gehören technische ebenso wie soziologische und wirtschaftliche Probleme.
Das Drängen nach neuen Richtungen der Bauauffassung, das seit dem letzten Jahrhundert überall erkennbar und dessen Ursache evident ist, wurde inzwischen durch die industrielle Entwicklung so gefördert und geradezu überspielt, daß nun schon ein klar vorgeschriebener Weg sichtbar ist.
Der Wendepunkt im Bauen ist überwunden. Die Entscheidungen über die gestaltenden Kräfte der Zeit sind bereits gefallen und die Grundlagen sind erkennbar, auf denen sich auch schon eine Weiterentwicklung abzeichnet.
Der Mensch in Beziehung zu seiner Umwelt ist in demselben Maße wie diese, Umformungsprozessen ausgesetzt. Durch ihn kann also nicht notwendigerweise das Gesetz des Maßes permanent bestimmt werden. Der Mensch wird sich immer seiner Umwelt ebenso anpassen, wie diese sich andauernd umformt, um ihm nützlich zu sein. So wird er zu der technologischen Entwicklung ebenso Wahrnehmung und Reaktion in die Ausgangspunkte seines Denkens miteinbeziehen, aus denen sich die Gesetze des Bauens bilden.
In diesem Sinn ist das Buch gedacht.
Begriffe und Zustände sollen beschrieben werden, die wiederum neue Probleme zur Folge haben. Vorgänge der Vergangenheit dienen zur Erklärung, wie sich die vorwärtstreibenden Kräfte trotz großer Widerstände entfalteten und dazu beitrugen, das kritische Urteil und die Einsicht in die Zusammenhänge der Gegenwart zu festigen. In den Erläuterungen der technologischen Möglichkeiten dieser Zeit soll gezeigt werden, wie sehr nicht nur das zivilisatorische, sondern auch in hohem Maße das kulturelle Niveau durch sie beeinflußt und bestimmt wird. Der Versuch einer Analyse kommender Ansprüche soll zu Vorschlägen führen, in welcher Weise Vorbereitungen getroffen werden können, um Aufgaben und Erwartungen der Zukunft zu erfüllen.
Es gehört darum nicht zu dem gestellten Thema, einen Bericht über den gegenwärtigen Stand des Bauens zu geben oder große, einmalige, individuelle Leistungen, deren richtungsweisender Wert erkannt wird, hier durch Beispiele darzustellen.
Überhaupt soll darauf hingewiesen werden, daß endgültige Resultate in diesem Zusammenhang von geringerer Wichtigkeit sind als die Entscheidungen über den einzuschlagenden Weg und die Annäherung an die Aufgaben.
Wenn diese Arbeit dazu beiträgt, den gegenwärtigen Zustand deutlich erkennbar zu machen und wenn dieser, von allen verstanden, dazu führt, manche der in viele Richtungen auseinanderlaufenden Kräfte in gemeinsamem Bemühen zu konzentrieren, hat sie ihren Zweck erfüllt.
In der Einsicht, daß in dem großen, allumfassenden Thema, in dem letzten Endes keine Einzelheit mehr allein in sich selbst und unbezüglich zu anderen besteht, hier nur die Oberfläche berührt werden kann, ist dieses Buch kaum mehr als nur ein Vorwort.

2

Wissenschaft und Technik haben zu neuen Anschauungen auf allen Gebieten geführt. Energien von bisher unbekanntem Umfang wurden wirksam. Es entstanden Voraussetzungen, die neue Vorstellungen des Denkens und Handelns forderten.

In der Geschichte der Baukunst wandelten sich oft Anschauungen und damit zeit- und raumgebundene Ausdrucksformen. Nun aber sind es Bedingungen, die nichts mehr mit den Ursachen bisheriger Wechselerscheinungen zu tun haben, die einen Wendepunkt des Bauens auslösten. Er führt in eine ganz andere Richtung und zwingt, die grundsätzlich verschiedenen Ausgangspunkte, die die Gegenwart bestimmen, eindeutig zu erkennen.

Das ist die Aufgabe.

Es soll hier nicht untersucht werden, was im Wandel der Zeit schließlich zu den großen Widersprüchen im 19. Jahrhundert geführt hat, die als beispielloses Mißverständnis in der nachvictorianischen Periode der Gründerjahre zur vollen Wirkung kamen.

Wichtig ist nur daran zu erinnern, daß in derselben Zeit entscheidende Fortschritte in Wissenschaft und Technik gemacht wurden. Große Entdeckungen gestatteten sofortige Anwendbarkeit und lösten andere Entdeckungen, Erfindungen und Erkenntnisse in schneller Folge aus.

Längst hatte sich der Alchimist zum Wissenschaftler, zum Forscher gewandelt. Nun erreicht die Wissenschaft durch ihn in der Umsetzung seiner Erkenntnisse in konkrete Leistungen einen bisher unbekannten, sofortigen Einfluß auf die Produktion, die Wirtschaft und die Politik überhaupt.

Es entstand jener umfassende Begriff der Technik, der den Begriff des Handwerks zu ersetzen begann. Konzepte, bedingt durch neue Möglichkeiten im abstrakten wie konkreten Sinn, formten sich durch die fortschreitende Ausdehnung der Industrialisierung. Das Handwerkszeug wurde zur Maschine. Die Maschine wurde das Werkzeug der Zeit.

Diese Tatsachen sollen den einzigartigen gegenwärtigen Zustand erkennbar machen, der nicht eine Folge ideologischer oder willkürlicher Geschmacksrichtung ist. Denn der größte Einfluß auf heutige Anschauungen resultiert aus Entdeckungen und technischen Erkenntnissen des vergangenen Jahrhunderts, das in entscheidenden Leistungen vieles vorwegnimmt und gibt, was für die Gegenwart charakteristisch geworden ist.

Dieses an schöpferischen Kräften so reiche 19. Jahrhundert zeigt, in welch radikaler Weise Vorausgesehenes, Erkanntes, jedoch durchaus noch nicht Akzeptiertes, sich in Forschungen, aber auch schon in Bauwerken realisierte, in denen sich, wie man heute zu erkennen fähig ist, die wirklichen Beiträge zur Entwicklung der Zivilisation formten.

Indem die Industrialisierung eine nicht mehr wegzudiskutierende Tatsache ist, die jegliche Tätigkeit, Funktion oder jedes Objekt direkt oder indirekt beeinflußt, muß sie im Mittelpunkt jeder Betrachtung stehen und erfordert daher eine dementsprechende, unmißverständliche Klärung aller Begriffe des Bauens. Sie kann nicht als Hilfsmittel mißbraucht werden, um frei erfundene Konzeptionen zu verwirklichen. Sie kann nur als direkte Ursache für die Entwicklungsbestimmung irgendeines Produktes verstanden werden, das als Teil oder in Kombination mit anderen die Ausdrucksform bestimmt.

Da es eine der großen Tugenden der Industrialisierung ist, nur Spitzenleistungen von immer gleicher Qualität zu produzieren, die zweckmäßigsten Materialien in der bestmöglichen Form und dem höchsten Leistungsstandard in der ökonomischsten Weise den berechtigten Ansprüchen aller Menschen gleichermaßen nutzbar zu machen, wird diese nur in einem System umfassendster Ordnung und Standardisierung wirksam sein.

Dieses Ziel wird durch den Begriff der Massenproduktion erreicht. Zum Unterschied von handwerklich hergestellten Objekten, muß das Massenprodukt abstrakten modularen Koordinationssystemen entsprechen, um in fast unbegrenzten Kombinationsmöglichkeiten, in denen die Elemente und Teile eines Bauwerks an jedem Punkt sich harmonisch zusammenfügen, in einer Verfeinerung zu resultieren, die bisher unbekannt und unmöglich zu erreichen war.

Durch die Bestimmung des Standards, der sich, sofern es sich hierbei um dimensionale Probleme handelt, aus den modularen Koordinationssystemen herausentwickelt, wird diese Forderung realisiert. Der Standard aber als abstrakter Begriff ist außerdem ein objektiver Meßwert von Eigenschaft und Qualität des Leistungsstandards der Produkte.

Das Prinzip der Industrialisierung erfordert die Verlegung der Produktionsstätte von der Baustelle oder dem Werkplatz in die Fabrik. Der Anspruch auf Präzision, Qualität und größte Leistung zu ökonomischen Bedingungen führt zur Vorfabrikation im Sinne einer kompletten Fertigfabrikation aller Teile. Dadurch ergibt sich eine neue Technik des Zusammenfügens der einzelnen Elemente auf der Baustelle. Der Bau wird zur Montage. Ein Vorgang, der sich wesentlich von allen bisher üblichen Methoden des Bauens unterscheidet und nur durch die Industrialisierung bedingt ist.

Aber der Bau als Konstruktion in Kombination mit horizontalen und vertikalen Flächen, die den Raum trennen und umhüllen, entspricht nicht allein durch seine materiellen Qualitäten allen Ansprüchen der Zeit. Die gesteigerten und berechtigten Forderungen nach einer vollkommenen Umweltkontrolle können nur erfüllt werden durch eine gleichzeitige sorgfältige Integration der gesamten komplexen Installation und aller anderen technischen und mechanischen Einrichtungen in Konstruktion und Fertigelement und dem ganzen zusammengefügten Bau. Denn modulare, statische, dynamische und mechanische Probleme werden nun im technischen Sinn zur universellen Einheit.

Indem es nun nicht mehr möglich erscheint, durch Verbesserungen von Material, Methode und Technik im einzelnen dem Kernproblem des Bauens, das sich durch die Industrialisierung manifestiert, näherzukommen, muß die gesamte Entwicklung der wissenschaftlich bestimmten Technologie aufgerollt werden, um die reziproke Komplexität aller Aufgaben und die daraus entspringenden Folgerungen zu erkennen.

Es soll hier nicht so sehr der Bau, als vielmehr der Weg zum Bauen — Forschung, Material, Methode, Maschine, Mechanik, Planung usw. — analysiert werden. Das schließt die Entwicklung neuer Methoden des Trainings, des Studiums und der Forschung mit ein. Daraus werden sich die Anschauungen über die Berufsausübung und den Sinn der anonymen Teamarbeit entwickeln, von denen die Impulse schöpferischer Tätigkeit ausgehen werden.

Erst in der idealen Kombination der Anwendung aller Kenntnisse und Möglichkeiten der Technik, des Erkennens der Psyche des modernen Menschen, seines Anspruchs und seiner fortschreitenden Urteilsfähigkeit, wird sich der Bau formen, einfach, natürlich, anonym und von allen verstanden, weil er dem Gedanken der Zeit entspricht.

3

Bereits in der ersten Hälfte des 19. Jahrhunderts begann der Einfluß der Industrialisierung auf den Bau sichtbar zu werden. Es entstanden Bauwerke, die im wesentlichen auf der Anwendung neu entdeckter Materialien, technischer Möglichkeiten und Produktionsmethoden beruhten.

Guß- und Schmiedeeisen wurden schon zu Bauzwecken benutzt. Bald folgten Walzeisenprofile und Stahl. Der Bolzen und später die Niete wurde das System bestimmende Verbindungsmittel im Eisenbau. Aus der Erfindung des Eisenbetons entstand die Technik der homogenen Konstruktionen. Die Entwicklung zur Herstellung von Kabeln mit großen Zugkräften ermöglichten bisher unerreichte, kontinuierliche Spannweiten.

Dazu aber kam die Einführung zentraler Energieerzeugungsanlagen, durch die mit Hilfe von Treibriemen Maschinen in Bewegung gesetzt werden konnten. Aus der Werkstatt wurde die Fabrik, und dadurch ergaben sich völlig neue Produktionsprinzipien.

In den Wissenschaften entwickelten sich Gesetze und Formeln, die nun ein allgemein verständliches und direkt anwendbares Mittel zur Berechnung der Kräfte wurden.

Das empirische Wissen wurde durch die exakte Wissenschaft abgelöst.

Solche und viele andere Einbrüche in die bis dahin durch das Gesetz des Handwerks relativ begrenzten und statischen Methoden des Bauens erzeugten nun jene Impulse, auf die der empfindliche, wirklich schöpferische Geist zugleich aktiv reagieren mußte.

Die Entdeckungen und Ereignisse auf den rationellen oder rein technischen Gebieten hätten damals ganz allgemein die Anreger zu den neuen Auffassungen über die Begriffe des Bauens sein können. Aber die Zeit war noch nicht reif, diesen notwendigen Zusammenhang zwischen dem realistisch Möglichen und dem ideologisch Beabsichtigten klar zu erkennen. Das, was sich anbot, wurde nicht Wegweiser in eine neue Richtung, sondern eher als ein weiteres Hilfsmittel benutzt, das formalistisch Konzipierte auf einfachere Weise in die Wirklichkeit zu übertragen.

Aber in dem Chaos der allgemeinen Situation haben sich doch einige Dokumentationen von Klarheit und logischem Denken realisiert, die den nun erreichten Wendepunkt und damit den Sinn des neuen Zeitalters demonstrierten. Diese wenigen Beispiele von damals sind nun zum klassischen Begriff geworden, während die Masse des allgemein Vertrauten, heute schon fast unerträgliche Belastung, kaum etwas produzierte, was näherer Betrachtung wert wäre.

Aber das Wenige genügte, um in diese ganz andere Richtung zu drängen, in der nicht mehr gefühlsbetonte Vorstellungen, gestalterische Absichten und vorgefaßte Meinungen über das „Gesicht" des Bauwerks überhaupt Ausgangspunkte schöpferischer Ideen sind. Vielmehr galt es nun, erst einmal die neu erkannten Gesetze der Natur und ihre Kräfte in ihrer unmittelbaren Wirkung auf den Bau erkennen zu lernen.

Das Bauen, das letzten Endes ein materieller Kampf gegen die zerstörenden Kräfte der Natur ist, verpflichtet, aus den Fortschritten der Wissenschaft, den Entdeckungen und den Erfindungen der Technik die Konsequenzen zu ziehen, um durch alle erreichbaren Hilfsmittel und Methoden, die neuen Gesetze der Harmonie zwischen Masse und Raum zu erkennen. Indem sich dadurch ganz andere Bedingungen zeigten, wie jene, die das handwerklich gebaute Haus bestimmen, es also keine Möglichkeit gab, aus der neuen, bisher unbekannten Ursache die Wirkung vorauszubestimmen oder gar in dem Kanon klassischer Ornamentik die neuen Gesetze des Bauens zu realisieren, konnten nur entschlossene Entscheidungen, die sich fest auf dem Materiellen, dem Methodischen und dem Technischen aufbauten, den einzigen Weg in die neue Richtung weisen.

4

Man muß sich nur eine Säule, Base und Kapitell oder einen Binder ansehen, um sich einen Begriff von dem entscheidenden Schritt in die rein technologisch konzipierte Lösung eines Bausystems aus dem Jahre 1850 zu machen. Gußeisen ist das Material der Säule. Diese ist hohl, denn nur das Material an ihrer Peripherie ist statisch wirksam. Ein Minimum an Querschnitt ist erforderlich. Base und Kapitell kristallisieren sich zu technisch bedingten, mechanischen Anschlußpunkten. Die notwendigen Windverstrebungen, integrierte Elemente der gesamten Ordnung, waren durch das gewählte statische System bedingt, ebenso die relativ hohen Gitterträger, denn ihre Anschlüsse an den oberen und unteren Gurten waren wichtig für die Quersteifigkeit der ganzen Konstruktion im Sinne eines eingespannten Systems. Industrielle Verfahren stellten im Rahmen der Massenproduktion vorfabrizierte Bauelemente mit bemerkenswerter Präzision her, durch die ausschließlich die gesamte visuelle Erscheinung des Bauwerks bestimmt wurde.

Diese und die noch folgenden Details und Bilder sind Beispiele von Annäherungen an gestellte Aufgaben, wie sie Joseph Paxton selbstverständlich und natürlich erschienen. Als er durch seine Beschäftigung mit Garten- und Landschaftsanlagen vor der Aufgabe stand, Gewächshäuser größten Umfangs zu bauen, sah er das

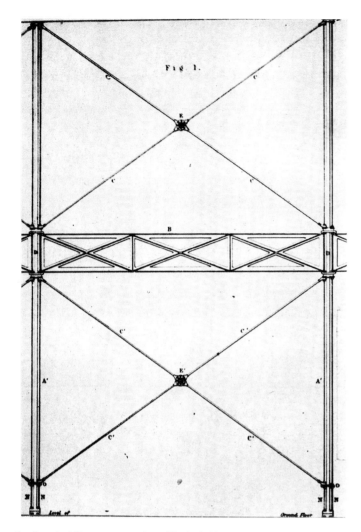

1 Konstruktionssystem eines Binderfeldes des Kristallpalastes in London, 1851. Achsenabstand der Stützen 24 Fuß

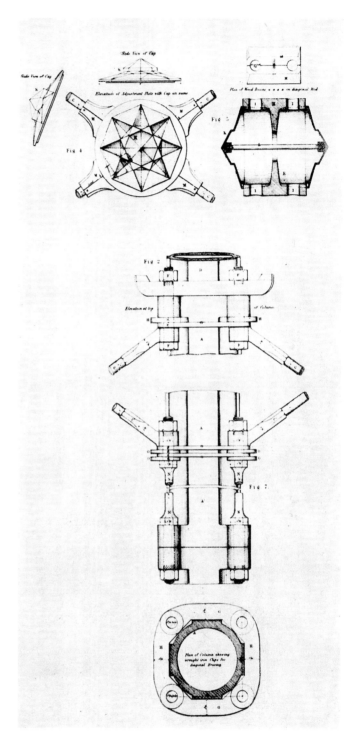

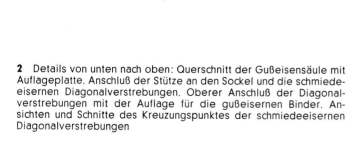

2 Details von unten nach oben: Querschnitt der Gußeisensäule mit Auflageplatte. Anschluß der Stütze an den Sockel und die schmiedeeisernen Diagonalverstrebungen. Oberer Anschluß der Diagonalverstrebungen mit der Auflage für die gußeisernen Binder. Ansichten und Schnitte des Kreuzungspunktes der schmiedeeisernen Diagonalverstrebungen

Problem nicht darin, dieses oder jenes Gebäude zu planen, sondern ihn interessierte nur das Prinzip der Methode, der Konstruktion und ihre universelle Anwendungsmöglichkeit. Das wird sehr deutlich erkennbar in der Art, wie die verschiedenen Projekte, die fast alle zerstört sind, erst durch sorgfältige Studien von Produktionsmethoden, Materialforschung und Entwicklung der Details vorbereitet waren. Erst in der Folge konnten diese Elemente in beliebiger Kombination für jeden gewünschten Zweck, aber in einem ganz neuen, freien, schöpferischen Akt zusammengesetzt werden.

Joseph Paxton war damit der Schrittmacher jener Tendenzen, die zu einer Auflösung des architektonischen Umrisses eines Bauwerks führten. Alles mußte sich nur den jeweiligen Funktionen elastisch anpassen. Es war nicht mehr wichtig, wie groß ein Gebäude sein durfte. Es sollte nur auf das vollkommenste seinem Zwecke dienen und dadurch seine Proportionen erhalten. Die Zahl der verwendeten Einzelteile bestimmte die Größe des Gebäudes, das ebenso größer oder kleiner sein konnte. Hierin kann man eines der elementarsten Probleme erkennen, die in der heutigen Zeit und noch viel mehr in der Zukunft die Auffassung über die Maßbestimmung des Baus wesentlich revidieren werden. Paxtons Absicht war, in einer offensichtlichen Periode stärkster neuer Einflüsse, diese sofort anzuwenden auf die Aufgaben des Augenblicks. Er wollte weder das Endgültige noch das Individuelle besonders in einer Zeit, die gar nicht in der Lage sein konnte, vorauszubestimmen, was aus dynamischer Entwicklung sich zur Permanenz herauskristallisieren könnte.

In den Jahren 1837—40 errichtete er in Chatsworth ein Gewächshaus von bis dahin unbekannter Größe. Es war in einem System gefalteter, in sich selbst gekurvter Flächen gebaut, die ausschließlich aus Eisen und Glas bestanden. Alles war standardisiert und vorfabriziert und wurde bestimmt durch die Methode des Herstellungsprozesses, nicht nur des Bauelements sondern auch des verwendeten Baumaterials. Diese Arbeit ist umso bemerkenswerter, wenn man bedenkt, daß sie in einer Zeit entstand, in der man sich allgemein gar nicht vorstellen konnte, daß es etwas Wichtigeres gab als die Form.

Sir Joseph Paxton, der als ein ästhetisch empfindender Mensch geschildert wird, dessen Lebensaufgabe der Pflege der Blumen und Bäume galt, fand es aber auch nicht störend, Direktor einer Eisenbahngesellschaft zu sein. Aus dieser Zeit stammt ein phantastisches Projekt einer Glasröhre, die er um ganz London in einem perfekten Zirkel plante und die aus standardisierten, profilierten Eisenringen bestand und in der in zwei Etagen Bahnen in entgegengesetzter Richtung verkehren sollten.

Im Jahre 1850 beteiligte er sich mit einem Vorschlag außer Konkurrenz, nachträglich an dem schon abgeschlossenen Wettbewerb für die große Weltausstellung 1851 in London, die zum erstenmal die Werke der Industrie und Technik aus allen Ländern der Erde zeigen sollte.

Paxton schlug ein Projekt vor, das in der Hauptsache aus einer genauen Beschreibung der zu verwendenden Bauteile, der Methode der Produktion, der Art der Montage und vor allem einem Zeitplan bestand. Diese exakten Vorschläge bewiesen die völlige Überlegenheit seiner Arbeit.

Der Kristallpalast kann in der Tat als der nun sichtbar gewordene Wendepunkt angesehen werden, durch den die gesamte Entwicklung der Baugeschichte eine andere Richtung einschlug. Faszinierend dabei ist, daß das Ganze nur aus einfachen, kleinen Teilen besteht, es gibt keine gewaltigen, kolossalen Baukörper. Nichts ist da, was nicht bis in das kleinste Detail sofort verstanden werden kann.

Der ganze Bau war auf einem modularen Raster von Achsenmaßen der Stützen geplant. Das Rahmenwerk bestand aus standardisierten, gußeisernen, hohlen Säulen von immer gleichem Außendurchmesser, die aber, entsprechend auftretenden Belastungsvariationen, mit verschiedenen inneren Wandstärken ausgeführt wurden. Auf diese Weise war es möglich, die dazugehörigen Binder und Balken in einheitlichen Standardmaßen ebenso wie die Säulen in Massenproduktion herzustellen. Die Binder wurden in drei Ausführungen verwendet: in Gußeisen, genietetem Schmiedeeisen und Holz. Diese Binder hatten die ungewöhnliche Höhe von etwa einem Meter.

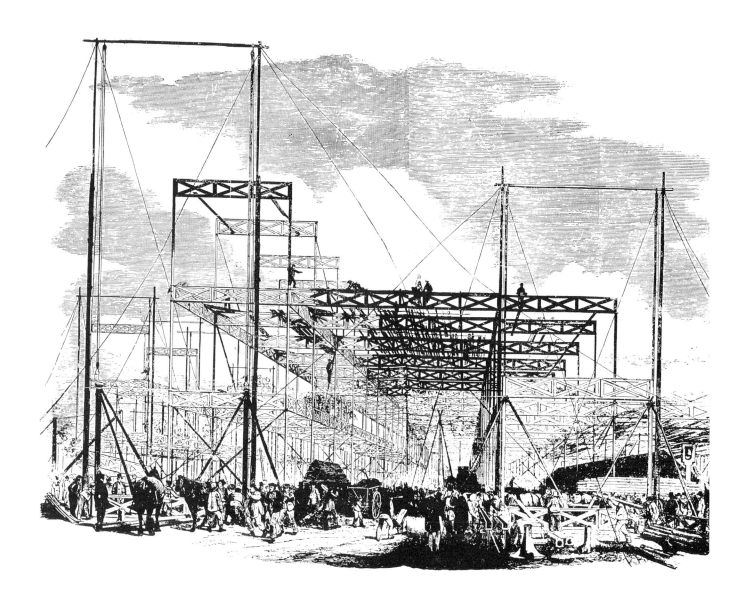

3 Der Montagevorgang aus Fertigelementen beim Bau des Kristallpalastes. Dieser zeitgenössische Holzschnitt zeigt in den Diagonalverstrebungen eines einzelnen Binderfeldes den dominierenden Grundmodul von 8 Fuß, der der Gesamtplanung zugrunde liegt. Drei Bindertypen von 24, 48 und 72 Fuß Länge bestimmen die Abstände der Stützen

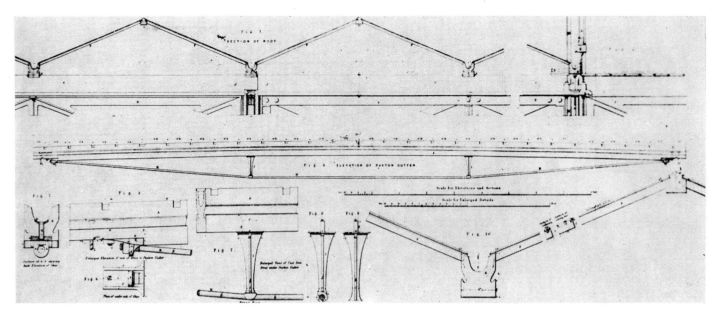

4 Die Glasdachkonstruktion und die „Paxton-Dachrinne" in Form eines „vorgespannten" Balkens

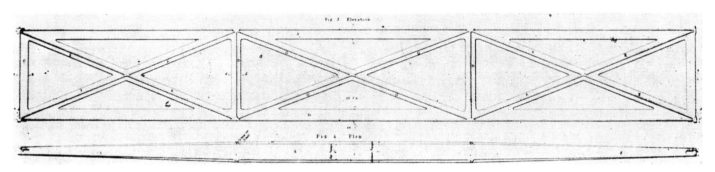

5 Der sich nach den Enden verjüngende Standardbinder

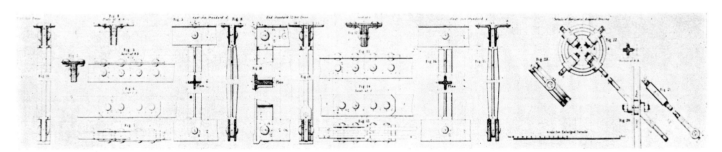

6 Details der schmiedeeisernen, 72 Fuß langen Binder und Anschlüsse der horizontalen Felderverstrebung

Die Anschlüsse an die schlanken gußeisernen Säulen erfolgten in Form standardisierter Auflagepunkte, die immer die gleichen waren und, wie schon gesagt, dem Zweck dienten, dem Gebäude, das keinerlei massive Wandflächen aufwies, die genügende Quersteifigkeit zu geben. Die Art der Entwicklung der Unterzüge, ihre Querschnitte, ihr Schlankerwerden an den Auflagepunkten, ihre geometrische Ordnung zeigten den Verlauf der Kräfte des Konstruktionssystems und bestimmten ausschließlich den ganzen Charakter des Baus.

Die Dachdeckung beruhte auf einem Standardmaß von Glasplatten. Auch das gehörte zu den wesentlichen Entscheidungen Paxtons. Diese Glasplatten wurden über die ganze Dachfläche in Form eines gefalteten Sägedaches verlegt. Für die Entwässerung hatte Paxton ein spezielles Dachrinnensystem entwickelt, das seinen Namen trug.

Bevor er an die Planung des Gebäudes ging, analysierte er genau die Prozesse der Produktion aller an der Baustelle verwendeten Bauelemente. Das Bauunternehmen und Konstruktionsbüro der Firma „Fox, Henderson & Company", mit der er zusammenarbeitete und die heute noch existiert, entwickelte die Fabrikationsmethode der Herstellung der massenproduzierten gußeisernen Rohrstützen, deren Enden aus Gründen größter Präzision abgedreht wurden. Mit derselben Sorgfalt und Verfeinerung wurde die Herstellung aller Standardbinder in drei korrespondierenden Längen und die Wand- und Fußbodenelemente entwickelt, einschließlich aller Installationen. Sowohl für die Fabrikation als auch für die Montage erfanden Joseph Paxton und sein Team spezielle Produktions-, Test- und Montagewerkzeuge. Die einzelnen Binder wurden mit Hilfe von hydraulischen Pressen, die auf schweren, gußeisernen Rahmen montiert waren, auf der Baustelle geprüft. Sowie ein Binder aus der Fabrik ankam, wurde er mit Hilfe eines Krans in die Testmaschine gehoben, von dort aus zu einem Verteilungsplatz geschafft, um dann in seine endgültige Position gebracht zu werden. Solche Vorgänge dauerten immer nur wenige Minuten.

Ein Spezialwagen wurde konstruiert, in dem ein Arbeitsteam in einer genau vorgeschriebenen Reihenfolge die

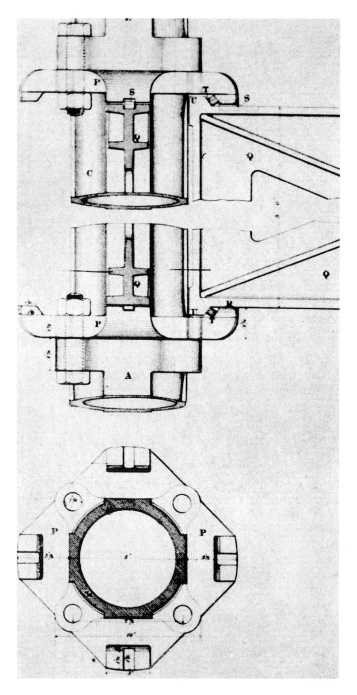

7 Auflagepunkt. Anschluß und Einspannung des Binders mit Hilfe von Eichenholzkeilen in den Säulenköpfen der Kristallpalastkonstruktion. Sir Joseph Paxton, London, 1850

8 Paxtons erstes Vorprojekt des Kristallpalastes, das in der Ausführung durch Tonnengewölbe und ein Querschiff ergänzt wurde

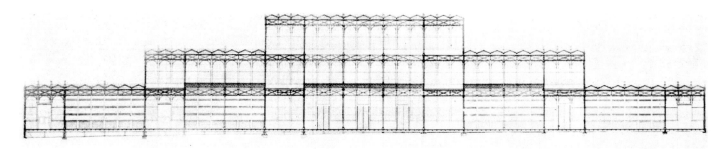

9 Querschnitt und modulares System des Vorprojekts

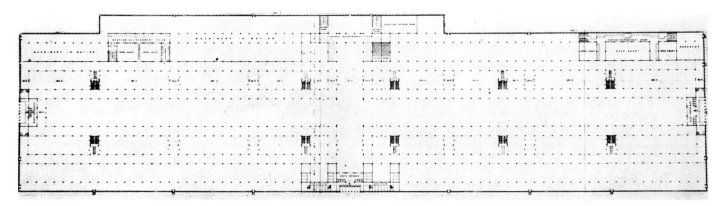

10 Der Grundriß des über 300 m langen Vorprojekts

Glasplatten verlegte. Diese Arbeitsplattform rollte auf den Bindern entlang, entsprechend der fortschreitenden Abdeckung, so daß die Dachfläche nie betreten zu werden brauchte.

Bedingt durch technische Notwendigkeiten der Produktion — wozu zum Beispiel auch Gewichtsstudien gehörten: so sollte kein Teil mehr als eine Tonne wiegen, um leicht beweglich zu sein, oder die Ausnutzung der wirtschaftlichsten Herstellung größtmöglicher Glasplatten — ergab sich jene modulare Planungsordnung, die alle auftretenden Dimensionen bestimmte.

Die Errichtung des gewaltigen Gebäudes, das über 600 m lang war, wurde nun ein reiner Montagevorgang fertiger, standardisierter, vorfabrizierter Bauelemente. Es gab keinen Abfall, kein Maßnehmen für noch nachträglich zu entwickelnde Ergänzungen.

Am 26. September 1850 wurde die erste gußeiserne Stütze aufgestellt, nachdem der Kontrakt erst am 26. Juli desselben Jahres abgeschlossen war.

In jahrelanger Vorarbeit, durch dauernde Versuche und Verbesserungen der Methoden und Details, die schon bei den Glashäusern zehn Jahre vorher angewendet waren, wurde schließlich ein Zustand der Perfektion erreicht, der erlaubte, das Gebäude in weniger als 4 Monaten zu errichten. Darin waren eingeschlossen alle Einbauten, Treppen, Türen, Fenster, wobei hier als Beispiel das System der Ventilationsjalousien angeführt werden soll, und Installationen aller Art.

Wenn man den Stil der damaligen Zeit berücksichtigt, so erscheint dieses Gebäude weit außerhalb seiner Epoche, obwohl es doch nur durch sie bedingt war. Denn Paxton konnte seine Ideen erst durch die Erkenntnis der Möglichkeiten und Mittel, die sich nun schon anboten, verwirklichen.

Aber, was er baute, demonstrierte nicht nur neue Einsichten, sondern wurde geradezu ein Symbol eines neuen Zeitgefühls.

Aus Vernunft und Logik, den Gedanken des neuen technischen Zeitalters intuitiv erfassend, entstand eine neue Schönheit, wie sie nie vorher erkannt, gewertet und empfunden wurde.

Der Kristallpalast war ein Kunstwerk.

11 Die völlige Mechanisierung der Montage zeigt sich hier in den Arbeitswagen für die Dachflächenverglasung

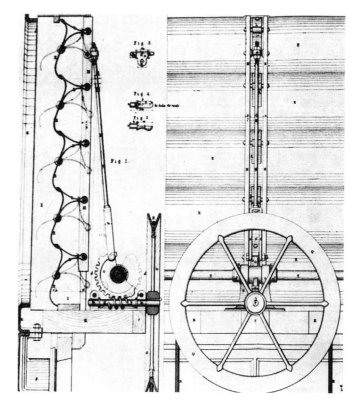

12 Die Konstruktion der durch das ganze Gebäude laufenden mechanisch ferngesteuerten Ventilationsklappen

13 Durchblick durch die aus einem gefalteten verglasten Rippensystem bestehende Tonnenkonstruktion der Mittel- und Querschiffe des Kristallpalastes

14 Paxton sagt, daß ihn in seiner Jugendzeit, in der er sich hauptsächlich als Gärtner betätigte, das Studium eines Blattes der Victoria regia zu seinen Konstruktionskonzeptionen angeregt habe

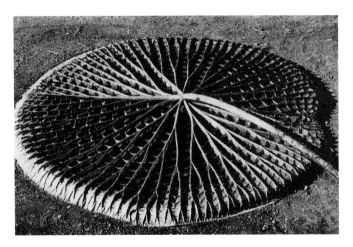

15 Im Jahre 1837 begann er in Chatsworth den Bau des damals größten Treibhauses der Welt für die Victoria regia, von der hier der strukturelle Aufbau des Blattes gezeigt wird

16 Dachansicht mit Blick gegen das Querschiff des Kristallpalastes in London, erbaut im Jahre 1851 von Sir Joseph Paxton. Links unterhalb des Glasgewölbes sieht man die durchlaufenden, aus verformten Blechen konstruierten Ventilationsklappen. Die ursprünglich völlig standardisierten, sägeförmigen Glasdächer wurden teilweise durch spätere Umbauten verändert ▶

5

Als eine Antithese der Gedanken, die sich in Paxtons Werk ausdrücken, muß die 30 Jahre später gebaute Firth-of-Forth-Brücke erscheinen, die in den Jahren 1883 bis 1889 in der Nähe von Edinburgh konstruiert wurde. Denn dieser Bau entspricht nicht den anonymen Tendenzen, die den Kristallpalast auszeichnen. Wenn es sich auch hierbei um eine einmalige, für einen bestimmten Zweck, in dieser Form nicht zu wiederholende Konzeption handelt, so erscheint die Brücke trotzdem wert der Beachtung im Zusammenhang mit den hier zur Diskussion stehenden Problemen. Sie ist ein Beispiel dafür, wie neue technische Möglichkeiten augenblicklich Ursache großer Inspirationen wurden, die über den Weg sachlich technischer Annäherungen zu phantastischen Gebilden führen können.

Spielt schon die Röhre in Form der gußeisernen, hohlen Säule im Kristallpalast eine dominierende Rolle, so wird dieses Thema hier fortgesetzt in selbst für unsere Zeit ganz ungewöhnlichen Dimensionen. Es war möglich geworden durch Techniken und Vorrichtungen, die gestatteten, schwere Bleche herzustellen, diese zu verformen und mit Hilfe eines Nietensystems zu kolossalen zylinderförmigen Druckstäben zusammenzufügen, die sich in riesigen Knotenpunkten vereinen. Von hier aus strahlen die Konstruktionselemente in alle Richtungen aus und bilden dadurch, ungleich dem zweidimensionalen System des Kristallpalastes, ein räumliches Konstruktionssystem.

Wenn die Firth-of-Forth-Brücke als ein Beispiel der Auflösung der Massen angesehen wird, so trifft das wohl nur zu in bezug auf die Betrachtung des ganzen Bauwerkes in seinem übermenschlichen Maßstab. Die einzelnen Konstruktionsstäbe, wenn auch Hohlkörper, gleichen schwerer, solider Masse, besonders wenn man sie mit anderen Konstruktionen der damaligen Zeit vergleicht. Sehr klar kann man das zum Beispiel an dem Eiffelturm erkennen.

17 Die Firth-of-Forth-Brücke, fertiggestellt 1889, in der Nähe von Edinburgh

18 Die gewaltigen Knotenpunkte an den Brückenauflagen, in denen die kolossalen, aus schweren Blechen genieteten, röhrenartigen Hauptstäbe zusammengefaßt sind ▶

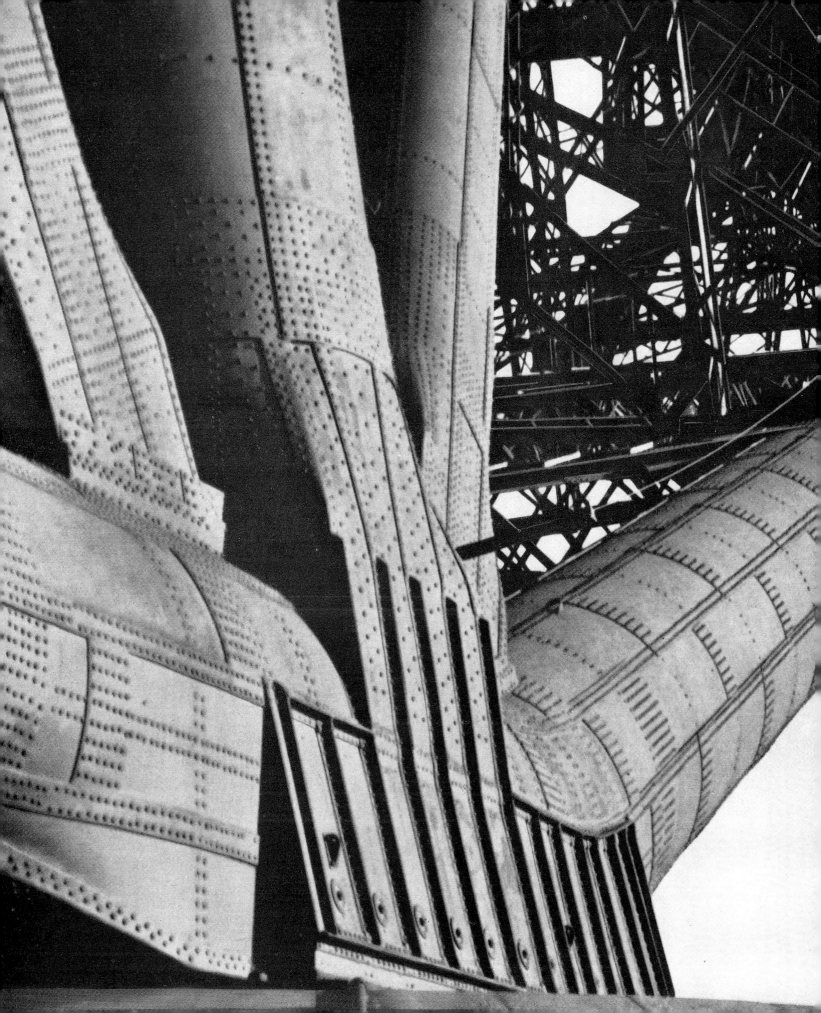

6

Diese Konstruktion, die von dem Ingenieur Gustave Eiffel in den Jahren 1887—89, auch als eine Hauptattraktion für die damalige Weltausstellung in Paris, errichtet wurde, zeigt nun in eklatanter Weise die Auflösung der großen Stäbe in feingliedrige Gitterwerke, die, wenn sie auch selbst aus zweidimensionalen Gitterflächen zu rechtwinkligen Kastenträgern vernietet sind, doch in ihrer Anwendung räumlich gerichteten Konstruktionsprinzipien sich nähern. Die erst kurz vorher möglich gewordene ökonomische Verwendung des Stahls, der nun in Form von gerollten Profilen wie Winkeleisen und dergleichen benutzt werden konnte, wurde von Eiffel schon vorher in seinen großartigen Brückenprojekten gezeigt.

Durch die systematische Anwendung der Nieten und kleiner Winkel- oder Bandeisenprofile konnten statische Wirkungen erzielt werden, die niemals vorher zu konzipieren gewesen wären. Die Notwendigkeit, handelsübliche Profile zu verwenden, führte wahrscheinlich zu der Kastenform der einzelnen Bauteile. Aber Paxton erreichte schon früher eine bessere Anpassung an statische Beanspruchungen, denn die von ihm verwendeten Bauteile entsprechen in ihren Verdickungen und Verjüngungen mehr den auftretenden Kräften, als die parallelen, aus zweidimensionalen Gitterflächen zusammengesetzten Gitterträger von Eiffel.

Aber gerade an diesem Punkt machte sich der Grenzfall erkennbar, den handwerkliche Baumethoden nicht überwinden konnten. Ohne die Anwendung außerordentlicher Mittel, erscheint es schwer vorstellbar, daß sich eine Konstruktion aus der Ebene der zweidimensionalen Beziehungen der Teile in einem räumlichen Konstruktionssystem entfalten kann, das den statischen Bedingungen besser entsprechen würde. Aber das Überraschende bei der Betrachtung des Eiffelturms ist, daß seine Konstruktion, trotz der auf dem Rechteck aufgebauten Flächengeometrie der einzelnen Teile, im ganzen eine Art räumliches System bildet. Das kommt auch besonders in der Fülle der Variationen der oft sehr

19 Eine der genieteten, kastenförmigen Hauptstützen mit den komplizierten Anschlüssen der Querverstrebungen des Eiffelturms

20 Die Übereinanderschichtung von 6 rechteckigen, verschieden dimensionierten Gitterverstrebungen in einem Knotenpunkt.

21 Eine Kombination von Gitterstäben kastenförmiger Stützen und Knotenblechen in einer symmetrischen Eckverbindung (Eiffelturm)

22 Ein asymmetrischer Knotenpunkt verschieden aufgebauter Gitterträger mit klarer Trennung von Druck- und Zugstäben

pittoresken Knotenpunkte zum Ausdruck, die mit Hilfe von wiederum flächigen Knotenblechen die einzelnen Stäbe räumlich verbinden. Darin drückt sich eine Diskrepanz der Anschauung von Raum und Fläche aus. Natürlich versuchte man immer, aus praktischen Gründen jede Konstruktion so zu zerlegen, daß sie, auf die Ebene eines Reißbretts projiziert, mit einfachen Mitteln nachgebildet werden konnte. Aber das mußte zu gewissen Inkonsequenzen führen, die sicherlich den Konstrukteuren bekannt waren, wenn man berücksichtigt, daß den allseitig anfallenden Kräften, die neben der Gravität keine Präferenz in irgendeiner Richtung kennen, durch zweidimensionale Konstruktionssysteme nicht wirkungsvoll genug entgegengearbeitet wird. Wenn aus rationellen Gründen allgemein die Annahme konzentrierter Auflagepunkte in direkter geradliniger Beziehung in der Ebene bevorzugt wird, haben inzwischen fortgeschrittene Methoden der Industrialisierung und daraus resultierende ökonomische Anwendungsmöglichkeiten, wissenschaftliche Versuchsmethoden und nicht zuletzt die elektronischen Rechenmaschinen es möglich gemacht, in einer sehr konsistenten und systematischen Weise Konstruktion „in den Raum" zu entwickeln.

23 Die Durchdringung an sich gleich beanspruchter, räumlicher Gitterträger in einem Knotenpunkt durch Umkehrung der Winkeleisenprofile und mit verschiedenen Außendurchmessern (Eiffelturm)

7

Diese Art räumlich konstruktiven Denkens ist durchaus nicht neu, was man besonders an gotischen Konstruktionen sieht. Das kann man oft in der Führung und Beziehung der Gewölberippen der räumlichen Systeme, deren Verteilung, dem Sammeln und dem Wiederausstrahlen in alle Richtungen beobachten. Diese Entwicklung von Konstruktionen, die sich im Raum entfalten, ist in der Renaissance und dem Barock ein immer wieder faszinierendes Thema gewesen. Aber besonders in der Gotik entwickelte sich schon durch die klare Trennung von den Funktionen der versteifenden Flächen der Gewölbe und der die Kräfte übertragenden Rippen der

24 Ein spiralförmig ansteigendes Treppenhausgewölbe des Hradschin in Prag

Begriff des räumlichen Knotenpunkts, jenes geradezu symbolhafte Gelenk, das sich nun der klassischen Base und dem Kapitell als vermittelnder Berührungspunkt hinzugesellt.

Das aus Werkstein gefügte Rippensystem eines Treppenhauses des Hradschin in Prag, ein aus dem Jahre 1500 stammendes Gebilde der späten Gotik, demonstriert in einem, wenn auch nur als symbolisch zu bewertenden System die Beziehung von Knoten- oder Schnittpunkten in komplizierten, sich spiralförmig allseitig krümmenden Flächen im Raum. Das System von Überschneidungen, bei dem sich nie mehr als zwei Linien kreuzen und das Zusammenbündeln in einem Stamm, deutet trotz des phantastischen Reichtums der Bewegung die Einfachheit in der Auffassung der ineinander ruhenden, gekrümmten Rippenordnung an.

Es gehört zu den Segnungen des neueren Zeitalters, daß es, unter Umgehung des Risikos, das mit künstlerischen Intuitionen verbunden ist, durch einfache Deduktionen und Beobachtungen zu ebenso bedeutenden Erkenntnissen und Einsichten kommt, die schließlich geradezu als die direkte Fortsetzung solcher Themen erscheinen.

8

Alexander Graham Bell (1847—1922), der allgemein nur als der Erfinder des Telefons bekannt ist, lebte in einer Zeit, die mit Entdeckungen und Erfindungen auf allen Gebieten überschüttet wurde. Er erscheint als ein Denker, der alles in Frage stellte und unermüdlich bereit war, das Neue aufzunehmen, und dem jedes Problem oder Aufgabengebiet bedeutungsvoll genug erschien, um es in die Sphäre äußersten persönlichen Interesses zu ziehen. In die Sprache des rationellen 19. Jahrhunderts übertragen, erinnert er in gewisser Weise in seinen universellen Anlagen an Leonardo da Vinci, wenn man in ihm die Verkörperung des Renaissance-

25 Alexander Graham Bell zeigt um die Jahrhundertwende Tetraederkonstruktionssysteme anläßlich der Vorführung von Flugversuchen mit sehr großen räumlichen Drachenkonstruktionen, die diesen zugrunde liegen

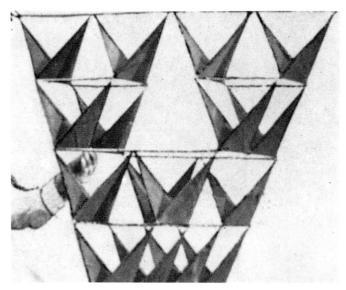 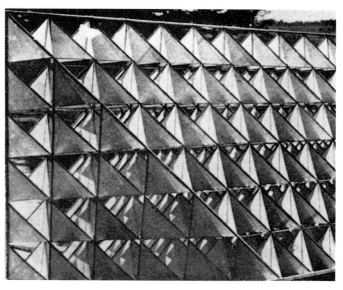

26 Tetraederzellen mit Leinwand bespannten, korrespondierenden Flächen, aus denen Alexander Graham Bell viele Variationen von Flugkörpern konstruierte

27 Teil eines sehr großen Drachens, der, durch Aneinanderreihung vieler standardisierter Tetraederzellen konstruiert, imstande war, einen Menschen im Fluge zu tragen

28 In dieser zu Beginn dieses Jahrhunderts entstandenen Skizze einer Konstruktionsidee von Alexander Graham Bell sind Konzeptionen vorweggenommen, die erst jetzt in ihrer allgemeinen Bedeutung erkannt werden

29 In kleine Elemente aufgelöste räumliche Stahlrohrkonstruktion, die Alexander Graham Bell, beginnend am Ende des vorigen Jahrhunderts, aus seinen Flugzellenstudien entwickelte ▶

30 Die standardisierten, universellen räumlichen Knotenpunkte im Stahlrohrkonstruktionssystem ▶

31 Die vorfabrizierten, massenproduzierten, standardisierten Tetraederkonstruktionselemente, die Alexander Graham Bell am Beginn dieses Jahrhunderts entwickelte ▶

begriffs sieht. Sein Expansionstrieb konnte ihn nicht nur zum Spezialisten seines Berufs machen, sondern die komplexe Fragestellung der Zeit überhaupt war für ihn das Wichtigste.

Alexander Graham Bell beschäftigte sich neben anderem zwar mit Problemen der Aerodynamik, Luftfahrt, Schiffbau, Ingenieurwissenschaft, Medizin, Elektrotechnik, Genetik, aber hier soll nur jene Phase seiner Arbeiten und deren Konsequenzen dargestellt werden, die sich auf die Studien für Flugkörper bezog.

Er konstruierte ein System von Drachen, die schließlich so groß wurden, daß sie einen Menschen in der Luft tragen konnten. Um das zu erreichen, entwickelte er ein Konstruktionssystem von relativ kleinen, räumlichen Körpern, die sich auf dem Tetraeder aufbauten. Indem er eine beliebige Anzahl von solchen räumlichen Konstruktionselementen wabenartig zusammenfügte, entwickelte er Systeme von Verbindungstechniken der Knotenpunkte, die sich aus den räumlich zu verbindenden Konstruktionsstäben ergaben.

Er erkannte die außerordentliche Festigkeit solcher Konstruktionen und benutzte sie auch für Bauzwecke. Er stellte vorfabrizierte, standardisierte, massenproduzierte Tetraeder aus Metallstäben her und kam so zu Konstruktionen, die alle späteren Beiträge auf diesem Gebiet der aufgelösten Systeme schon vorwegnahmen. Er zeigte an sehr treffenden Beispielen, wie durch die Benutzung von viel mehr Einzelteilen und viel mehr dadurch notwendigen Verbindungen trotzdem sehr viel einfachere, leichtere und festere Konstruktionen geschaffen werden können als diejenigen, die mit konventionellen Mitteln gebaut wurden. Solche Untersuchungen waren natürlich nur möglich, indem er sich der Maschinen, der mechanischen Vorrichtungen und aller anderen Vorteile der Industrialisierung bedienen konnte, mit deren Möglichkeiten er durch seine anderen Interessengebiete eingehend vertraut war.

Aber es bedurfte durchaus nicht immer gleich eines so großen Apparats, um eine Idee zu realisieren. Keine Aufgabe war ihm zu klein oder zu unwichtig, um nicht genau untersucht zu werden. Selbst ein so bescheidener Bau, mit einfachem Handwerkszeug ausgeführt, wie ein

32 Montage eines 28 m hohen Turms, weniger als 5 t schwer, der im Jahre 1907 auf dem Besitz von Alexander Graham Bell in Kanada nur aus vorfabrizierten Elementen in 10 Tagen von ungelernten Arbeitern errichtet wurde

33 Diese „aufgelöste" Konstruktion benutzte Alexander Graham Bell für praktische Studien über das Verhalten solcher Systeme. Es was ein Aussichtsturm, der dem Vergnügen seiner Gäste gewidmet war ▶

windgeschützter, hölzerner Sitzplatz im Freien wurde für ihn ein wichtiges, konstruktives Problem.

In Fortsetzung seiner Studien über die Tetraederkonstruktionen der Flugapparate, wo Gewicht von entscheidendster Bedeutung war, entwickelte er räumliche Systeme, die Kombinationen von Druckstäben, Zugseilen und verspannten Flächen darstellen. Alles das waren Untersuchungen, die erst in der neuesten Zeit wichtig für die Bauforschung wurden.

In diesem Zusammenhang sei noch darauf hingewiesen, daß Alexander Graham Bell, Joseph Paxton, Joseph Monier — der Erfinder des Stahlbetons — Außenseiter waren, die eigentlich mit dem Bau gar nichts zu tun hatten. Aber gerade von ihnen gingen Impulse aus, die von größtem Einfluß auf das technische Denken der Gegenwart geworden sind.

Alexander Graham Bells Bemühungen, mit Hilfe von Drahtseilen Konstruktionsstäbe zu ersetzen, mögen nahegelegen haben in einer Zeit, die von den Wunderbauten der Hängekonstruktionen beeinflußt war, die in der zweiten Hälfte des vorigen Jahrhunderts rationell anwendbar wurden.

34 Eine einfache, hölzerne Schutzhütte in Form eines reinen Tetraeder diente Alexander Graham Bell (im Vordergrund) und seinem Vater als Kontrollplatz seiner Flugversuche. Hier diktierte er seiner Sekretärin Beobachtungen und Ideen

9

Durch die Erfindung des Ingenieurs Johann August Roebling (1806—69) wurde es möglich, Kabel mit großen Querschnitten mechanisch zu spinnen. Auch gelang es ihm, sie an ihren Enden einwandfrei festzumachen, um an diesen kritischen Punkten die großen Zugkräfte aufzunehmen.

Er plante die Brooklyn-Brücke in New York, die 1867 begonnen wurde, um die Bedeutung des Kabels als Konstruktionsmaterial zu demonstrieren.

Diese nüchterne Tatsache, nur als technische Erfindung erdacht, vermittelte aber eine nie gekannte, grandiose Vision von in Spannung gehaltenen, unkörperlichen, linearen Netzgebilden gespannter Kabel, die unräumliche Räume schufen.

35 Zeitgenössische Lithographie von Shugg Brothers aus dem Jahre 1875 von der großen Kabelkonstruktion der Brooklyn-Brücke in New York, die der Ingenieur Johann August Roebling 1869 begann und die von seinem Sohn beendet wurde ▶

36 Das aus sich kreuzenden Kabeln gebildete Netzgewebe der Hängekonstruktion der Brooklyn-Brücke

37 Aus der erstarrten Beziehungslosigkeit der Steinfassade bricht ein unkörperliches, lineares, strukturelles System hervor, das in seiner eigenen Kraft über die aufgehäufte Masse von Stein triumphiert

38 Lineare Systeme konkreter Mittel umschreiben in abstrakten Wirkungen einen vorher nie geahnten Raum ▶

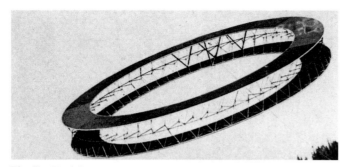

39 Ein Flugkörper von Alexander Graham Bell, in dessen räumlicher Struktur Zugstäbe dominieren

40 Das klassische Konstruktionsprinzip von nur auf Zug beanspruchten Speichen in der Fahrradfelge diente erst viel später als Anregung zu weitgespannten Hallenkonstruktionen

41 Die Verwendung des Kabels löst das Gefüge von Wand und Dach völlig auf, es entstehen neue statische Interpretationen. Die Überdachung einer Tanzfläche in Köln, 1957, von Frei Otto

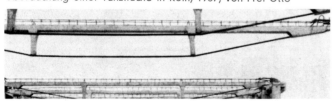

42 Die Vorspannung einzelner Teile oder eines ganzen Systems verändern wesentlich die Anschauung über Betonbau

Durch die Technologie wurde indirekt ein Werk inspiriert, dessen Wirkung dazu herausfordert, den abstrakten Begriff der Kunst als Maßwert auch auf dieses anzuwenden.

Aus solchen Konstruktionsprinzipien entwickelten sich später Hallenbauten und Hängedächer, die zu neuen Vorstellungen des offenen oder geschlossenen Raumes führten. Weitere Forschungen über die Anwendung von Kabeln, Drähten und Zugstäben führten zu den vorgespannten Konstruktionen, die die Beanspruchung und Verwendung des Materials, den Vorgang der Produktion und darum den Bau selbst wieder auf eine ganz neue Ebene von Anschauung und Wirkung drängen.

10

Ein anderes klassisches Bauwerk, das als eine Art Kombination verschiedener Probleme, die hier aufgeführt wurden, angesehen werden kann, ist der Pont Transbordeur in Marseille, der am Ende des vorigen Jahrhunderts von den Ingenieuren Ferdinand Arnodin und G. Leinekugel le Coq geplant und am Anfang dieses Jahrhunderts gebaut wurde.

Es war eine bemerkenswerte Konstruktion, in der technische Möglichkeiten, statische und dynamische Erkenntnisse der Zeit konsequent angewendet wurden. Es war eine Art Luftfähre, bestehend aus weiten, offenen Gittertürmen und einem durch ein Drahtseilsystem gehaltenen Laufsteg, an dem eine Plattform hing.

Als Beispiel, wie Material und Methode diese Konstruktion bestimmten, möge das Detail einer Wendeltreppe dienen, die in einem der Gittertürme bis in die höchste Spitze hinaufführte und nur aus vorfabrizierten Trittstufen und vertikalen Kabeln bestand.

Im einzelnen wie im ganzen erschien der Pont Transbordeur als ein Monument außerordentlicher Schönheit, die nur durch die Mittel des technischen Zeitalters erreicht werden konnte.

43 Der Pont Transbordeur in Marseille, eine Kabelfähre, begonnen 1902 von den Ingenieuren Arnodin und Leinekugel le Coq

44 Die freie Aufhängung von Trittstufen in einem aus vertikalen Kabeln gebildeten, zylinderförmigen Raum zeigt die Verwendung des Kabels als Ausgangspunkt von Struktur- und Raumkonzeptionen

11

Während in Frankreich gegen Ende des 19. Jahrhunderts bedeutende Fortschritte in der Entwicklung der Eisenbetontechniken und der Anwendung des Aluminiums gemacht wurden, begann in derselben Zeit in Chicago die Entwicklungsgeschichte des Hochhauses. Dort wurde der Wolkenkratzer „erfunden".

Gußeiserne Säulen und Balken wurden zuerst im Innern von Bauten verwendet, um die lastentragenden Innenwände zu ersetzen. Sehr bald drängten diese Konstruktionstechniken, besonders als Walzeisenprofile schon zur Verfügung standen, zu den Außenwänden vor, und sofort löste sich die massive Backsteinfassade auf in ein freies Rahmenwerk von Konstruktion und ausfüllenden Glasflächen. Unabhängige Auflagepunkte unter den Stützen als Ersatz massiver Fundamentmauern wurden nun zum erstenmal angewendet.

Durch die Erfindung des mechanischen Fahrstuhls, der zunächst mit Hilfe hydraulischer Teleskopstempel bewegt wurde, und die später durch Drahtseilkabel ersetzt wurden, konnte nun wirklich in die Höhe gebaut werden.

Die Aneinanderreihung vieler gleicher Fensteröffnungen, vieler aufeinander geschichteter Etagen, zersetzte die strenge Ordnung klassischer Bauformen. Das industrielle standardisierte Fenster, das sogenannte Chicago-Fenster, entstand, eine Kombination von einer sehr großen feststehenden Glasfläche, die durch die verbesserten Methoden der Glasscheibenfabrikation nun hergestellt werden konnte, und seitlich beweglichen Fensterflügeln.

1888 entstand das erste Hochhaus, dessen Fassaden an die Konstruktion angehängt, gewissermaßen die erste Curtain-Wall-Konstruktion darstellte.

Bedeutende Baumeister, William le Baron Jenney, Holabird und Roche, Burnham und Root, Adler und Sullivan, hatten in einer relativ kurzen Epoche in Chicago Werke geschaffen, deren Einfluß bis in die heutige Zeit spürbar ist.

45 Das Reliance-Gebäude in Chicago, errichtet 1890 von den Architekten Burnham und Root. Die Eisenkonstruktion der letzten 10 Etagen wurde 1895 in 15 Tagen errichtet

46 Die erste, frei vor die Konstruktion angefügte Fassade, der Vorläufer der Curtain-Wall-Konstruktion. Das Tacoma-Gebäude in Chicago, 1888, von Holabird und Roche ▶

47 Das Carson-Pirie-Scott-Warenhaus, Chicago, 1899 begonnen, ein Meisterwerk von Louis Sullivan ◀

48 Das Geschäfts- und Ausstellungsgebäude der Wagenbaufirma Studebaker, Chicago, errichtet 1895 von dem Architekten S. S. Beman. In der dramatischen Entwicklung des Chicago-Hochhauses ist hier ein Punkt erreicht, an dem die in den drei vorhergehenden Beispielen gezeigten Verkleidungen der Eisenkonstruktion durch keramische Platten, Ziegel oder Steinplatten verschwinden und nun das Eisen selbst bis an die Außenflächen vorstößt. Das große „Chicago-Fenster", das man sich in allen Öffnungen anstelle der später eingesetzten Sprossen-Fenster vorstellen muß mit dem eisernen Rähmenfachwerk, erläutert das nun Erreichte

12

Aus der Baugeschichte des 19. Jahrhunderts wurden diese wenigen Werke erläutert, um im Positiven wie auch Negativen anzudeuten, welche Impulse schon damals von einem rationell, wissenschaftlich, technologisch gerichteten Denken ausgingen. Betrachtet man aber ihren Einfluß auf die spätere Entwicklung des Bauens, so weiß man, daß sie zunächst ohne Folgen blieben und erst jetzt, ermöglicht durch die sich immer mehr ausbreitende Industrialisierung und die Entwicklung der Maschinen, sich ein allgemeines Interesse und Verständnis dafür bildet, und die Beispiele sich zu häufen beginnen, die unter diesen Aspekten nun in eine neue Richtung weisen.

Dagegen sind fortschrittliche Erkenntnisse bei den rein ingenieurmäßigen Konstruktionen viel schneller angewandt worden. Ein gutes Beispiel sind die vor der Jahrhundertwende entstandenen Luftschiffe und Flugapparate. Räumliche Fachwerkkonstruktionen und Verspannungssysteme, Massenfabrikation komplizierter Einzelteile, Vorfabrikation von Konstruktionselementen wurden sofort zu akzeptierten Begriffen. Die Durchdringung räumlicher Körper in Knotenpunkten, ähnlich den Konstruktionsprinzipien des Eiffelturms, vereinfachten sich immer mehr zu kristallinischen Formen. Natürlich kann man solche Beobachtungen auch in der Entwicklung des Fahrzeug- und Schiffbaus machen, oder bei Krananlagen, die als Prunkstücke schon im späten Mittelalter als der Stolz der Städte bewundert wurden und die heute als Kunstdenkmäler erhalten werden.

Während das Ringen um die Deutung und das Erkennen des schöpferisch Künstlerischen in diesen Krisenzeiten nur Wenige beschäftigte, wurden die technischen Konstruktionen von allen sofort mit Begeisterung und Entzücken verstanden und aufgenommen. Das war ja auch die allgemeine Reaktion auf den Kristallpalast, der in seinem rein funktionellen Charakter sogleich als das Kunstwerk erkannt wurde.

Wenn man also in der Synthese von Funktion, Mechanik, Material, Leistung mehr sieht als Anwendung der Ratio,

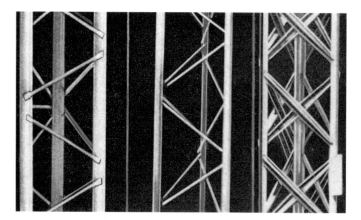

49 Variationen räumlicher Gitterträger aus Rohren oder gedrückten Aluminiumblechen, entwickelt am Ende des vorigen Jahrhunderts. Aus dem Versuchslaboratorium des Schütte-Lanz-Luftschiffbaus

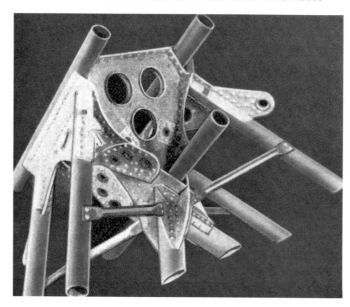

50 Räumlicher Knotenpunkt einer Aluminiumröhrenkonstruktion für den Laufsteg des Schütte-Lanz-Luftschiffs

51 Die Gondel des Schütte-Lanz-Luftschiffs, eine räumliche Fachwerkkonstruktion kleinster Rohrquerschnitte und geformter Bleche

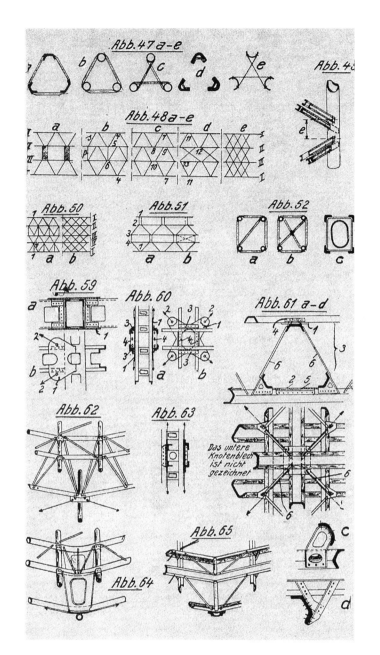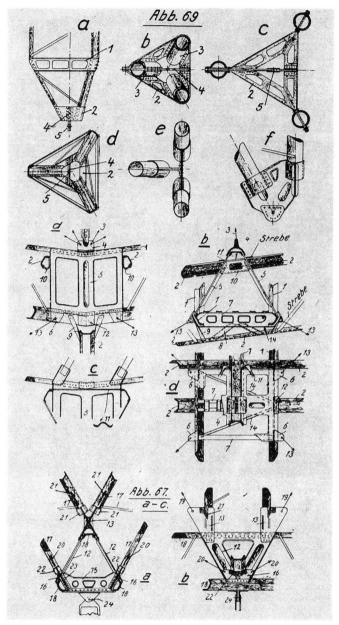

52 Studien verschiedener Konstruktionsmöglichkeiten im Aluminiumleichtbau eines Schütte-Lanz-Luftschiffs für die starren Teile des räumlichen Gerippes. Um 1900

53 Variationen verschiedener Knotenpunkte der Aluminiumkonstruktion des Schütte-Lanz-Luftschiffs, die immer Probleme dreidimensionaler Konstruktionen behandeln

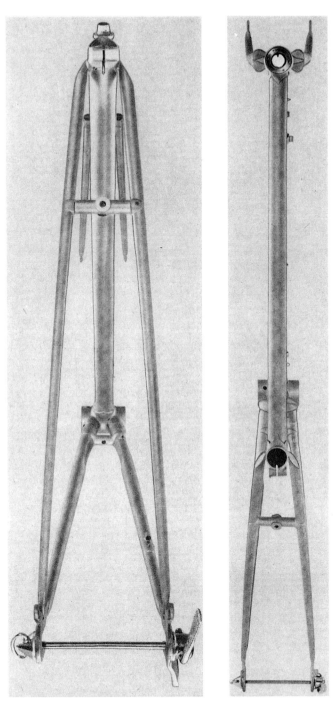

54, 55, 56 Rückansicht, Aufsicht und Seitenansicht der räumlichen tetraederförmigen Struktur eines Fahrradrahmens

und Qualitäten entdeckt, die weit über die Zweckbestimmung hinausgehen, dann hebt sich die Grenze zwischen Zweckwerk und Kunstwerk auf. Es entwickelt sich ein neuer Wertmaßstab über den Begriff des Vollkommenen.

13

Von diesem Standpunkt gesehen sei ein Produkt erwähnt, das um die Jahrhundertwende ganz kurz nach den ersten Anfangsstadien seiner Entwicklung zu einer solch vollkommenen Synthese von Funktion und Leistungsstandard gelangte, daß es sich nie mehr seitdem sowohl im Prinzip als auch in der Form geändert hat.
Es ist das Fahrrad, oder besser gesagt, der Fahrradrahmen. Das Geheimnis dieser einzigartigen Tatsache, daß sich eine so vollkommene Form sofort ergab, mag vielleicht darin liegen, daß in einem perfekten Gleichgewicht zwischen der Statik der räumlichen Struktur und der Dynamik der mechanischen Teile — abgestimmt auf den menschlichen Maßstab — ein System der Kräfteverteilung von selbst bedingt war, das, abgesehen von unwesentlichen Detailverbesserungen, sich nicht mehr verändern kann, es sei denn, daß das Prinzip durch ein ganz anderes ersetzt würde. Der Fahrradrahmen beweist, daß es selbst in der schnellen technischen Entwicklung, in der alles im Fluß ist, und Vollkommenheit nur verstanden werden kann in bezug auf die Leistung, die in dem Augenblick gefordert wird, so etwas gibt, wie die anonyme, die permanent vollkommene Form.
Dahin zu kommen, aus der Fülle des Möglichen, durch Bedingungen, Einsicht und Anschauung, den Standard des Bauens zu finden, in dem sich die Zeit manifestiert und der weiter reicht, als den Anspruch des Augenblicks zu erfüllen, ist die Aufgabe.

Zweiter Teil

14

Durch die stürmische technische Entwicklung, die allgemein als die erste industrielle Revolution bezeichnet wird, trat die Notwendigkeit zu einer Revision der Anschauungen über die Begriffe des Bauens überhaupt immer mehr in den Vordergrund. Zwar tragen noch die letzten Auseinandersetzungen über künstlerische und ästhetische Gesichtspunkte zu dem Erkennen neuer Tendenzen in bezug auf Wesen, Form, Ordnung und Planung Wichtiges bei. Aber Probleme der Formgebung spielen nur noch eine sekundäre Rolle, denn es beginnen sich Kräfte auf wissenschaftlicher, technischer, wirtschaftlicher und soziologischer Ebene zu entfalten, die bereits das notwendigerweise sich Ergebende wesentlich mitbestimmen.

Auf Gebieten, die primär wenig oder gar nichts mit dem Bauen zu tun hatten, war inzwischen viel geschehen. Die Industrie existiert nun, die Märkte für die Abnahme der Produkte sind geschaffen, neue Gesellschaftsklassen und neue Ansprüche und Anschauungen haben sich gebildet. Der Begriff der Industrialisierung wird von immer größerer Bedeutung.

Dagegen steht das natürliche Beharrungsvermögen, die Abneigung, das Gewohnte und Vertraute durch das Unbekannte und Neue zu ersetzen. In Verkennung des untrennbaren Zusammenhangs zwischen Ursache und Wirkung sucht man, im Kompromiß zwischen der Benutzung der durch technische Fortschritte bedingten Vorteile und der Erhaltung traditioneller Anschauungen einen Ausgleich zu finden.

So ist es verständlich, daß die ersten konsequenten Baugedanken, zu denen nun die Zeit anregt, sich zunächst nur selten in Bauten, die dem Wohnbedarf bestimmt sind, verwirklichen.

Aber die Diskrepanz zwischen der Leistung der Maschinen und mechanischen Werkzeuge und den Handwerkszeugen schafft einen unstabilen Zustand in einer fast unnatürlichen Konkurrenz. Die Aufgaben, im wesentlichen bedingt durch rationelle und wirtschaftliche Erwägungen, waren zwar in ihrem Wesen erfaßt, führten aber durch unsachliche Mittel in einem Mischmasch von Handwerksmethoden und der Anwendung einiger technischer Errungenschaften zu scheinbar modernen Bauwerken. Als Beispiel dafür brauchte man nur zu beobachten, wie ein als Sinnbild fortschrittlicher Technologie gedachtes Bauwerk aus dem verwirrenden Durcheinander einer eingerüsteten, unorganisierten und von Abfall entstellten Baustelle erwächst. So entsteht ein Bau, der, vielleicht in der besten Absicht gestaltet, auch nur annähernd die potentialen Möglichkeiten der Gegenwart nicht auszunutzen vermag.

Da kein Zweifel darüber bestehen kann, daß die besten Werkzeuge und Methoden immer erste Voraussetzungen eines guten Bauwerks gewesen sind, so wird erst in der Industrialisierung die weitgehendste Erfüllung dieses Anspruchs gefunden werden. Denn durch sie kann in bezug auf technische Genauigkeit, Qualität und Präzision ein Niveau erreicht werden, wie niemals vorher in der Geschichte der Baukunst. Die Industrie, nicht der Einzelne und nicht die Handwerkskunst, schreibt die Gesetze des Erreichbaren und zeigt damit zugleich die Grenzfälle des Möglichen.

15

Das Prinzip der Industrialisierung ist identisch mit dem Begriff der Massenproduktion.

Die Maschine oder die Reihe der Maschinen oder die vollautomatische Fabrik wären als Aufwand an Energie und Apparat völlig irrational in bezug auf den einzelnen fabrizierten Gegenstand. Die Maschine kann also nur als ein Werkzeug verstanden werden, das in immer wiederholender, vorbestimmter Tätigkeit, erst durch die Herstellung einer großen Anzahl identischer Teile wirtschaftlich wird. Auf diese selbstverständliche Tatsache wird nur hingewiesen, da sich aus ihr alle Konsequenzen ergeben, von denen sich die Ursachen ableiten, die den industriellen Prozeß bestimmen.

Die Maschine steht zu einem Produkt in einem anderen Verhältnis als das Werkstück zu einem Handwerkszeug. Sie ist kein vergrößertes oder automatisch arbeitendes Handwerkszeug. Wie man zwischen Werkstatt und Fabrik unterscheidet, muß das, was unter die Kategorie Maschine fällt, auch in sich klar unterschieden werden. Bandsägen, Abrichtemaschinen, Drehbänke und dergleichen sind Universalmaschinen. Sie unterscheiden sich von den Spezialmaschinen, von denen hier ausschließlich die Rede sein soll, insofern als diese nur automatisch vorausbestimmte Arbeitsgänge ausführen. Das wird erreicht durch in die Maschine eingefügte, präzise Werkzeuge, Vorrichtungen oder durch Kombination aneinandergereihter, verschiedenartiger Operationen. Dabei muß man wieder zwischen Maschine, Werkzeug und Vorrichtung unterscheiden.

Die Werkzeuge sind die Fräsköpfe, Schablonen, Preßwerkzeuge, Stanz- und Schneidevorrichtungen aller Art, Preßflächen usw., die nun die Arbeit des Handwerkers übernehmen.

Das macht die Werkzeugmacher, die Maschinenbauer, die Mechaniker, die diese Werkzeuge herstellen, zu den wichtigsten Handwerkern der Zeit, mit denen und für die man lernen muß zu arbeiten. Sie haben jenes Niveau anonymen, technisch qualitativen Denkens, das so sehr das industrielle Zeitalter charakterisiert.

Der Werkzeugmacher arbeitet nicht mehr mit dem Zollstock und nicht mit Handwerkszeugen. Zum Messen benutzt er Präzisionsinstrumente (Lupen), zur Werkstoffbearbeitung benutzt er Präzisionsmaschinen. Mit ihnen kann er den härtesten Werkstoff in Genauigkeitsgraden bearbeiten, die keineswegs hinter den Präzisionsforderungen der Feinmechaniker zurückstehen.

Indem er sein formgebendes Werkzeug bearbeitet, hat er dadurch indirekt das fertige Produkt geschaffen, ohne daß er es je gesehen hat. In gewissem Sinn ist der Werkzeugmacher ein völlig universeller Handwerker, denn er stellt Werkzeuge für jedes Rohmaterial her. Obwohl er nicht ein Spezialist ist wie der Schlosser, der Maurer, der Tischler, der Glasmacher usw., so ersetzt er im wesentlichen deren Tätigkeit durch das Resultat seiner Arbeit, das Werkzeug.

57 Die Präzisionsmaschine, das Werkzeug des Werkzeugmachers

Denn in den negativen Formen seiner Werkzeuge bestimmt er bereits das positive Produkt. Käme es darauf an, den Begriff des Originals und der Kopie zu analysieren, so würde sich ergeben, daß das einzige Original das Werkzeug der Maschine ist, darum kann das mit Hilfe dieses Werkzeuges aus dem Material geformte Produkt aber nur eine Kopie sein. Vielleicht kann man das mit der Fotografie vergleichen, bei der von einem Negativoriginal eine beliebige Anzahl von positiven Kopien hergestellt werden können. Einen Unterschied zwischen dem Originalwerkzeug und der Kopie, dem Produkt, zu machen, erscheint deswegen wichtig, weil die Industrialisierung voraussetzt, daß das Produkt und seine Fertigung eine Einheit sind, die in einer Wechselbeziehung zwischen Negativ und Positiv das konkrete, vorbestimmte Ergebnis bedingen. Daran kann man auch erkennen, welch völlig andere Bedeutung der Begriff des Werkzeuges hat, wenn es als Werkzeug der automatisch gesteuerte Teil einer Maschine ist. Mit der Schaffung des Werkzeuges hat also der Werkzeugmacher in anonymer Arbeit, entrückt von dem eigentlichen Produkt, bereits den großen schöpferischen Akt vollzogen, der das Symbol des Handwerks ist.

Die Natur hat den Menschen mit dem Instinkt ausgestattet, Werkzeuge zu erfinden und sie zu bedienen. Die Kulturen aller Zeiten wurden durch die Werkzeuge bestimmt, die die Meister fähig waren zu entwickeln und zu benutzen. Es gehört zu den großen Einsichten, die das neue Zeitalter zu erkennen möglich gemacht hat, daß diese Epoche wieder imstande ist, zu der fortlaufenden Geschichte der Zivilisation durch die Erfindung neuer Werkzeuge beizutragen, wie sie nie vorher existierten, und durch die Beherrschung der Energien, diese Werkzeuge dem Menschen dienstbar zu machen. Die Folgen der sich darauf aufbauenden Anschauungen und Möglichkeiten erscheinen fast unermeßlich.

Der Begriff des Unterschieds von Einfachheit und Kompliziertheit erfordert eine völlige Neubewertung in bezug auf die Beziehung zwischen Maschine und Handwerkszeug. Die Maschine verhält sich neutral zu jeder Aufgabe, solange es im Rahmen ihres Leistungsvermögens liegt. Darum kann ein relativ kompliziertes

58 Die negative Form ist das Original eines Produkts

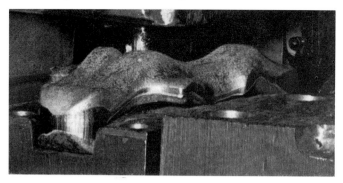

59 Aus ihr erhebt sich die positive Form, das Fertigprodukt

60 Das Fertigprodukt muß also eine Kopie sein

Einzelteil mit der Maschine genau so leicht hergestellt werden wie die einfachste Form.

„Einfachheit durch Kompliziertheit" ist nun kein Anachronismus mehr, sondern eine der großen Möglichkeiten des industriellen Fortschrittes.

Die Kontrollsysteme, wesentliche Bestandteile der Fertigungswissenschaft, das heißt, der mechanischen Produktion, ermöglichen die Einhaltung eines hohen Präzisionsstandards, der für das Baugewerbe ganz ungewöhnlich ist. Man kann also auch hier in Umkehrung von nicht zu vermeidenden Genauigkeitsgraden sprechen. Sie werden Planung, Vorbereitung, Ausführung und schließlich daher die Erscheinung des Bauwerks von Grund auf beeinflussen.

Wenn man sich den Werdegang eines solchen Bauwerks vorstellt, so würden in der Produktionsstätte der Fabrik keine gelernten Bauhandwerker mehr nötig sein. Denn in den automatischen Vorgängen der Fabrikation gibt es nichts weiter zu tun, als höchstens Material von einem Platz zum anderen zu schaffen oder die Maschinen zu steuern.

Auf der Baustelle würde ein solches Bauwerk nur von Monteuren zusammengesetzt und denen ist es gleichgültig, ob Metall, Beton, Holz, Glas, Kunststoff oder, was immer es sei, zusammenzufügen ist, solange es sich dabei um Fertigprodukte handelt. Es sind also nicht notwendigerweise die Zimmerleute, die nur Holzhäuser errichten können, oder die Metallarbeiter, die nur Eisenkonstruktionen zusammenbauen, oder die Betonarbeiter, die nur Betonplatten versetzen, sondern, gleich den universellen Werkzeugmachern, sind es nun die universellen Monteure, die die anonymen Produkte zusammenfügen. Die Benutzung des Zollstocks wird dabei gegenstandslos, das Meßinstrument ist das Produkt, das Bauelement selbst.

Wie man zum Beispiel an der konventionellen Methode der Errichtung von Bauten aus vorfabrizierten Teilen in den Vereinigten Staaten sieht, ist die Montage eines Baus bereits ein Spezialberuf in sich selbst und wird von Spezialfirmen, die über trainierte Arbeitsteams verfügen, ausschließlich für Bauunternehmen, die Bauten aus vorfabrizierten Bauelementen selbst nicht mehr errichten, ausgeführt. Der Transport, das Bewegen und Heben mit Hilfe von Spezialvorrichtungen der relativ großen vorfabrizierten Bauelemente, die sorgfältige Behandlung dieser empfindlichen Fertigprodukte, das Zusammenfügen von Präzisionselementen entsprechend der verschiedenen Systeme mit Hilfe spezieller, mechanischer Verbindungen und das Ein- und Zusammenfügen der Installationen erfordern besondere Erfahrungen und Kenntnisse, die diese neuen Arbeitsgruppen erfüllen. Entsprechend dem Naturgesetz der Evolution, im Sinne immerwährender Expansion, Spaltung, Vervielfältigung in allen Dimensionen, muß sich damit zugleich proportional im Rahmen der Entwicklung der Zivilisation der Arbeitsprozeß ausdehnen.

Beeinflußt durch Vorstellungen, die durch die Leistungsgrenzen des Handwerks gesteuert sind, erscheinen solche Entwicklungen oft ungeheuer groß. Da aber Maßstabsvorstellungen relative Begriffe sind und nur erfaßbar in einem koordinierten Verhältnis zu anderen zeitbedingten Werten, Erkenntnissen und Ansprüchen, werden diese proportionalen Unterschiede in Zukunft kaum noch bemerkt werden.

In diesem Sinn erscheint der aus dem Zusammenhang gerissene Akt der Einzelleistung nicht mehr folgerichtig. Eine schöpferische Tätigkeit, wenn es wirklich um diese geht, kann sich nun nur noch in engeren Grenzen gegenseitiger Abhängigkeit abspielen. Primär bedingt durch die sich perpetuell vergrößernden Maßstabsgesetze, wird sie sich aber in stärkerer und bedeutungsvollerer Weise ausdrücken können.

Indem also eine allgemein zusammenhängende Ordnungstheorie des Produzierens, Fügens und Verbindens vorausgesetzt werden muß, die Anspruch und Harmonievorstellung beeinflußt, kann erst in ihr sich der schöpferische Akt zur vollen Wirkung entfalten.

61 Die Kontrolle automatisch geregelter Präzisionswerkzeuge ermöglicht die Entwicklung komplizierter Details, die aber in ihrer Anwendung im Fertigprodukt Vereinfachungen darstellen können

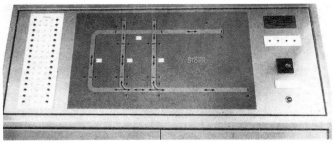

62 Die Energie, nicht mehr mit Kraftleistung zu verwechseln, wird in Schaltsystemen gesteuert, die zugleich im komplizierten Rückmeldeverfahren eine dynamische Angleichung von Leistung und Aufgabe ermöglichen. Selbst der Schalttisch einer Transportanlage vermittelt den Begriff der reziproken Kreisbewegung von Ursache und Wirkung.

63 In einer organisch aufgebauten Produktionsstätte besteht die Arbeit des Menschen in Hilfsleistungen, wie Beobachtung, Bedienung, Transport usw.

64 Der Fachmann der Baustelle ist der Monteur, der neben dem Mechaniker der Installationen das Bauwerk aus Fertigprodukten zusammenfügt

16

Die durch Massenproduktion gleicher Teile bedingten Ordnungssysteme bestimmen Flächen-, Körper- und Raummaße. Diese sollen nicht nur untereinander, sondern auch in einem organischen Maßverhältnis zu denjenigen Teilen stehen, die verwendet werden, aber nicht direkt zum Bau gehören.

Aus diesen Bedingungen entsteht der Begriff der modularen Koordination. Darin ist das Resultat zusammengefaßt, das sich durch genaue theoretische und praktische Untersuchungen ergibt, von Meßwerten, Meßmethoden, Maßbestimmungen, Dimensionierungen kleinster Teile bis zum kompletten Bauwerk.

Modulare Koordinationssysteme beziehen sich nicht nur auf rechteckige und gerade Flächen, sondern ebenso auf Abstand und Volumen von Punkten, Linien, Flächen und Körpern, ganz gleich, ob auf die Ebene oder in den Raum projiziert oder in sich selbst gekrümmt. Sie bestimmen auch Installationen, Verteilungssysteme der Anschlüsse, Dimensionierung der Objekte, aber auch bewegliche Teile und in gewisser Hinsicht, im abstrakten Sinn, Bewegung und Zeit.

Ein wesentliches Aufgabengebiet der modularen Koordination ist die Bestimmung der zulässigen Toleranzen. In dem Maße, in dem die fortschreitende technologische Entwicklung immer größere Präzision ermöglicht, wird die Kontrolle der Toleranzen zu einem sehr wichtigen Problem der Industrialisierung.

Der erlaubbare Spielraum in der Beziehung der Teile zueinander wird immer kleiner, da man es ja nicht mehr mit den rauhen Maßen der Mörtelfugen zu tun hat. Durch die Aneinanderreihung vieler, genauer, identischer Elemente akkumulieren sich kleinste Maßabweichungen, deren Ursachen aus Ungenauigkeiten der Produktion, dimensionalen Materialveränderungen durch Temperatur und Feuchtigkeitsgehalt, Verwindungen oder verschiedengradiger Beanspruchung entstehen können.

Durch wissenschaftliche Methoden, wie zum Beispiel Analysen von Wahrscheinlichkeitsfaktoren, Untersuchungen der Materialausdehnung und Laboratoriumsexperimente, werden die notwendigen Toleranzen bestimmt, in denen sich Form- und dimensionale Veränderungen korrigieren können.

Solche Untersuchungen beziehen sich vor allem sowohl auf die Kontrolle der Einzelteile, die in der Fabrik zusammengefügt werden, als auch auf die endgültigen Bauelemente aller Art und auf die Montage an der Baustelle.

Aber von großer Wichtigkeit ist auch, die Toleranzuntersuchungen auf die später eintretenden Veränderungen, Verschiebungen und Verlagerungen, verursacht durch die natürliche Bewegung des fertigen Baus, das heißt durch Belastung, Wind, Vibration, Temperatur usw., auszudehnen.

Modulare Koordinationssysteme setzen also einen Toleranzmaßstab voraus, mit dem dimensionale Grenzfälle des Möglichen bei der Entwicklung der Moduln bestimmt werden können.

17

Der Modul ist die abstrakte Grundeinheit eines Meßwertes, der durch Multiplikation, Subtraktion oder Division das geometrische System einer gedachten modularen Ordnung zahlenmäßig bestimmt.

Da eine modulare Grundeinheit nur in einer Richtung wirksam zu sein braucht, kann sich die Wahl verschiedener Meßwerte oder Moduln als notwendig erweisen, was durchaus annehmbar im Rahmen einer gedachten Ordnung ist, wenn sich diese aus verschiedenen, unabhängigen Sachgebieten bildet. Zum Beispiel müssen Vorgänge, die sich in der Horizontalen abspielen, nicht notwendigerweise dieselben sein wie in der Vertikalen. In diesem Fall kann sich zwar aus einem linearen Modul der Flächenmodul entwickeln, aber er könnte durch einen ganz anderen Modul der Vertikalen ergänzt werden.

Gelingt es aber, ein Gleichgewicht der Erfüllung aller Ansprüche in einheitlichen, räumlichen Meßwerten zu finden, so würde der eine daraus resultierende Grundmodul gleichzeitig identisch mit einem Körper modularer Ordnung sein. Erst eine solche räumliche Maßeinheit eines räumlichen Moduls kann als Idealfall angesehen werden, durch den es möglich wird, in einem universellen System jedes Teil in jeder Richtung, in sich selbst und in Beziehung zu jedem anderen Teil jederzeit zu bestimmen.

Die Bestimmung des Grundmoduls, der die Basis eines sich darauf aufbauenden Systemmoduls ist, erfordert Untersuchungen auf verschiedenen Gebieten, von denen jedes zu unabhängigen und unterschiedlichen Resultaten führen kann. Erst Analysen von Annäherungen und die Synchronisierung aller dimensionalen Ergebnisse auf einem gemeinsamen Nenner bestimmen den Universalmodul.

Entsprechend einer Aufgabenstellung sollte er sich aus der reziproken Beziehung einiger oder aller der folgenden Modulkategorien entwickeln:

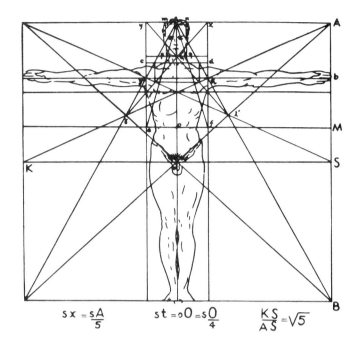

65 Der Mensch, der Maßstab

Materialmodul
Leistungsmodul
Geometriemodul
Bewegungsmodul
Konstruktionsmodul
Elementemodul
Verbindungsmodul
Komponentenmodul
Toleranzmodul
Installationsmodul
Einrichtungsmodul
Planungsmodul

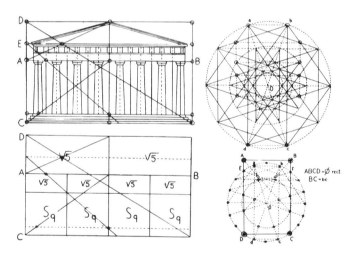

66 Der Goldene Schnitt, der Maßstab der Antike. Rechts daneben: Das mystische Meisterdiagramm des Mittelalters, der Maßstab der Gotik

Bei diesen Moduln handelt es sich um die Bestimmung von Referenzdimensionen in Form gedachter Punkte, Linien, Flächen oder Körper, aus denen oder in Beziehung zu ihnen sich erst die Fertigmaße und Dimensionen der Produkte ergeben.

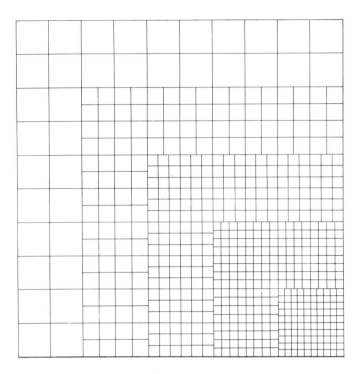
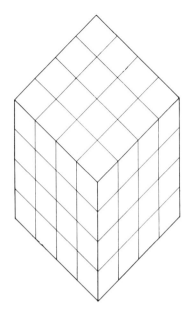

67 Die Rückbezüglichkeit von Variationen eines modularen Rastersystems auf die Fläche projiziert, basierend auf einer angenommenen arithmetischen Reihe

68 Die zweidimensionale modulare Ordnung auf die drei Seiten eines Würfels projiziert entwickelt sich zu einem dreidimensionalen System von Meßwertung

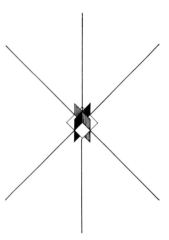

67–75 Modulare Koordination, Bewegung und Zeit einbeziehend, eine durch die Industrialisierung bedingte Maßbestimmung

72 Der Punkt als abstraktes Zentrum und Schnittpunkt von Flächenbeziehung, Volumen und Körper

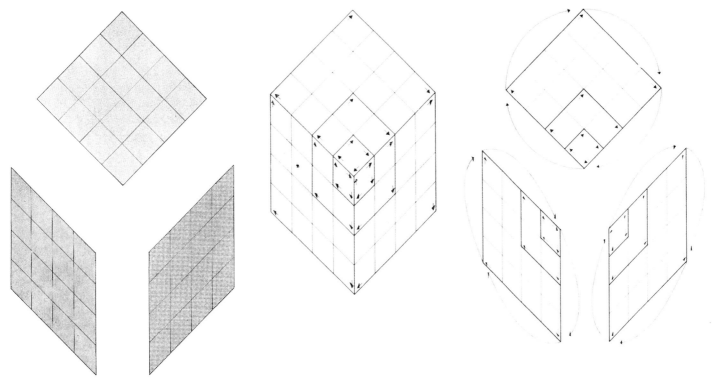

69 Die Separierung der Würfeloberflächen in drei getrennte, aber untereinander abhängige Ebenen
70 Die Bewegungsbeziehung der Einzelteile in dem in sich beliebig unterteilten Kubus ▲

71 Die separierten Ebenen des Kubus, nun zur Kombination von Dimensions- und Bewegungsbestimmung geworden, bedingen die Zeit als zusätzlichen, notwendigen Faktor zur Bestimmung von Meßwerten

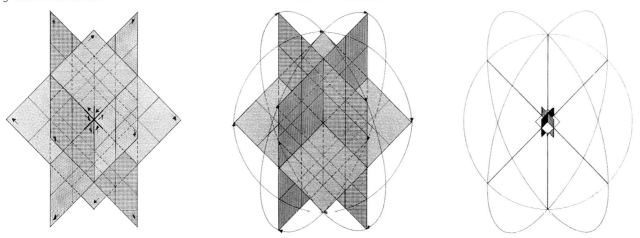

73 Die räumliche Durchdringung der modular bestimmten Flächen eines Kubus, identisch mit positiv und negativ, oder konvex und konkav

74 Die Bewegungs- und Zeitkontrolle als zusätzliches Ordnungssystem sich durchdringender Flächen ◀
75 Symbol für Maß, Bewegung, Zeit, in das sich jede gedachte Form im System einer angenommenen Beziehung einfügen läßt

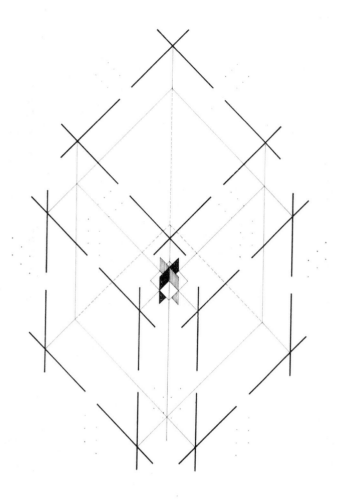
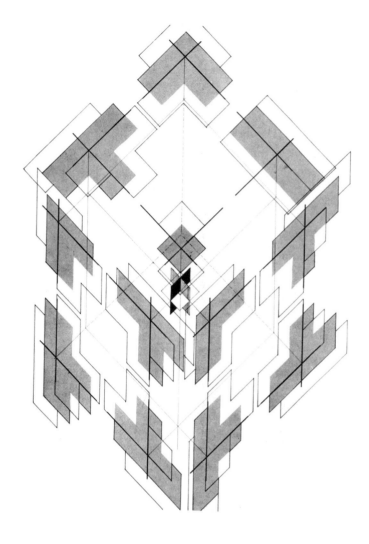

76 Aus dem inneren Mittelpunkt eines gedachten Kubus separieren sich Flächenraster nach drei Seiten

77 Die Rasterlinien und deren Schnittpunkte können identisch sein mit den Achsenlinien von irgendwelchen Elementen. Dieses Diagramm dient dazu, bei jeder flächigen Studie zugleich ihre räumlichen Beziehungen untereinander zu kontrollieren

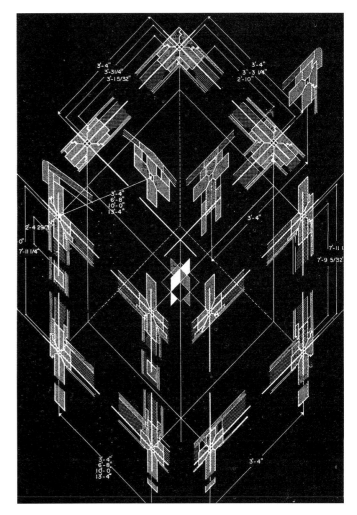

78 Gedachte Elemente können in jeder beliebigen Beziehung zu einem angenommenen Rastersystem stehen. Sie können sich zum Beispiel an dieses anlehnen oder sich in einem immer gleichen Abstand davon befinden oder sich in einem exzentrisch angeordneten, sich rhythmisch wiederholenden Raum befinden

79 Die praktische Anwendung dieses Darstellungsschemas in einem axialen Konstruktionssystem, das später näher beschrieben wird (General-Panel-System)

18

Der Materialmodul ergibt sich aus Rohstoffmaßen, produktionstechnischen Bedingungen, qualitativen Eigenschaften, späteren technischen Anwendungsmöglichkeiten, dem Marktbedarf und aus ökonomischen Umständen.

Rohstoffmaße werden aber nur dann von Einfluß auf Materialmodulbestimmungen sein, wenn es sich um Rohstoffe handelt, die, ohne daß sie einen weiteren Prozeß der Umformung durchmachen, direkt, das heißt, so wie sie die Natur erzeugt, verwendet werden. Ein typisches Beispiel dafür ist der Rohstoff Holz.

Indem die Baumaterialindustrie sich dem existierenden Markt anpassen muß, entsprechen die von der Industrie gewählten Dimensionen zwar dem Bedarf der konventionellen, handwerklichen Bautechniken, darum aber nicht notwendigerweise den anderen, viel subtileren Anforderungen der industriellen Produktionsmethoden. Es wird die Aufgabe zukünftiger Untersuchungen sein, im Rahmen des wirtschaftlich Möglichen den neuen Materialmodul diesen veränderten, technisch konstruktiven Bedingungen anzugleichen.

Die Breiten der Walzen zur Herstellung endloser Produkte, die Abstände zwischen Schneidevorrichtungen, die Abmessungen von Pressen aller Art werden einer dimensionalen Revision unterzogen werden müssen. Darum erscheint es nicht logisch, durch existierende, aus anderen Ursachen und Zweckbestimmungen entstandene Rohstoffstandardmaße, die Entwicklung des Materialmoduls industrieller Produktion zu beeinflussen.

19

Der Leistungsmodul wird durch das Verhältnis von Material und günstigster Ausnützung bestimmt. Unter dem Begriff der Leistung soll aber in diesem Zusammenhang nicht die mechanische, akustische, chemische, elektrische oder kalorische Leistung verstanden werden, sondern es handelt sich um gewisse statische Eigenschaften und produktionstechnische und wirtschaftliche Bedingungen.

Zum Beispiel kann ein Rohmaterial, das in einer gedachten Stärke verwendet werden soll, durch zu große Dimensionen an statischen Qualitäten sehr wesentlich verlieren. Es müßte also durch die Wahl eines größeren Querschnitts oder durch die Verstärkung mit Hilfe anderer Komponenten in seiner Leistung verbessert werden. Dadurch würde ein an sich geeignetes Material unter Umständen technisch schwer verwendbar werden, das Gewicht ungünstig beeinflussen und deshalb auch unwirtschaftlich sein. Umgekehrt kann sich ein Material, in einem zu kleinen modularen System verwendet, technisch und wirtschaftlich nicht so ausnutzen lassen, wie es im Leistungsbereich des Materials selbst liegt.

Der Leistungsmodul, der durch die Akkumulation eines gewählten Grundmoduls bestimmt wird, wird aber entsprechend der spezifischen Eigenschaften der zu verwendenden Materialien, wie Holz, Kunststoff, Mineral oder Metall, individuelle, unterschiedliche, direkt nur auf sie bezügliche Werte aufweisen, aus denen im weiteren Prozeß der Untersuchungen der allgemeingültige Mittelwert des Leistungsmoduls gefunden werden muß.

20

Der Geometriemodul bestimmt das proportionale System, in dem sich die Konstruktion, das einzelne Element und die gesamte Planung bewegen. Er bestimmt damit die innere Elastizität und Variationsfähigkeit der gewählten modularen Ordnung. Diese wird durch zahlenmäßig zu erfassende, proportionale Vergrößerungen oder Verkleinerungen der verschiedenen modularen Kategorien erreicht. Dabei handelt es sich nicht nur um Verhältniseinteilungen von Dimensionen der Bauelemente oder Konstruktionsteile, sondern auch um die Entwicklung dazugehöriger proportionaler Serien von Komponenten verschiedenster Art. In der Kombination von Variationen der Konstruktionsmoduln, Elementemoduln und Komponentenmodduln sollten sich alle Planungsmöglichkeiten abspielen. Um diese in einem mathematisch erfaßbaren System rückwirkender Maßbeziehungen ausdrücken zu können, muß der Geometriemodul gefunden werden.

Wie alle anderen Moduln, so bezieht sich auch dieser nicht allein auf Beziehungen von Punkten, Linien oder auf proportionale Verhältnisse von Flächen, sondern er muß selbstverständlich auch der universalen Anwendung im räumlichen, dreidimensionalen System entsprechen.

21

Der Bewegungsmodul entsteht durch Bedingungen physischer Natur, die sich aus dem Transport, der Lagerung und der Montage an der Baustelle ergeben, während Vorgänge in der Fabrik im Sinne einer kontrollierten Bewegung kaum auf die Dimensionen der Bauelemente einwirken.

Von wesentlichem Einfluß auf die Bestimmung der maximalen Dimensionen der Bauteile werden die Leistungsgrenzen der Hebewerkzeuge sein die das fertige Produkt verladen. Ebenso werden die Laderaummaße der Transportmittel berücksichtigt werden müssen, wie die Notwendigkeit, in den Lagerhäusern oder Verteilungszentralen diese Art von Baumaterial leicht bewegen und kontrollieren zu können.

Von gleicher Wichtigkeit ist eine gewisse Begrenzung der Dimensionierung in bezug auf die leichte Handhabung der Bauelemente während der Montage. Handelt es sich um Objekte, deren Gewicht oberhalb der Grenze dessen liegt, was ein Mann heben kann, und deswegen mechanische Hebewerkzeuge benutzt werden müssen, so sollten die dadurch möglichen größeren Bauteile aber nicht zu sperrig und schwer sein, da ja auch die Hebevorrichtungen selbst relativ leicht und beweglich sein müssen.

Wenn es sich aber um Bauteile handelt, die von einem oder zwei Mann bewegt werden können, werden besonders die Körpermaße, die Reichweite der Arme als physische Leistungsgrenzen direkt auf die Maßbestimmung einwirken. Es ist besser, daß ein Element, das zu schwer ist, von einer Person bedient zu werden, in Dimension und Gewicht verkleinert wird, um zu verhindern, daß zur Bewegung solchen Materials jedes Mal zwei Personen nötig sind. Die dazu notwendigen Bewegungsstudien beziehen sich nicht nur auf die Handhabung der Bauteile oder den Bewegungsraum usw., sondern auch auf die kritische Bewegungskontrolle in dem Moment des Zusammenfügens der Elemente. Bei der Verwendung sehr leichter Baustoffe werden sich aber auch dimensionale Grenzfälle ergeben, wenn man berücksichtigt, daß Winddruck oder besonders kurze Windböen, die plötzlich auftreten können, bei der Montage außerordentliche Gefahren bieten, wenn sie auf große Oberflächen wirken. Solche Untersuchungen sind natürlich nur dann entscheidend, wenn die Bauelemente in großen Quantitäten das Bausystem dominieren.

22

Der Konstruktionsmodul bestimmt die Beziehungen und Lage aller Bauteile, die sich als lastentragende Konstruktionselemente von den füllenden Elementen unterscheiden. In einfachen Systemen, die hauptsächlich aus Stütze und Balken bestehen, wobei die Balken auch mit horizontalen Platten identisch sein können, werden sich die Konstruktionsmoduln im wesentlichen aus statischen Bedingungen der anzustrebenden Spannweiten oder Auskragungen, dem zur Verfügung stehenden Raum für

Konstruktionshöhen und den Moduln der Elemente und Komponenten ergeben.

Die Konstruktionsmoduln bestimmen die Lage der Fest- oder Gelenkpunkte und der verbindenden Konstruktionsstäbe, aber auch die Position jedes anderen Objekts, das direkt oder indirekt statisch, mechanisch oder dynamisch Teil der Konstruktion ist. Es ist nicht wichtig, ob es sich dabei um Systeme handelt, die sich aus einfachen, großen, massiven Profilen aufbauen, oder um feingliedrige Gitterwerke, die unter Verwendung massenproduzierter, standardisierter Präzisionselemente sich zu räumlich aufgelösten Konstruktionen zusammenfügen. Ob es Methoden der Membrankonstruktionen sind oder homogene Platten in Beton, wobei in diesem Fall die aus standardisierten Einheiten bestehende Schalung das modulare Prinzip darstellt, in jedem Fall werden systematische und weitgehende Untersuchungen zur Entwicklung der Konstruktionsmoduln notwendig sein.

Diese und alle anderen Moduln stellen das gemeinsame Thema dar, das sich in dem Rhythmus und der Ordnung des ganzen Baus ausdrückt. Keineswegs kann in einem so komplexen Ordnungssystem die Konstruktion selbst unabhängig, nur ihren eigenen Gesetzen unterliegend, dimensional, individuell entwickelt werden.

Wenn Wand-, Fenster-, Türen-, Deckenelemente die Produkte der Vorfabrikation sind und in den Vereinigten Staaten schon vielfach zum Bau der Hochhäuser benutzt werden, so sieht man daran deutlich wie, langsam von außen eindringend, alle Teile des ganzen Bauwerks immer mehr in die systematischen Ordnungen einbezogen werden, die die Industrialisierung vorschreibt. Die Fülle von Systemen standardisierter, massenproduzierter Stützen und Binder aller Art läßt die Notwendigkeit der Integration der Konstruktion in den gesamten Prozeß des industriell hergestellten Bauwerks besonders deutlich erkennen. Denn solche eigengesetzlichen, modularen Systeme würden in ihrer Ordnung nur auf sich selbst bezogen eher Fremdkörper darstellen, die eine anzustrebende Einheitlichkeit unter Umständen empfindlich stören könnten.

23

Der Elementemodul bestimmt die Maßverhältnisse aller Objekte mit flächenumschreibenden Charakteristiken. In der theoretischen Annahme einer universellen Fläche, das heißt eines Elements, das so viele physikalische Eigenschaften hat, daß es, abstrakt ausgedrückt, jedem Zweck dienen kann, ist dieses folgendermaßen unterteilt:

>Undurchsichtige Elemente
>Lichtdurchlässige Elemente
>Flächenumschreibende Rahmenelemente
>und diese wiederum unterteilt in:
>Gekrümmte Elemente
>In den Raum entwickelte Elemente
>Lastentragende Elemente
>Nichtlastentragende Elemente
>Bewegliche Elemente
>Unbewegliche Elemente
>Vertikale Elemente
>Horizontale Elemente

Dieses Ordnungssystem erfordert eine Neubewertung der Begriffe Wand, Fenster, Tür, Decke, Fußboden. Diese Anschauung erscheint nicht nur zweckmäßig in bezug auf industrielle Produktionsmethoden, sondern um hauptsächlich der universellen Verbindungstechnik, der Montage, zu entsprechen, die keinen Unterschied zwischen den Arten der Elemente macht.

Die Entwicklung eines solchen Elementemoduls der universellen Flächen wird im wesentlichen durch zwei entgegengesetzte Bedingungen bestimmt. Während ein Bauelement so groß wie möglich dimensioniert werden sollte, um so wenig Fugen wie möglich zu haben, die ja immer die schwächsten Punkte sind, muß dieses Element auch so klein wie möglich sein, denn seine Anpassungsfähigkeit in bezug auf Kombinationsmöglichkeit in Planung und Anwendung bestimmt seine Nützlichkeit.

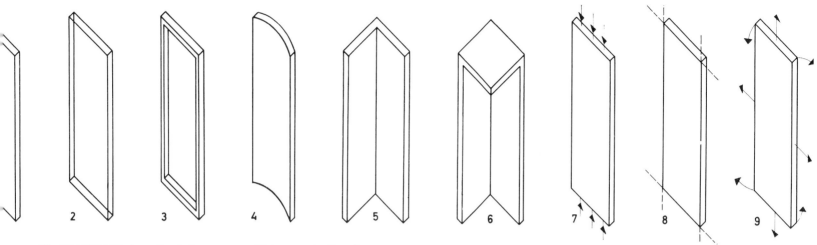

80 Diagrammatische Darstellung von flächenumschreibenden Elementen
1 Undurchsichtiges Element,
2 durchsichtiges Element,
3 Rahmenelement,
4 verformtes Element,
5 in den Raum entwickeltes Element,
6 dreidimensional entwickeltes Element,
7 lastentragendes Element,
8 nichtlastentragendes Element,
9 bewegliches Element
Jedes einzelne dieser Elemente kann die entsprechenden Charakteristiken der korrespondierenden Elemente haben

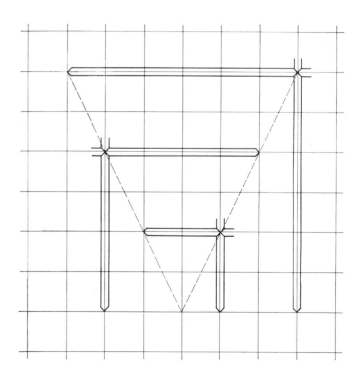

81 Schema der dimensionalen Bestimmung eines Elements im System einer modularen Ordnung zwischen Maximum und Minimum

Vorausgesetzt, daß sich durch vergleichende Untersuchungen über die Forderungen der Installations-, Einrichtungs- und Planungsmoduln ein Elementemodul entwickelt hat, der auch dem theoretischen Geometriemodul entspricht, kommt es darauf an, den Elementemodul in Beziehung zu dem Konstruktionsmodul solcher Art zu entwickeln, daß er mit ihm sich zu organischen Kombinationen vereinen läßt, wenn das erforderlich ist. Würde ein Gebäude nur aus Bauelementen bestehen, so wäre das die ideal einfachste Situation. In diesem Fall würden die Elemente nur in modularer Beziehung zu sich selbst stehen. Bestünde ein Bauwerk nur aus Konstruktion, so wäre das theoretisch ein ähnlicher Zustand, in dem nur Konstruktionselement zu Konstruktionselement sich in modularer Beziehung zu befinden hätte. Aber der Fall, der besonders bei Hochbauten immer auftreten wird, ist die Kombination von Konstruktionsmoduln und Elementemoduln. Dabei kommt es darauf an, diese so vollständig in Übereinstimmung zu bringen, daß jede Möglichkeit von Kombination, wie Anfügen, Einfügen, Durchdringen, Überschneiden, Berühren oder Nichtberühren, vertikal sowohl als horizontal, ohne Schwierigkeiten ausgeführt werden könnte. Durch systematische Analysen modularer Koordination werden sich die notwendigen technischen Details und dimensionalen Bestimmungen relativ leicht ermitteln lassen. Dazu aber kommen die sehr wichtigen Untersuchungen von Toleranzbestimmungen, die sich nicht nur auf die dimensionale Kontrolle der Elemente untereinander und diejenige der Konstruktionsteile beziehen, sondern die auch in ihrer gegenseitigen komplexen Wechselwirkung bestimmt werden müssen.
Ebenso wichtig bei solchen Entwicklungsstudien der Elementemoduln ist die entsprechende Berücksichtigung der modularen Ordnungen der Installationssysteme. Wie schon vorher gesagt, werden diese besonders dann von Einfluß sein, wenn die Elemente selbst Träger von Installationsleitungen oder Aggregaten werden.

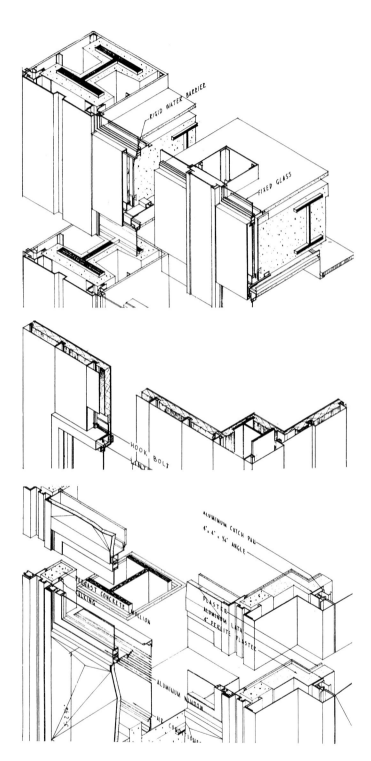

82 Die Stütze der tragenden Konstruktion ist identisch mit der modularen Ordnung der Curtain-Wall-Konstruktion. (Mile High Center, Denver, Colorado, Architekt I. M. Pei) ◄

83 Die Stütze der tragenden Konstruktion als integrierter Teil der Standarddimension des Bauelements. (Armco, Middletown, Ohio, Architekt Peter J. Weich) ◄

84 Die nicht organische Beziehung von Konstruktion und Curtain-Wall. (Republic-Bank-Gebäude, Dallas, Texas, Architekten Harrison und Abramovitz, Gill und Harrel) ◄

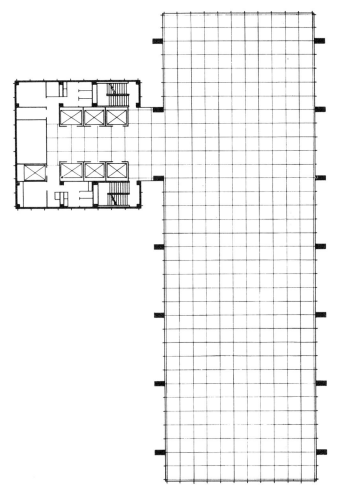

85 Die Separierung von Konstruktion und Raum. Auf der Basis eines modularen Ordnungssystems, das auch die gesamte mechanische Installation einbezieht, ist jede beliebige Kombination von Raumbestimmung und Raumtrennung möglich. (Inland-Steel Bürohaus, Chicago, Architektenfirma Skidmore, Owings and Merrill.)

86 Die modulare Ordnung der Bauelemente bestimmt die Position der Öffnungen für die mechanischen Installationen in den Unterzügen. (Inland-Steel Bürohaus)

24

Der Verbindungsmodul bestimmt die Position jedes direkten Anschlußpunkts, der sich aus dem gewählten System der tragenden Konstruktion und der füllenden Elemente ergibt. Die modulare Verteilung solcher mechanischen Verbindungen, die einfache Mittel der Fixierung eines Objekts in einer bestimmten Position oder kräfteübertragende Konstruktionsteile in Form von Knotenpunkten sein können, muß in einem symmetrischen oder asymmetrischen, geometrischen Verhältnis zu den Moduln der Konstruktion und denen der Elemente stehen. Es wird sich also bei den Verbindungsmoduln oft um komplexe räumliche Systeme handeln, die unter Umständen erfordern, in sich selbst wieder unterteilt werden zu können in einem proportionalen modularen System kleinster räumlicher Ordnung.

Wenn die Art der Verbindung gleichzeitig identisch mit gewissen statischen Aufgaben ist, dann muß das gewählte modulare Verbindungssystem gestatten, durch Akkumulation von Verbindungspunkten in gewissen höher beanspruchten Gebieten diese im System der geometrisch proportionalen Moduln in beliebiger Kombination so anordnen zu können, daß das gewählte System modularer Ordnung dadurch nicht gestört wird.

25

Der Komponentenmodul bestimmt die Proportion derjenigen zusätzlichen Teile, die nicht in den beiden Hauptkategorien Konstruktion und Element enthalten sind. Es können feste Objekte sein, wie Treppen zum Beispiel, oder Gegenstände mechanischer Natur, wie Fahrstühle und dergleichen. Vor allem aber wird es sich um jene zusätzlichen Elemente handeln, die nicht als Teile wie Halbierungen oder Verdoppelungen im Sinne

87 Diagramm eines Baukörpers, aus identischen Elementen zusammengesetzt, zeigt die modulare Ordnung der Verbindungspunkte untereinander und ihre Beziehung zu den Bauelementen

88 Schema von Variationen der Verteilung von Verbindungspunkten beliebiger Bauelemente, die von Einzelpunkten in symmetrischer Anordnung über asymmetrische Beziehungen bis zu kontinuierlichen, linearen Verbindungen reichen ▶

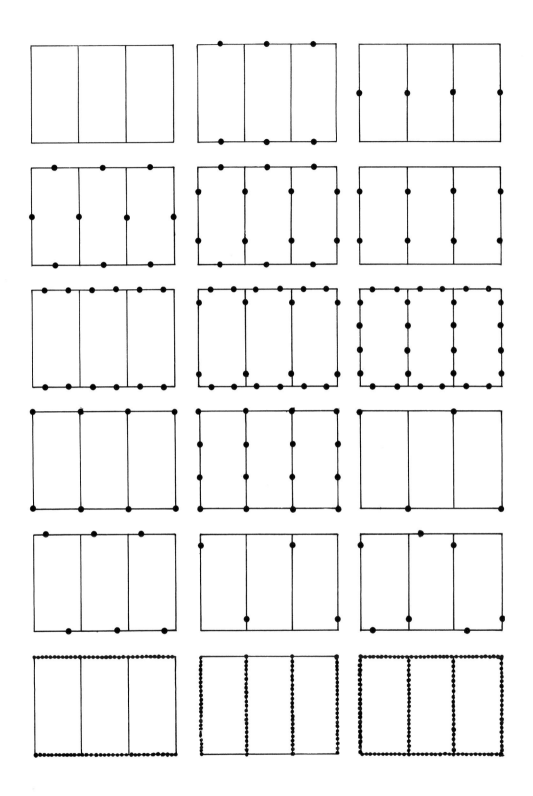

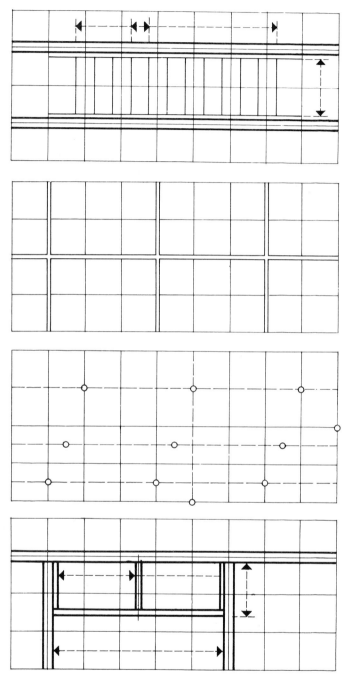

89—92 Der Komponentenmodul erfordert seine eigene Maßbestimmung. — Der Toleranzmodul muß hinzuaddiert werden. — Der Installationsmodul umfaßt Leitungen, Anschlüsse und Auslässe. — Der Einrichtungsmodul muß in sich selbst unterteilbar sein

der Geometriemoduln anzusehen sind, sondern durch wesentlich diminuierte Unterteilung ihre eigenen Kategorien bilden. Sie sind Ergänzungen zu den Elementen oder Konstruktionen, aber auch vermittelnde Anschlußobjekte an andere neutrale, nicht zu dem System des ganzen Baus gehörende, schon existierende oder noch auszuführende Bauteile.

26

Der Toleranzmodul bestimmt die Position der Verbindungen, die in notwendigen Intervallen erlauben, Maßverschiebungen, die durch die Akkumulation kleiner Ungenauigkeiten entstanden sind, auszugleichen. Prinzipiell kann jede Art von Verbindung in sich selbst genügend Spielraum für Toleranzausgleiche haben. Wenn aber durch statische Bedingungen sehr feste Verklammerungen oder Verbindungen notwendig sind, so müssen zur Erhaltung einer hohen Präzision Vorkehrungen getroffen werden, in gewissen Abständen immer wieder die Beziehungen aller Teile genau kontrollieren zu können. Es handelt sich also hierbei um etwas ähnliches wie zum Beispiel die Verteilung der Dehnungsfugen in den Betonkonstruktionen. Die Untersuchungen über die Entwicklung der Toleranzmoduln werden sich also neben der Eigenelastizität einer Verbindung mit der Bestimmung zulässiger, unterbrechender, elastischer Zonen befassen müssen, ohne daß das konstruktive Gefüge in seiner Festigkeit dadurch gestört wird. Als Mittel des Ausgleichs braucht es sich nicht immer um das Einfügen von korrigierenden Komponenten zu handeln oder um mechanische Korrekturen, sondern es können auch zeitliche Dispositionen sein, wobei zum Beispiel Elemente zunächst in Gruppen in Intervallen verbunden werden, während die endgültige Verbindung in den durch den Toleranzmodul festgelegten Gebieten nachträglich erfolgt.

27

Der Installationsmodul bestimmt die Beziehung und Lage von Kabel, Rohr, Schacht und Anschluß im gesamten Systemgefüge des Baus. Entsprechend der verschiedenen Kategorien der Installation, ergeben sich eine ganze Reihe von Untersuchungen, die voneinander unabhängig die Verteilung von Leitungen, Auslässen und Anschlüssen bestimmen. Die Entwicklung solcher modularen Verteilungsschemas und Leitungsführungen können aber nicht unabhängig von Produktion, Konstruktion und Bauelement nur im Zusammenhang mit der Planung betrachtet werden. Denn räumliche und mechanische Anforderungen der Installation werden von ebenso großem Einfluß auf die Entwicklung der Konstruktion und Elemente sein, wie deren Charakteristiken rückwirkend Leitungsführungen und Auslässe bestimmen.
Das gesamte Gebiet der Installationen, eingeteilt in vier Hauptkategorien: Kabel, Rohr, Schacht und Anschluß, unterteilt sich weiter in die üblichen Kategorien:

    Licht, Kraft
    Kommunikation
    Heizung
    Kühlung
    Ventilation
    Kalt- und Warmwasser
    Zuleitung
    Ableitung, Drainage
    Gas, Luft.

Diese großen Aufgabengebiete in eine systematische Verteilungsordnung des gesamten Gefüges der modularen Koordination zu bringen, kann nun nicht mehr dem Zufall überlassen bleiben, sondern muß durch eine genaue Definition der Verteilungspunkte, deren lineare Verbindung und schichtenweise Anordnung im System der umfassenden Installationsmoduln erreicht werden.

28

Der Einrichtungsmodul bestimmt die dimensionalen, proportionalen Ordnungen aller fest eingebauten Gegenstände und Objekte, die zusätzlich, ohne Teil der Konstruktion zu sein, sich dem modularen Gefüge des Baus anpassen müssen. Dazu gehören zum Beispiel eingebaute Schränke, Küchen- und Badezimmerausstattungen, Büro- und Laboratoriumseinrichtungen usw.
Analysen der handelsüblichen Moduln und Standards der Einrichtungsindustrie werden zeigen, in welchem Maße diese, geschaffen für den existierenden Baumarkt, sich den modularen Ordnungen der industrialisierten Baumethoden anpassen. Es ist offensichtlich, wieviel mehr die Standards der Einrichtungen denen solcher Bauten entsprechen müssen, im Gegensatz zu den viel freizügigeren Anpassungsmöglichkeiten in den konventionellen Baumethoden.
Aber die Auffassung von Beziehungstrennungen immobiler und mobiler Objekte wird immer mehr revidiert werden müssen zugunsten einer vereinigten Betrachtung aller Produkte, gleichgültig zu welcher Kategorie sie gehören.
So wie der Begriff von Größe oder Kleinheit, das heißt die generelle Maßstabsanschauung, sich durch den Einfluß der Industrialisierung ändert, in der aus der Kombination kleinster Teile sich das Große erst ergibt, heben sich tatsächlich Maßstabsunterschiede zwischen dem kleinsten Gebrauchsgegenstand und dem mit der größten Präzision entwickelten kleinsten Detail einer großen Konstruktion auf.
So wie die Verfeinerung des Details, nicht nur auf die Dinge bezogen, die sichtbar bleiben, sondern auch auf jene des inneren Gefüges, indirekt dem ganzen Bau Form und Wirkung gibt, überträgt sich diese Empfindlichkeit nun auch auf die dazu addierten, unabhängigen Objekte.

29

Der Planungsmodul ist die Summe der Resultate, zu denen die Untersuchungen aller Modulkategorien geführt haben. Durch ein Ausgleichen, ein Sich-Annähern der verschiedenen, oft dimensional divergierenden Moduln, die an sich nicht sehr weit auseinanderliegen, da sie sich alle auf einem gemeinsamen Grundmodul, das heißt dem Modul der kleinsten Einheit aufbauen, wird der Planungsmodul umschrieben. Er kann natürlich nur als eine Art theoretische Richtlinie verstanden werden oder als ein Kontrollsystem, durch das die organische Beziehung aller Moduln untereinander geprüft wird. In der praktischen Anwendung ist es notwendig, aus dem Zusammenspiel von Konstruktionsmodul, Elementemodul, Komponentenmodul und Installationsmodul die Synthese der Aufgabe, den gemeinsamen Nenner, nun zu finden.

In welchem Maße der Planungsmodul als eine räumliche Meßmethode von Bedeutung sein kann, hängt von den Ergebnissen der Untersuchungen ab, die in den vorhergehenden Modulkategorien schon beschrieben sind.

Noch einmal sei darauf hingewiesen, daß jeglicher Modul eine Zahlengröße darstellt, die in Form von Schnittpunkten, verbindenden Linien zu flächenumschreibenden Rastern führt, die sich auch in den Raum projizieren können. Diese geometrischen Symbole sind also nur in Beziehung zu konkreten Objekten zu verstehen, sie können, aber brauchen nicht, Achsenlinien sein, sie müssen aber die gedachte Ordnung eines Systems bestimmen. Das kann erreicht werden durch die Position der Konstruktions- oder Bauelemente in frei gewählter Beziehung zu den modularen Rastern, die auf, an oder neben diesen in symmetrischen, asymmetrischen, exzentrischen und sogar in rhythmisch wechselnden Abständen angenommen werden können. Solche theoretischen Untersuchungen, zusammengefaßt in dem Begriff der modularen Koordination, sind durch die Industrialisierung bedingt. Sie sind die Voraussetzung für die Übertragung abstrakter Daten in den konkreten Begriff des Standards.

93 Symbolische Darstellung der analytischen Durchdringung einiger oder aller hier genannten modularen Probleme, um die Grundeinheit des allen Elementen und Komponenten zugrunde liegenden Planungsmoduls zu erhalten. In reziproker Anpassung an die verschiedensten Bedingungen wird durch Ausgleichen das Grundmaß auf die Ebene B—C projiziert ▶

94 Auf der folgenden Seite wird an dem Grundriß eines einfachen amerikanischen, konventionellen Holzhauses gezeigt, wie durch die systematische Anwendung eines modularen Systems auf die Konstruktion vertikaler und horizontaler Oberflächen, Fenster, Türen, Schrankeinbauten usw. ein Minimum von Verschnitt erreicht wird, der unter 1 % liegt

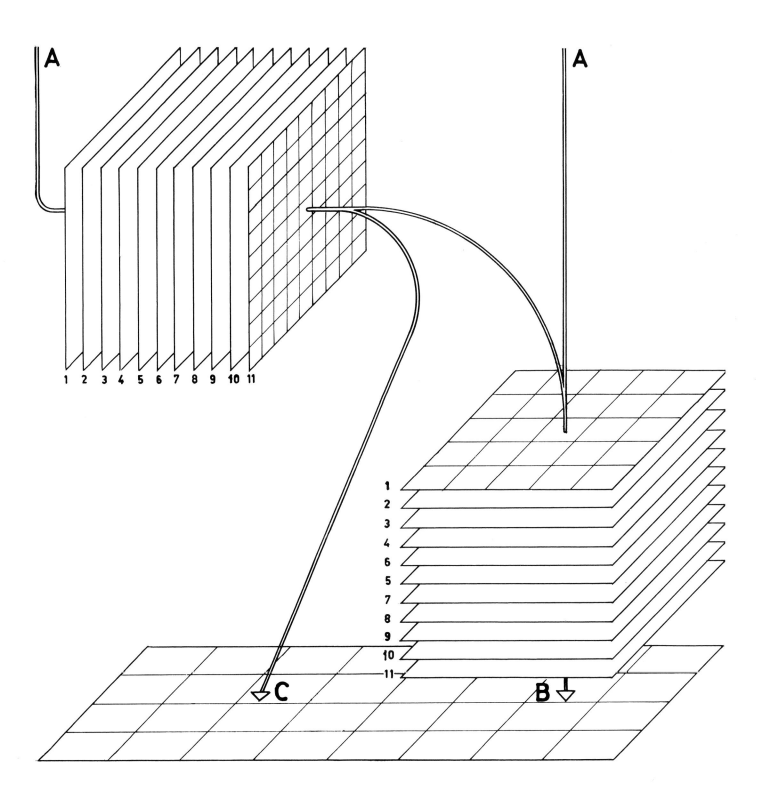

PANEL TYPE	at OUTSIDE WALLS	at INSIDE WALLS	at PARTITIONS	TOTAL
4'x 8' uncut	14	12	23	49
4'x 4'	2	2	0	2
2'-8"x 4'	6	6	0	4
1'-8"x 8'	3	0	0	1
4'-8" cut 4"	0	2	3	5
4' 8'(patching)	0	see below	see below	6
				67

```
  4"
  9"
 10"    4'x 8'
  4"    4'x 8'
  2     4'x 8'
 12"
 4 4"
  1"    4'x 8'
 32"
─────
116"    4'  4'x 8'
```

% WASTE $= \dfrac{\frac{2}{12}(8)}{67(32)} \times 100 = 0.06\%$

KITCHEN

LIVING ROOM

2 at 4'x 8' | 2 at 4'x 4' | 2 at 4'
2 at 4'x 8'
1 at 2'8"x 4', 1 at 1'-4"x 8
2 at 4'x 8' | 2 at 4'x 8' | 4" patching
windows to the ground
2 at 4'x 8
windows to the ground | 2 at 4'

96"
80"
64"
48"
32"
16"
GROUND

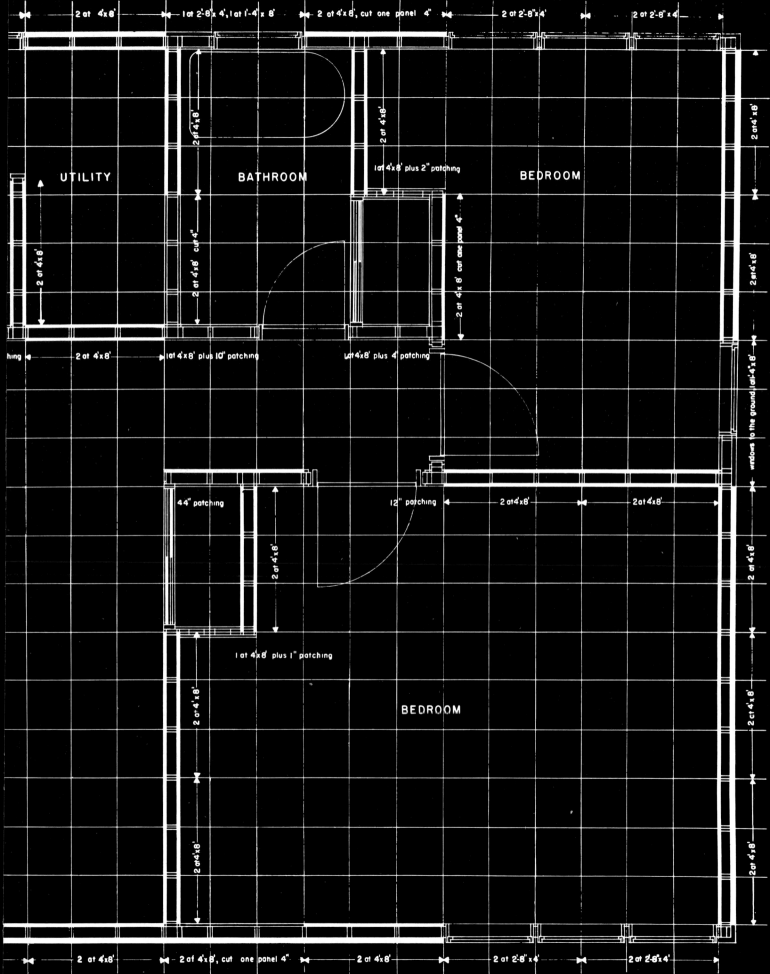

30

Die Prozesse der industriellen Fertigung haben nicht nur neue Begriffe der Produktion geschaffen, sondern ebenso zu neuen Anschauungen über die Funktion der Teile und den Sinn des Baus überhaupt angeregt.
Fest fundierte, akzeptierte Tatsachen sind in Frage gestellt. Das Prinzip der Zerlegung des Bauwerks in voneinander unabhängige Funktionen wird durch die notwendige Koordinierung ersetzt.
Entsprechend diesen geänderten Voraussetzungen müssen sich auch die Begriffe der Standards ändern. Die Bestrebungen der Industrie zum Beispiel, eine Reduzierung der unendlichen Fülle der Standardfenster zu erreichen, kann unter Umständen in ihrem Ergebnis von geringer Bedeutung sein, wenn das Fenster als ein Begriff nicht mehr identisch sein wird mit der Aufgabe, die es in dem Konzept eines industriell hergestellten Bauwerks spielt. Denn in dem Maße, wie die konventionellen Standards reduziert werden, entstehen neue Anforderungen dimensionaler, konstruktiver und mechanischer Natur, die automatisch zu neuen Standards führen müssen, ohne daß ein Ende abzusehen ist.
Es wird also auch hierbei notwendig sein, direkt von der Komplexität der Probleme auszugehen und, beginnend mit umfassenden Generaluntersuchungen, alle anderen Kategorien des Bauens einbeziehend — Produktionsmethoden, Konstruktion, Elemente, das Fügen und Verbinden, die Separierung von Funktionen usw. — neue Ordnungen neuer Standards zu entwickeln.
Solche Betrachtungen über die Bedeutung der akzeptierten Standards im Rahmen einer angenommenen zukünftigen Entwicklung kann man auf allen Gebieten der Baumaterialindustrie anstellen. Aber es ist durchaus nicht immer nur der in seinem Prinzip völlig veränderte Produktionsprozeß, der zu einer Revision der Begriffe der Standards herausfordert, denn oft belehren soziologische Untersuchungen, daß selbst alte und erprobte und allgemein akzeptierte Standarddimensionen plötzlich nicht mehr den Anforderungen der Gegenwart entsprechen.

95 Arbeitsplan zur Entwicklung eines Produkts oder von Kombinationen von Produkten in Form von Teilproblemen, die zusammengefaßt das Bauelement oder das Resultat ergeben, aus dem in der Anwendung und in Verbindung mit anderen Elementen das Bauwerk entsteht ▶

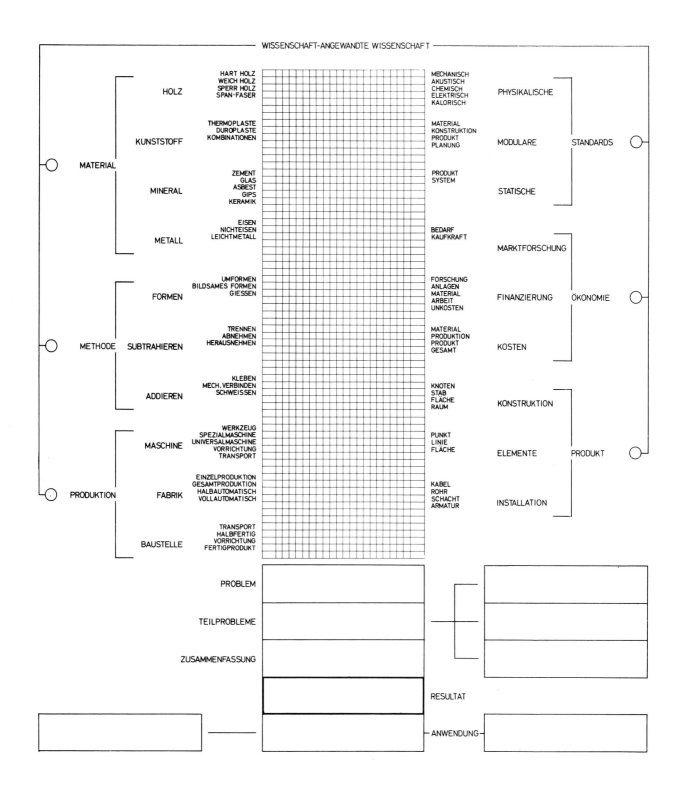

31

Das Prinzip der industriellen Herstellung fertiger Einzelelemente drängt zur eingehendsten Beachtung der Bedeutung der Fuge und Verbindung.

Die Vorstellung der fugenlosen, glatten Fläche, entstanden durch den aufgetragenen Putz — den nassen Prozeß — charakterisiert die konventionellen, bauhandwerklichen Methoden und läßt erkennen, wie durch Gewohnheit visuelle Empfindungen hingenommen werden als Begriff von Einfachheit, obwohl diese Einfachheit eine nur sehr scheinbare ist.

Die Fuge ist kein notwendiges Übel. Sie braucht darum nicht mit Leisten oder dergleichen schamhaft verdeckt zu werden. Sie tritt als ein formendes Element hervor, das aus dem Möglichen der Zeit entstanden ist. In dem Maße, in dem sich das Profil verringert, wird der Rhythmus von Licht und Schatten, Gliedern, Flächen und Volumen aufgenommen im Spiel der unkörperhaften Linien, den Fugen, auf undurchsichtigen, luminösen oder beweglichen Flächen. Diese Fugen deuten aber nicht nur die Berührungszonen an, sondern sie umschreiben auch auf das sorgfältigste das Objekt, das sie umschließen. In ihnen spielen sich nicht nur Vorgänge ab, die ästhetisch bestimmend sind, sondern sie sind Ergebnisse technischer Funktionen und auch als solche zu verstehen. Ihr Platz ist durch Material und Methode, Konstruktionsprinzip, Standard und modulare Ordnung bestimmt. Unter Umständen verbergen sich Systeme der Verbindungen der Elemente und des Prinzips der Konstruktion hinter ihnen. In der vollkommenen Beziehung von Objekt, Funktion und Trennung vermittelt die Fuge eine neue visuelle Anschauung.

Während in Wohnbauten solche Annäherungen noch selten zu finden sind, haben in den Hochbauten, das heißt Gebäuden, die kommerziellen Zwecken oder der Verwaltung dienen, wie Schulen, Krankenhäuser, besonders aber Bauwerke kultureller Natur, wie Museen, Bibliotheken usw., die Methoden der Trockenbauweise, das heißt die Verwendung von Fertigbauelementen, verbunden durch sichtbare Fugen, sehr wesentlich die Technik der kontinuierlichen nassen Putzmethode verdrängt.

Es entwickelt sich ein neuer Kanon rhythmischen Fügens im Verbinden identischer Flächen, aus edlen Materialien und mit hoher Präzision verarbeitet. Es sind die Elemente, zwischen denen die Fugenlinien das imaginäre Gesicht des neuen Zeitalters erkennen lassen.

Die Bestimmung der Art der Fuge hängt nicht nur von technischen Problemen ab, sondern auch in hohem Maße von der Aufgabenstellung. Unter der Annahme, daß Bauelemente in einer rechtwinkligen Beziehung zueinander stehen, sowohl in horizontaler als vertikaler Richtung gedacht, gibt es nur vier Kombinationsmöglichkeiten der Verbindung:

> Zwei Elemente in der Ebene
>
> Zwei Elemente und ein rechtwinklig dazugestelltes Element
>
> Vier Elemente in rechtwinkliger Beziehung
>
> Zwei Elemente rechtwinklig als Ecke

Dazu käme der Abschluß eines Bauelements durch eine Komponente. Ob nun zum Beispiel zwei Bauelemente in einer gedachten Ebene miteinander verbunden werden sollen, oder ob als universelle Verbindung diese auch ermöglichen sollte, die Beziehung zweier Elemente rechtwinklig zueinander zu gestatten, oder ob drei oder vier Bauelemente in einer gedachten Verbindung sich vereinen lassen, wird das zu wählende System bestimmen.

Eine ideale und konsequente Verbindung müßte erlauben, beliebige Bauelemente in ihrer Ebene rechtwinklig zueinander anzuordnen, sowohl vertikal, horizontal als auch räumlich. Es gibt viele Möglichkeiten, wie man diesen universellen Zustand erreicht, bis zu zwölf Platten an ihren Ecken in einem Punkt in Berührung zu bringen, zum Beispiel durch asymmetrische oder exzentrische Entwicklung der Profile, durch Einfügung

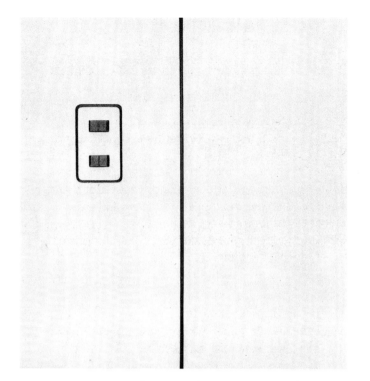

96 Die Fugenlinie, eine Energie, in Beziehung zu den Flächen, die sie trennt, und den Objekten, die sie umschreibt

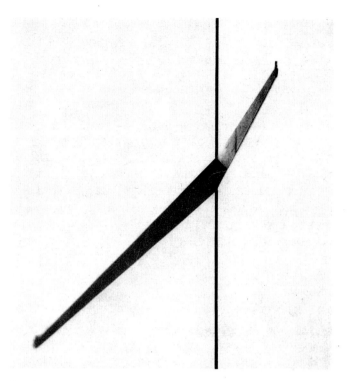

97 Die Fuge, eine Funktion, aus der jene Objekte ausstrahlen, für deren Befestigung man nicht mehr die unzerstörbaren Oberflächen der Wandelemente benutzen kann

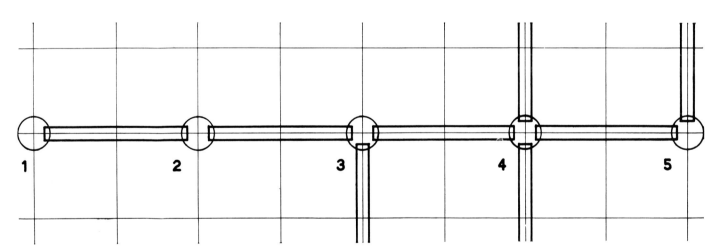

98 Die fundamentalen 5 Möglichkeiten der Fugenbeziehung von Flächen. Sie sind identisch mit den möglichen Beziehungen von Bauelementen sowohl in der horizontalen wie vertikalen Richtung

von Füllstreifen oder durch Verlagerung der Fugen überhaupt aus den Ecken in die Ebenen der vertikalen oder horizontalen Elemente. Die in sich geschlossenen Körper der Bauelemente, unter Umständen sogenannte Sandwich-Platten, können aber auch als Objekte aufgefaßt werden, die parallel zu ihrer Oberfläche, in Schichten getrennt, individuell montiert werden. Es spielt bei all diesen Methoden kaum eine Rolle, ob es sich um gerade oder gekrümmte Flächen handelt. Schwierigkeiten, die bei Verbindungen von Elementeflächen auftreten, die nicht im rechten Winkel zueinander stehen, können durch das Einfügen von zusätzlichen Komponenten gelöst werden, wobei zu beachten ist, daß das speziell gewählte modulare System der Komponenten zusammen mit dem Modul der Elemente sich auf das gesamte Gefüge des Baus beziehen muß.

Die Fuge zwischen Elementen kann, wie in der Kategorie der Moduln schon erläutert, auf einer gedachten modularen Rasterlinie oder parallel zu ihr liegen. Sie kann sich aber auch in einer asymmetrischen Beziehung zu ihr befinden, und sie kann sogar abgelöst von dem Planungsraster ihren eigenen, integrierten Fugenraster bilden.

In einem räumlich symmetrischen, völlig axialen System, in dem die Bauelemente und die Fugenlinien immer identisch mit dem modularen Planungsraster sind und jede Kombination von Anschlüssen in jeder Richtung erlaubt, wird das absolut universelle Bausystem erreicht.

Um das zu ermöglichen, müssen die Profile der vertikalen und horizontalen Verbindungen aber absolut identisch sein.

Indem aber ein definitiver Unterschied zwischen senkrechten und waagerechten Fugen gemacht werden muß, kann eine befriedigende Lösung in bezug auf die absolute Dichtigkeit der Verbindungen wahrscheinlich nur erreicht werden entweder durch eine asymmetrische Entwicklung des Profils, dergestalt, daß zum Beispiel ein Teil des Bauelements über das zu verbindende nächstliegende Element greift oder daß ein vermittelndes Element in Form einer elastischen Kunststoffabdichtung in das System der Fuge eingebracht wird.

Durch die Benutzung von Füllstäben wird erreicht, daß in jeder Position senkrecht und waagerecht, hoch und quer, jeder Anschluß hergestellt werden kann. Das aber erfordert, für jede einzelne dieser Verbindungen entweder zwei Bauplatten und zwei Füllstäbe (das heißt anstelle von zwei Objekten sind vier zu verbinden, was aber in bezug auf Toleranzen nicht gut ist), oder drei Bauplatten und einen Füllstab zu verwenden. Nur bei der Verbindung von vier Bauplatten, was fast niemals in der Praxis vorkommt, bedarf es keiner zusätzlichen Füllstäbe. Außerdem stellt diese Verbindungsmethode ein System dar, das anstelle einer Fugenlinie zwei aufweist, wodurch also doppelt so viel Fugen erzeugt werden und der an sich schon kritische Punkt, an dem zwei Fugenlinien sich rechtwinklig überschneiden, unter Umständen zu komplizierten und technisch unerwünschten Lösungen führt.

Es muß aber betont werden, daß trotzdem alle diese Schwierigkeiten nicht ausschließen, daß auch solche Systeme realisierbar sind, wie an einem Beispiel im Detail gezeigt werden wird.

Als größten Gegensatz zu einem so komplexen System kann man die Verbindung von nur zwei senkrechten Elementen betrachten, die direkt und ohne irgendein anderes Hilfsmittel miteinander verbunden sind. Sie stellen die überhaupt denkbar einfachste Technik des Fügens dar, sind aber limitiert zu Flächenentwicklungen, die sich nicht direkt im rechten Winkel fortsetzen können. Um das jedoch zu erreichen, müßte man sich ein eingeschaltetes System spezieller, vorfabrizierter Komponenten vorstellen, die Eckanschlüsse ermöglichen, wie es sehr oft in konventionellen Systemen gezeigt wird, wobei die Stütze einer gedachten Konstruktion sich mit den ausfüllenden Flächen zu kontinuierlichen, räumlichen Systemen entfaltet. Eine solche Ordnung der Kombination von Konstruktion und Elementen, die im übrigen auch wieder je zwei Fugenlinien aufweist, entspricht aber nicht ganz den Möglichkeiten, die sich in dem Prozeß der Industrialisierung anbieten. Es sind mehr Reminiszenzen alter Ausfachungsmethoden und bedürfen daher in diesem Zusammenhang keiner weiteren Untersuchung.

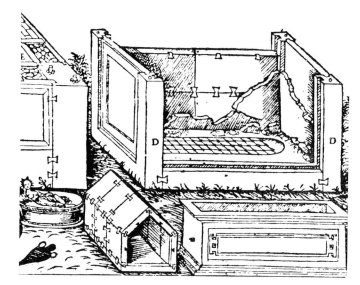

99 Wie sehr das Thema des Fügens und Verbindens und die damit verknüpften Probleme der Standardisierung zu allen Zeiten beachtet wurden, zeigt dieser Holzschnitt des Mittelalters, in dem eine klare Trennung zwischen vertikalen und horizontalen Verbindungstechniken gemacht wurde

100 Eine universelle Verbindungsmethode, die zwischen Horizontalen und Vertikalen keinen Unterschied mehr macht

101 Die Fuge als direkt die Kräfte übertragende Funktion, die durch die Verwendung der Vorspanntechnik nun selbst zum konstruktiven Element wird ohne Verwendung von einzelnen Verbindungselementen

In welcher Beziehung die Teile der Konstruktion zu den Bauelementen stehen, wird durch den Prozeß der gesamten Entwicklung bestimmt, sollte aber nach Möglichkeit nicht in einer Vereinheitlichung völlig unterschiedlicher Funktionen resultieren.

Ist ein gedachtes Fachwerksystem ohne lastentragende Funktionen das vorherrschende Rahmenelement, in das füllende Bauelemente eingefügt sind, so entsteht aus der Kombination solcher Systeme von Platten und Konstruktion oder nur Platten eine neue Baumethode, die, da sie sich ausschließlich auf die Entwicklung der vertikalen Flächen bezieht und besonders an den Außenseiten des Bauwerks Verwendung findet, Curtain-Wall-Konstruktion genannt wird. Gerade die Entwicklung der letzten Jahre hat die Curtain-Wall-Konstruktion, die eine Trennung zwischen lastentragenden und nichtlastentragenden Elementen darstellt, zu einem international gültigen Begriff gemacht.

Unabhängige Elemente mit mechanischen Hilfsmitteln zu großen Flächen zusammengefügt, sind keine lastentragenden Gebilde, wobei ein Teil auf dem anderen ruht oder eins an das andere sich anlehnt, sondern es tritt hier ein neuer Effekt ein, nämlich der unabhängige, neutrale schwebende Charakter jedes einzelnen in sich ruhenden Teils, der zu seiner Umgebung nur in einer tastenden, berührenden Beziehung steht. Notwendig ist nur, daß diese Berührungslinien dicht sind und in bezug auf ihre Temperatur und Geräusch isolierenden Qualitäten dem Leistungsstandard des Querschnitts des Bauelements nicht nachstehen. Solche Charakteristiken kennzeichnen klar einen wesentlichen Unterschied zwischen dem klassischen Begriff der Fassade und jener gewichtlosen Oberfläche, von der hier gesprochen wird. Diese Oberfläche eine Haut oder einen Vorhang zu nennen, ist insofern nicht ganz richtig, weil es sich um kein kontinuierliches System handelt, sondern um eine mosaikartige Kombination einzelner, nur sich selbst tragender Elemente, die direkt an der Baukonstruktion festgemacht und gehalten sind.

Die Entwicklung der Mechanik der Anschlüsse der Bauelemente an die Baukonstruktion muß im Rahmen der modularen Ordnung als eine zusätzliche Technik der

102 Schematische Darstellung verschiedener Befestigungsmethoden von „Curtain-Wall"-Elementen der Außenflächen von Hochhäusern an der davon unabhängigen Baukonstruktion, wie sie heute allgemein in Amerika üblich sind ▶

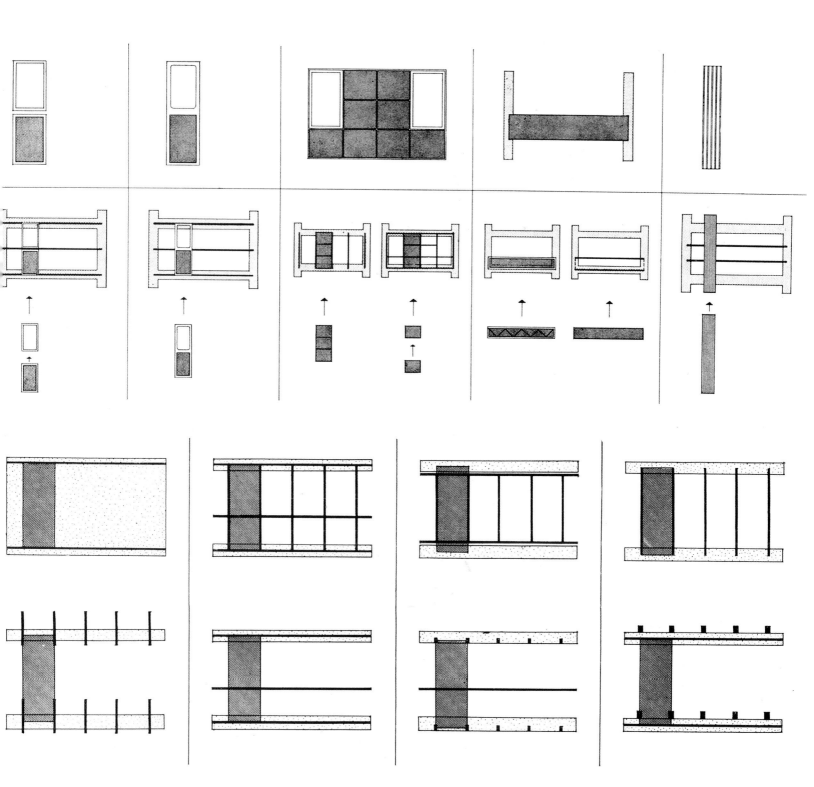

Montage betrachtet werden. Diese Anschlußpunkte dienen nicht nur dazu, die Wandflächen zu halten, sondern müssen auch zwischen den Toleranzunterschieden von Konstruktion und Bauelement vermitteln.

Die sich immer mehr steigernden Genauigkeitsgrade, die sich unter Umständen in Bruchteilen von Millimetern ausdrückende Verfeinerung der Details, die Verwendung von edleren Materialien, nichtrostendem Stahl, Aluminiumlegierungen, mit unzerstörbarer Emaille überzogenen Metallplatten, synthetischen Kunststoffen oder Glasprodukten, macht keinen Unterschied mehr zwischen Wand und Fenster. Darum genügt es nun nicht mehr, nur die Fenster zu waschen, um das Haus sauber zu halten, sondern die ganze Oberfläche muß gereinigt werden. Es entspricht nicht mehr dem erreichten Niveau der fortschrittlichen Technologie, ein Gebäude alle paar Jahre anzustreichen oder durch Sandstrahlgebläse abzuspritzen oder von Zeit zu Zeit mit neuem Putz zu versehen, nachdem man den alten abgeklopft hat. Alles das sind archaische Zustände. Aber in dem Maße, wie die Ansprüche an die Hygiene im eigenen Hause wesentlich gestiegen sind und nicht mehr das Brunnenwasser mit dem Schöpfeimer in das Haus getragen wird, muß auch die vollautomatische Waschvorrichtung für das ganze Gebäude nun ein Teil der gesamten Planung sein. Selbst eine so nebensächlich erscheinende mechanische Einrichtung ist von nicht zu unterschätzender Bedeutung für die Verbindungstechnik der Bauelemente und die Bestimmung der trennenden Fugen oder Rippen.

Die Entwicklung der Fugen oder sonstigen Verbindungen hängt natürlich auch davon ab, ob man Flächen konstruieren will, die permanent fest zusammengefügt sind nach der Montage, die also nur durch direkte Zerstörung abgebrochen werden können, oder ob man ein System entwickelt, das genau so leicht abmontiert werden kann wie es aufgebaut wurde, oder ob man jedes einzelne Teil so konstruiert, daß es jederzeit ohne die geringste Zerstörung herausgenommen werden kann, um es im Falle der Beschädigung zu ersetzen oder sich inzwischen auftretenden neuen Zweckbestimmungen durch Auswechslung der Elemente besser anpassen zu können.

103 Vollautomatische Außenflächenwaschanlagen und die Aufbauten der Klimakontrollanlagen beeinflussen Konturen des Bauwerks,

104 aber bald werden Fensterputzerhebebühnen durch eingebaute Waschautomaten ersetzt werden

105 Die senkrechten Profile können zur Führung von Waschanlagen benutzt werden

106 Ausziehbare Waschanlage, die glatte Außenflächen voraussetzt. Keine Profile, nur Material, Linie, Farbe. ▶

In einer Zeit dynamischer Entwicklung, in der die Ansprüche an den Bau nicht konstant bleiben, sondern durch fortschreitende Verbesserungen dauernden Veränderungen unterworfen sind, läßt es wünschenswert erscheinen, das Gebäude jedem neu auftretenden Anspruch jederzeit ohne Materialverlust oder Qualitätsverminderung anzupassen.

Solche Bedingungen an die Flexibilität werden also von entscheidendem Einfluß auf die Entwicklung einer Verbindungsmechanik sein. Die Fülle komplexer Möglichkeiten, beginnend bei der einfachsten Technik des Zusammenklebens über hochentwickelte, mechanische Methoden, die schließlich zu den kompliziertesten Verbindungstechniken führen können, zeigt deutlich den wesentlichen Unterschied zwischen der an sich unbegrenzten Variabilität der einfachen, sich immer wiederholenden Mörtelfuge und der oft durch höchste Kompliziertheit erreichten, aber noch größeren Einfachheit der industriell hergestellten, mechanischen Verbindungen.

Welche Methode man auch wählen mag, man kann sich nicht vorstellen, daß es denkbar ist, Schrauben, Bolzen, Nieten oder dergleichen, die von außen sichtbar sind, dafür anzuwenden. Das Baugerüst ist von der Baustelle verschwunden, es wird im wesentlichen durch den Montagekran ersetzt. Die mechanisch in ihre endgültige Position gehobenen Bauelemente werden vom Innern des Bauwerks festgemacht und verbunden. Diese Verbindung muß aber so sein, daß sie, ohne die Oberfläche des Bauelements zu durchdringen, trotzdem von außen her gesteuert werden kann. Es wäre undenkbar, eine Oberfläche eines Bauelements oder eines Rahmens an irgendeinem Punkt zu durchlöchern, um auf diese Weise an die Verbindungsmechanik heranzukommen. Diese schwierige Aufgabe, die aber in vielen Variationen oft gelöst wurde, wird noch komplizierter durch die Notwendigkeit, den verbindenden Mechanismus von außen auszulösen, um das einzelne Element später herausnehmen zu können.

Ein weiteres, wesentliches Problem ist die Bestimmung der Beziehung der Bauelemente zueinander im Moment des Zusammenfügens. In der Montage oder Demontage spielt die Bewegung der Elemente eine sehr

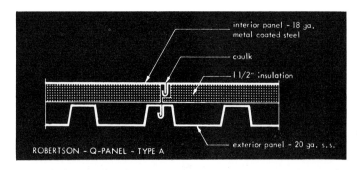
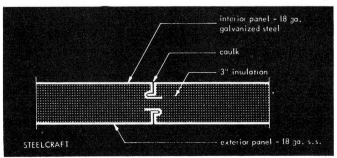
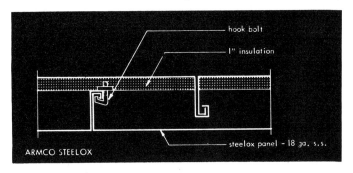
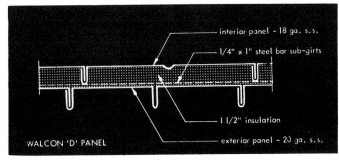

107 Variationen einiger handelsüblicher und sehr verbreiteter amerikanischer Bauplattenfertigelemente mit verdeckten Verbindungen

108 Die aus Linien und Flächen gefügte Außenhaut kann nicht durch irgendein mechanisches Mittel der Befestigung von außen durchbohrt werden. (US Air-Force Academy, Skidmore, Owings and Merrill)

109 Aus der bei der Montage von innen gesteuerten Befestigung von Wand- und Fensterelementen und dergleichen ergibt sich die ununterbrochene, kontinuierliche Oberfläche. (Connecticut Life Insurance Gebäude, Skidmore, Owings and Merril)

große Rolle, die die Wahl einer Mechanik der Verbindung außerordentlich beeinflußt. Das Studium der Bewegungsbeziehungen der Elemente zueinander muß daher im Vordergrund aller Untersuchungen stehen. Verbindungsmethoden, die zum Beispiel die parallele Annäherung eines Elements an ein anderes voraussetzen, können nicht verwendet werden, wenn die Verbindungsmethoden für senkrechte und waagerechte Anschlüsse dieselben sein sollten. Noch schwierigere Situationen ergeben sich bei räumlichen Verbindungen. Dazu kommt aber, daß in jedem gewählten System darauf geachtet werden muß, daß zum Schluß auch noch der Raum vorhanden ist, der erlaubt, das sogenannte letzte Stück in derselben Weise, in der alle anderen Teile zusammengefügt sind, hineinzubekommen.

Ob es sich bei einer mechanischen Verbindung um die starre, unbewegliche, vorbestimmte Position der Elemente zueinander im Zustand der Verbindung handelt oder ob diese elastische Eigenschaften haben, die gestatten, daß sich die Elemente, je nachdem die Verbindungsmechanik angezogen wird, dynamisch aufeinander zu bewegen können, stellt ganz verschiedene Kategorien von Konstruktionsprinzipien dar.

Das sorgfältig entwickelte Profil der Bauelemente muß auch gleichzeitig erlauben, überall Durchlässe und Anschlußmöglichkeiten zumindest der elektrischen Installation im Rahmen vorbestimmter modularer Ordnungen zuzulassen.

Kalorische Qualitäten, Wasserundurchlässigkeit, Verhinderung der Kondensationsbildung, akustische Eigenschaften gehören natürlich ebenso zu dem Aufgabenkreis der Entwicklung des allgemeinen Leistungsstandards, in dem sich der Gebrauchswert einer gewählten Verbindungstechnik ausdrückt.

Die Profile der Bauelemente müssen so entwickelt werden, daß ein möglichster Schutz der Ecken und Kanten der empfindlichen Oberflächen gewährleistet ist. Die gegebenenfalls notwendige Verpackungstechnik und sonstigen Schutzvorrichtungen sind selbst in ihrer einfachen Aufgabenstellung nicht von den Studien über die Entwicklung der Fugen und die Technik der Verbindungen zu trennen.

110 Modellstudie eines universellen Bauplattensystems zeigt die Bewegung der Elemente zueinander, die Berührung der in modularer Ordnung verteilten Verbindungspunkte, die Ausbildung des robusten, die Kanten schützenden Bauplattenprofils und das völlige Schließen einer Baukörperecke unter ausschließlicher Benutzung von uniformen Standardelementen

111 Symbol der idealen, räumlichen Struktur, die sich Funktionen unterordnet ▶

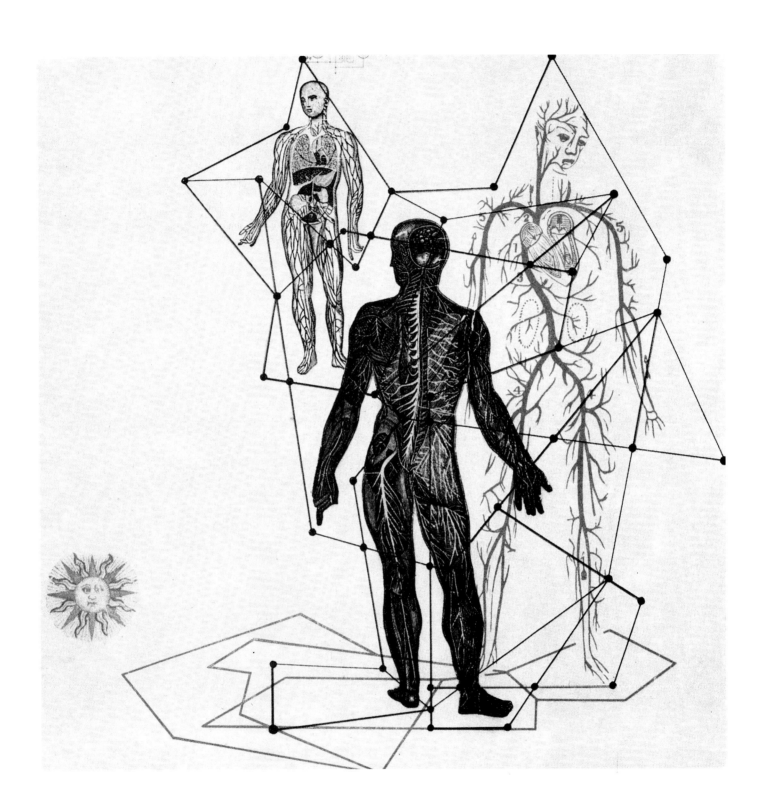

32

Die Entwicklung der Verbindungstechniken lastentragender Konstruktionselemente, gleichgültig aus welchem Rohmaterial sie bestehen, bewegt sich immer mehr in der Richtung der durch die Industrialisierung bestimmten Produktionsmethoden. Konventionelle Verbindungen werden in vielen Fällen durch Knotenpunkte ersetzt, die in mehr oder weniger komplizierten mechanischen Prozessen hergestellt, jegliches Material von beliebiger Form oder Querschnitt zu linearen oder räumlichen Konstruktionen vereinen können.

Da es logisch ist, aus fabrikatorischen und Montagegründen mit so wenig wie möglich Variationen der Verbindungsteile auszukommen und diese dabei aber immer voll auszunutzen, sollte die Masse der kräfteaufnehmenden Konstruktion aufgelöst werden in Systementwicklungen kleiner und kleinster Teile. Das kann unter Umständen zu räumlich entwickelten Systemen führen, was dann die Verbindungstechnik sofort im Sinne einer universellen räumlichen Verbindung bestimmen würde.

Aber gleichgültig, ob es sich um lineare oder räumliche Verbindungsmethoden handelt, es wird notwendig sein, in diesen Knotenpunkten die Möglichkeit zu schaffen, Kombinationen einer beliebigen Anzahl von Stäben oder Gurten in beliebiger Beziehung zueinander vereinen zu können, um auf diese Weise sich variierenden Beanspruchungen immer anzupassen. Treten aber Beanspruchungen auf, die über die Aufnahmefähigkeit eines Knotenpunkts hinausgehen, den man sich ja in gleichmäßigen Abständen in dem System einer modularen Ordnung vorstellen muß, so kann durch Verringerungen der Abstände der Knotenpunkte im geometrisch proportionalen System der Moduln eine Beanspruchungsverminderung erzielt werden. Würde das aber immer noch nicht den statischen Anforderungen entsprechen, so können durch Aneinanderkoppelung oder Ineinanderschachtelung mehrerer Knotenpunkte in gebündelten Systemen größere Kräfte in gewissen Gebieten der Konstruktion aufgenommen werden.

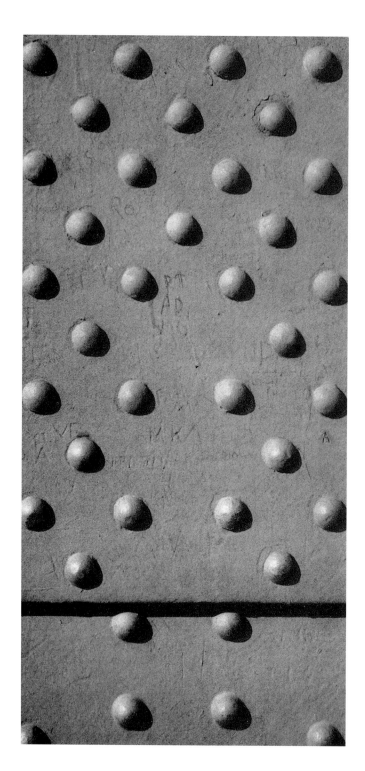

112 Das Detail eines Nietenfeldes des Eiffelturms symbolisiert die Niete als das dominierende Verbindungsprinzip ◀

113 Die Schweißnaht, das Verbindungsprinzip von sich durchdringenden Bindern

114 Die Schweißtechnik bestimmt die Entwicklung räumlicher Konstruktionselemente an einem Auflagepunkt

115 Die später ausgegossenen Bewehrungen der Auflagepunkte einer vorgespannten Eisenbetonkonstruktion verbinden an sich unabhängige Elemente zu homogenen Körpern

116 Die Bolzenverbindung von Leichtmetallelementen in geformten Blechknotenpunkten bestimmen diese räumliche Fachwerkkonstruktion

Dieses ist ein weiteres Beispiel dafür, in welcher Weise Produktionsvorgänge, durch die erst die universellen Knotenpunkte möglich sind, sofort das ganze Konzept einer Konstruktion beeinflussen.

Die Knotenpunkte können unabhängige, mechanische Systeme sein, an deren einzelnen Teilen die Konstruktionsglieder schon in der Fabrik an Vorrichtetischen mit großer Präzision befestigt werden, sie können ebenso direkt aus dem Material des Konstruktionsstabes herausgeformt werden oder ganz unabhängige Schlüsselelemente sein, die mit den Stäben erst auf der Baustelle aus vielen Einzelteilen zusammenmontiert werden.

Durch die Methode, die sich anschließenden Stäbe, die in jeder gewünschten Form profiliert sein können (dergestalt, daß sie aus einfachen gewalzten oder gezogenen Formen, den Produkten der Strangpresse, den Röhren oder gefalteten Blechen bestehen, sich schließlich wieder in sich selbst zu räumlichen Formen entwickeln) in Knotenpunkten zu vereinen, wird dieser Knotenpunkt das alle Teile und das gesamte System der Konstruktion bestimmende Gelenk. Seine Funktionen gehen aber über statische Leistungen hinaus, denn an ihm sollten nun auch die nicht zur Konstruktion gehörenden Bauelemente befestigt werden. Dazu gehören auch alle anderen Anschlußmöglichkeiten für irgendwelche Komponenten, wie Installation usw.

Bedingt durch den universellen Charakter des Knotenpunkts und ermöglicht durch den industriellen Produktionsprozeß, wird sich ein relativ kompliziertes Objekt ergeben, das nun nicht mehr wie bei konventionellen Systemen durch einfachen Anstrich vor Korrosionsgefahr geschützt werden kann. Daher muß entweder durch die Wahl eines unzerstörbaren Rohstoffs oder durch die Anbringung unzerstörbarer Schutzüberzüge, wie Legierungen, Kunststoff oder harte Emaillierungen, ein permanenter Schutz geschaffen werden.

In dem Maße, in dem hohe Präzision und Verfeinerung Voraussetzungen solcher Knotenpunkte sind, muß aber bei diesen beachtet werden, daß sie in ihren Details so stark und widerstandsfähig sind, daß Verletzungen während des Transports oder der Montage die einzelnen Teile nicht deformieren können.

So notwendig es ist, in der Entwicklung Fügen und Verbinden als Ausgangspunkte einer Bauaufgabe eingehend zu analysieren, muß gleichzeitig dabei der Prozeß der Produktion selbst ebenso intensiv untersucht werden. Erst durch eine Zusammenfassung dieser und noch anderer Einflußgebiete, wie zum Beispiel Materialforschung, ökonomische Untersuchungen, Planungsanforderungen usw., können sich die grundlegenden Prinzipien herauskristallisieren, die zu generellen statischen Konzeptionen führen.

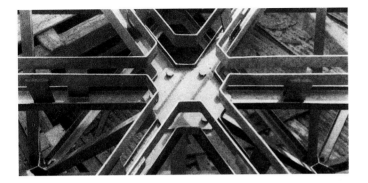

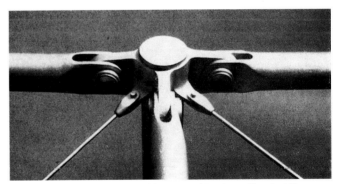

117 Beispiel einer aus kleinen Profilen geformten räumlichen Konstruktion, die durch Knotenbleche zusammengebolzt ist. (Studio Architetti Valle, Udine)

118 Unteransicht dieser Konstruktion zeigt die Ausfachung mit dreieckigen Betonfeldern

119 Bolzenverbindung am Knotenpunkt einer Konstruktion von Buckminster Fuller

120 Metallkeilverbindung einer Stahlrohrkonstruktion. (Verfasser)

121 Geschraubte Ringverbindung einer Aluminiumkonstruktion. (Internationale Sommerakademie, Salzburg)

33

Jede produktive Tätigkeit kann sich nur auf eine von drei möglichen Kategorien beziehen.

>   Subtrahieren
>   Addieren
>   Formen

Das gilt sowohl für handwerkliche Methoden als auch für höchst entwickelte industrielle Prozesse. Aus der Kombination dieser drei Möglichkeiten entsteht das Produkt.

>   Subtrahieren
>   ist Trennen, Abnehmen, Herausnehmen.
>   Addieren
>   ist organisches und mechanisches Verbinden.
>   Formen
>   ist Umformen, bildsames Formen, Gießen.

Wenn man zu diesen drei Kategorien noch die Bewegung des Werkstückes als eine vierte dazunimmt, kann man dadurch alle grundsätzlichen Prozesse der Fabrikation bis in die kleinsten Einzelheiten zerlegen.

34

Unter dem Begriff des Subtrahierens vereinen sich alle Methoden des Materialwegnehmens, direkten Trennens und Zerlegens wie fräsen, schneiden, stanzen, bohren, hobeln, spanabheben, schleifen.

Diese Techniken begrenzen sich natürlich nicht nur auf Löcherbohren oder einfaches, mechanisches Materialwegnehmen, um Längen, Breiten oder Profile zu bestimmen, sondern erst aus sorgfältig geplanten Kombinationen der verschiedensten Werkzeuge und Arbeitsvorgänge kann der die Form und damit den Gebrauchswert des Produkts beeinflussende Fabrikationsprozeß entstehen. Also erst eine genaue Kenntnis der technologischen Möglichkeiten erlaubt, sich der maximalen Entwicklung solcher Produkte anzunähern.
Nicht gemeint ist, daß die auf dem Markt befindlichen Maschinen bereits den Rahmen des Erreichbaren bestimmen. Erst aus dem Studium von Mechanik, Material und anzustrebender Leistung muß das Werkzeug oder die Kombination der Operationen parallel zu der Entwicklung des Produkts gleichzeitig entstehen. Ist aber der Prozeß bestimmt, kann nicht außer acht gelassen werden, daß außerdem als eine sehr charakteristische Folge der Massenproduktion das entfernte Material, „der Abfall", eine große Rolle in der ökonomischen Bewertung des Produkts und damit indirekt des Produktionsvorgangs spielt.
Der Verschnitt des im handwerklichen Prozeß hergestellten Produkts ist von relativ sekundärer Bedeutung. In der Industrialisierung aber wird er von entscheidendem Einfluß auf zu wählende Methoden und Detailmodellierungen sein.
Die aus ökonomischen Gründen sich aufdrängende Grundtendenz, durch gewählte Arbeitsmethoden zu einer völligen Auswertung eines Rohstoffes zu gelangen, kann sehr leicht dazu führen, die Methode des Subtrahierens so anzuwenden, daß es möglich wird, aus dem übrigbleibenden Material neue Komponenten und Elemente zu entwickeln. Untersuchungen über den Verschnitt können also wiederum rückwirkend die Dimensionierung und Formung des Produkts beeinflussen.
Hierin liegt wohl der wesentlichste Unterschied des Prozesses des Subtrahierens gegenüber anderen produktiven Möglichkeiten.

122 Die beiden kreisrunden Öffnungen einer automatischen Schnellfräsmaschine nehmen die Präzisionsschneideisen auf, die durch Materialwegnehmen den Rohstoff formen. Diese Fräsköpfe sind die Werkzeuge, sie entscheiden die Form des Produkts

123 Für den einfachen Vorgang, die Löcher in einen Tennisschlägerrahmen zu bohren und deren genaue winkelrechte Position zu kontrollieren, dient diese automatisch räumlich arbeitende Bohrmaschine

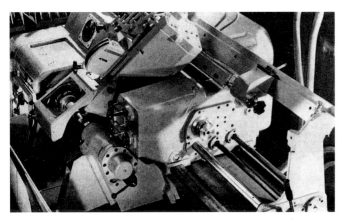

124 Bohren, Fräsen, Schneiden, Materialabheben kann in kombinierten Maschinen simultan ausgeführt werden, erlaubt also oder erfordert sogar sehr komplexe Konzeptionen des Produktionsvorgangs und des Details des Produkts

35

Zu dem Begriff des Addierens gehören organische und mechanische Verbindungen. Eine Methode organischer Verbindung ist der Prozeß des Zusammenklebens oder der Adhäsion, der mit Hilfe eines vermittelnden Materials erfolgt. Tierische oder pflanzliche Leime werden seit langem durch synthetische, adhäsive Produkte in flüssiger oder als Film in fester Form ersetzt. Abgesehen von ihren bindenden Eigenschaften, zu denen auch die Mindestbreiten der Klebeflächen in einem direkten Verhältnis stehen, sind die notwendigen Preßvorgänge von Einfluß auf die Entwicklung des Produkts.

Zum Beispiel haben solche synthetischen adhäsiven Stoffe in offenem Zustand nur eine begrenzte Lebensdauer, die aber in einem proportionalen Verhältnis zu der notwendigen Zeit steht, in der sich die zu verbindenden Teile in der Presse setzen. Wird die Lebensdauer, das heißt die Gebrauchsfähigkeit des Klebematerials als eine halbe Stunde angenommen, dann kann mit einem sehr schnellen Setzprozeß in der Presse gerechnet werden. Wenn aber diese Zeit nicht ausreicht, um das Produkt durch die verschiedenen Vorgänge, bis es die Presse erreicht, hindurchgehen zu lassen und deswegen ein Klebematerial mit längerer Lebensdauer benutzt werden muß, dann bleibt es auch dementsprechend länger in der Presse. In der Massenproduktion haben diese Dinge einen großen Einfluß auf die Planung der Produktionsanlage und führen unter Umständen zu Änderungen des Konstruktionskonzepts.

Die synthetischen Klebestoffe sind aber nicht nur gebräuchliche Verbindungsmittel für Holz, Kunststoffe und dergleichen, sondern werden in immer höherem Maße auch für Metall verwendet, wie überhaupt fast jedes Material mit jedem anderen durch kleben so fest verbunden werden kann, daß solche Verbindungen statisch denselben Leistungsstandard haben wie das Material. In der Flugzeugindustrie werden schon längst viele der mechanischen Verbindungsmethoden wie Nieten, Spezialanschlüsse, Schrauben, Bolzen usw. durch synthetische adhäsive Verbindungen ersetzt.

Der Preßvorgang auf kaltem Wege bietet keine besonderen Probleme. Dimensionale Begrenzungen existieren kaum. Relativ große Bauplatten können ohne Schwierigkeiten gepreßt werden. Das Kaltpressen ist aber nur möglich, wenn Zeit keine Rolle spielt. Das wäre aber durchaus gegen den Sinn des industriellen Prozesses. Nicht nur aus diesem Grund, sondern da die meisten adhäsiven Stoffe im Preßverfahren sowieso Wärme gebrauchen, entwickelten sich Techniken des Pressens mit Hilfe von Wärmeplatten. Die Hitze wird durch Dampf oder Elektrizität erzeugt. Durch das notwendige Verbleiben des Guts in der Presse und um in der kontinuierlichen Herstellung keine Zeitverluste auftreten zu lassen, hat man Stapelpressen entwickelt, die aus vielen aufeinander liegenden Wärmeplatten mit entsprechenden Zwischenräumen bestehen, in die mit Hilfe von hydraulisch sich hebenden oder senkenden Bedienungsplatten das zu pressende Material eingebracht wird und an der anderen Seite wieder entnommen wird.

Während das Abbinden in solchen Pressen auf 8 bis 10 Minuten reduziert werden kann, hat man in neuerer Zeit Methoden entwickelt, die mit Hilfe von Hochfrequenzströmen die Abbindzeit großer Bauplatten aus Holz zum Beispiel auf Sekunden senken. In diesem Fall handelt es sich um ein Prinzip, in dem durch sehr schnell wechselnde Impulse des elektrischen Stroms die Moleküle in der Ebene des adhäsiven Stoffes so hin und hergerissen werden, daß die dadurch entstehende Reibung jene sehr hohe, konzentrierte Hitze erzeugt, die das adhäsive Material zum Abbinden bringt.

Auf diese Weise kann man eine automatische Produktionsanlage schaffen, in der nicht nur die Zeitvorgänge der einzelnen Maschinenprozesse sondern auch das Verbleiben der zu fabrizierenden Teile in der Presse so synchronisiert werden, daß trotz dieses allerdings relativ kurzen Stillstands in der Presse eine kontinuierliche Produktion möglich ist. Das Pressen kann stationär erfolgen, vertikal oder horizontal, aber es ist auch denkbar, die Preßflächen durch Rollensysteme zu ersetzen, durch die das zu pressende Objekt sich langsam hindurchbewegt unter der Voraussetzung, daß der erforderliche Druck pro Quadratzentimeter nicht größer

125 Warmplattenpresse mit automatischer Materialzu- und -abführung

126 Elektronische Hochfrequenzpresse, die große vorfabrizierte Holzbauelemente in 50 Sekunden abbindet

127 Versuch einer Hochfrequenzwalzenpresse, in der das zu pressende Material im Zustand dauernder Bewegung bleibt, wichtig im Rahmen einer vollautomatischen Produktionsanlage

ist, als wie das Material selbst aufnehmen kann, ohne dabei deformiert zu werden.

So sehr es sich auch bei solchen Betrachtungen um rein maschinenbautechnische Probleme zu handeln scheint, die kaum etwas mit der Entwicklung des Produkts zu tun haben, sind diese Fragen doch in Wirklichkeit von großem Einfluß auf die Wahl des konstruktiven Systems des Bauelements und entscheiden darum die Form des fertigen Produkts.

Die Pressen spielen heute in der Produktion eine immer größere Rolle, besonders da die Sandwichplatte, die direkt auf dem Prinzip des Zusammenklebens verschiedener Materialien beruht, immer mehr in Gebrauch kommt.

Eine andere Kategorie des organischen Verbindens ist das Schweißen. Dabei kann es sich im wesentlichen um Punktschweißen oder lineares Schweißen handeln. Die große Bedeutung der Schweißtechnik in der gegenwärtigen Bauindustrie hat außerordentlich effektive Maschinen und Vorgänge entwickelt, in denen in gekoppelten Arbeitsvorgängen nicht nur die Schweißung ausgeführt wird, sondern gleichzeitig eine kontinuierliche, durch die Regelungstechnik gesteuerte Qualitätskontrolle eingeschaltet ist und automatisch das überflüssige Schweißgut abgeschliffen wird. Im Rahmenbau für Fenster oder Elemente der Curtain-Wall-Konstruktion gibt es zum Beispiel Maschinen, die die einzelnen Rahmenteile automatisch winkelrecht zueinander bewegen, die Ecken auf Gehrung schneiden und nach dem Schweißen die durch Hitze auftretenden Verwindungen ausgleichen und die Schweißnähte glatt abschleifen.

Schweißtechniken sind nicht nur anwendbar auf Eisenmetalle, sondern auch Aluminium kann nun ohne weiteres geschweißt werden.

Eine dem Schweißen verwandte Technik des Zusammenschmelzens von Material ist in der Kunststoffindustrie seit langem zu einer konventionellen Verbindungsmethode geworden.

Aus der Vielfalt der mechanischen Verbindungsmöglichkeiten können solche Methoden angewendet werden, bei denen bereits in der Fabrik Vormontagen fertiger Bauteile ausgeführt werden, aber ebenso können im

128 Vollautomatische selbsttätige Schweißanlage

129 Materialschweißen durch Ultraschallanlage (SONOWELD)

Gegensatz dazu die vorfabrizierten Bauelemente aus Einzelteilen auf der Baustelle zum fertigen Bau zusammengefügt werden. An diesen gegensätzlichen Möglichkeiten deutet sich klar an, wie wichtig es ist, Entscheidungen darüber schon in einem frühen Stadium der Entwicklung eines Produkts und Systems zu treffen.

Die Genauigkeit, mit der man sehr komplizierte Verbindungsobjekte bei verhältnismäßig einfachen Herstellungsmethoden produzieren kann und die auf das genaueste entsprechend einer modularen Ordnung in den Bauelementen placiert werden, ermöglicht die objektive Beziehungsposition eines anonymen, massengefertigten Bauelements immer zu erhalten, ohne die Position der Einzelelemente in einem gedachten Bausystem vorausbestimmen zu müssen. Diese Möglichkeit erlaubt, die viel rationelleren Methoden des industriell bestimmten Konstruierens anzuwenden im Vergleich zu hochentwickelten, konventionellen Mitteln.

Eine Technik handwerklicher Verbindung zum Beispiel ist das Nieten, ein Prozeß, der ein Team von vier Arbeitern benötigt, ohne daß dabei das Drillen der individuell verteilten Löcher miteingerechnet wird. Als Fortschritt bezüglich der Verringerung des Arbeitsvorgangs und der Steigerung der Leistung verwendet man nun vielfach hochbeanspruchte Bolzen, die mit Hilfe pneumatischer Werkzeuge oder überdimensionierter Schraubenschlüssel angezogen werden. Diese Verbindung ist wirksamer und erreicht durch die dabei erzeugte Reibungsoberfläche fast die Wirkung einer Schweißverbindung.

Aber solche Verbesserungen sind prinzipiell weniger entscheidend, denn massenproduzierte mechanische Verbindungen, die in Kombination mit standardisierten zusammengefügt werden, verringern nicht nur sehr viel mehr den Arbeitsvorgang der Montage, sondern regen überhaupt grundsätzlich zu neuen Konzeptionen von Konstruktion und Planung an.

Wenn solche knotenpunktartigen Systeme so entwickelt sind, daß sie jede beliebige Kombination von Druck- und Zugstäben, in jeder Richtung in einem Punkt zulassen, dann kann die Industrialisierung erst als formbestimmende Methode zur vollen Auswirkung kommen.

130 Simultane Eckenschweißung von Fensterrahmen

131 Automatische Punktschweißung von Gitterträgern

36

In dem Begriff des Formens vereinen sich Umformen, bildsames Formen, Gießen.
Beim Umformen wird ein schon fabriziertes Rohmaterial in gewissen Prozessen des Drückens und Ziehens beliebig verformt. Auch hier spielt wieder das von dem Werkzeugmacher hergestellte Werkzeug, wie zum Beispiel die Preßform, die allerwichtigste Rolle. Diese oft sehr kostspieligen und großen Werkzeuge sollten in ihrem Einfluß auf die Entwicklungsarbeiten eines Produkts nicht unterschätzt werden. So haben Preßformen zum Beispiel eine relativ geringe Lebensdauer. Formveränderungen der Werkzeuge treten unter Umständen schon nach kurzer Zeit auf, was Duplikate von Preßformen nötig macht, die aber sehr unwirtschaftlich sein können. Man muß also untersuchen, ob sehr große Preßformen durch eine Reihe kleinerer ersetzt werden können, da ja jedes Produkt nur an gewissen Stellen höchste Genauigkeitsgrade benötigt. Diese kritischen Teile in besonderen Preßvorgängen mit Hilfe kleinerer Werkzeuge herzustellen, ist oft wesentlich wirtschaftlicher.
Die Unterteilung der Arbeitsvorgänge wird ja auch durch Unterschneidungen bedingt, die, wenn sie nicht mit komplizierten mechanischen Werkzeugen ausgeführt werden sollen, durch Aneinanderreihung von Arbeitsvorgängen entstehen. Aber das sind Fragen, die in das Gebiet der Fertigungslehre gehören.
Ähnliche Umstände treten auch bei dem Rollen der Profile auf. Während es sich beim Pressen um die Herstellung allseitig begrenzter Einzelstücke handelt, erlaubt der Prozeß des Rollens von Profilen zwar unbegrenzte Längendimensionierung, die jedoch nur mit einem Querschnitt hergestellt werden können. Hier wird auch zwischen dem Prozeß des Kalt- und Warmrollens unterschieden werden müssen.
Beim bildsamen Formen wird die Substanz eines Materials, zum Beispiel Stahl, in erhitztem Zustand geformt und durch die Energie der notwendigen Schläge wesentlich verdichtet. Die Entwicklung der Gesenkschmiede-

132 Das automatische Verformen von Metallstreifen in gerollte Profile, verbunden mit Stanzprozessen

stücke, die immer Kombinationen verschiedener Stadien bis zur fertigen Form einschließen, bestimmt natürlich ebenso das Produkt.

Zum bildsamen Formen gehört aber auch das Gebiet der Pulvermetallurgie, bei der feinster Pulverstaub in Präzisionspressen geformt und durch einen Erwärmungsprozeß gebacken, außerordentlich harte und genaue Werkstücke erzeugt. Es gibt Fälle, wo zum Beispiel diese verhältnismäßig neue Technik das Schmieden oder Gießen ersetzen kann.

Zum bildsamen Formen kann aber wohl auch das Prinzip der Strangpresse gerechnet werden, mit der man nicht nur Kunststoffe, sondern auch Aluminium und neuerdings Beton in beliebig geformten Stäben unbegrenzter Länge herstellen kann. Gerade diese Technik fordert zu vollkommen neuen Auffassungen des Konstruierens und Bauens heraus.

Das große Gebiet der Kunststoffindustrie, das wohl erst als in seinen Anfängen befindlich betrachtet werden muß, wird im wesentlichen durch die Prozesse des bildsamen Formens bestimmt. Die Produkte, die bisher nur in relativ begrenzten Dimensionen hergestellt werden konnten, werden nun immer größer. Nicht nur, daß Türblätter, Fensterrahmen oder Möbelbestandteile und anderes bereits aus Kunststoff produziert werden, überall werden Versuche unternommen, um ganze Bauteile, Wand- und Dachelemente usw. aus Kunststoff bildsam zu formen. Zu der technischen Entwicklung solcher Methoden helfen besonders die Erfahrungen der Fahrzeug-, Flugzeug- und Schiffbauindustrie.

Es handelt sich bei dem Kunststoff um ein Gebiet, dessen Bedeutung für die Zukunft gar nicht zu überschätzen ist. Immer mehr werden Metalle durch Kunststoffe ersetzt, die in außerordentlich harten Graden hergestellt werden können. Es ist durchaus vorstellbar, daß eine Zeit kommen wird, in der der Kunststoff das dominierende und die Zeit charakterisierende Baumaterial überhaupt sein wird.

Das Gießen ist aus der Sandkastentechnik zu Methoden entwickelt worden, durch die sich auf dem Wege der Massenproduktion sehr präzise und kompliziert geformte Produkte herstellen lassen. Eine typische Methode ist die Spritzgußtechnik oder die durch Zentrifugalkraft bestimmte Schleudertechnik. Durch solche Prozesse und die Verwendung bestimmter Legierungen können auch Gußstücke ähnliche Härtegrade aufweisen wie Gesenkschmiedestücke, und sie können sogar mechanisch bearbeitet und geschweißt werden. Durch diese Fortschritte in der technischen Entwicklung des Gießens eröffnen sich neue Anwendungsgebiete, die es notwendig machen, auch diese Herstellungsprozesse genau zu untersuchen.

Denn so wie eine definitive Tendenz in der Annäherung oder Angleichung völlig verschiedener Grundmaterialien in bezug auf Leistungsstandards zu beobachten ist, beginnen auch die Verarbeitungsprozesse verschiedenster Natur in den von ihnen erzeugten Produkten sich so anzugleichen, daß nur über den Weg eingehender Forschung, in der sowohl technische wie ökonomische Probleme gleich wichtig sind, Entscheidungen getroffen werden können, welches Material und welche Methode für einen bestimmten Zweck zu wählen sind.

133 Rückansicht einer Strangpresse für Betonprofile zeigt die Einführung der Eisenbewehrungen. (Pressolit)

134 Austrittsöffnung der Betonstrangpresse, die hier gerade ein dünnwandiges Betonrohr formt

135 Typisches Beispiel eines Produkts dieser Maschine, die feingliedrige Profile in beliebiger Länge, ohne Benutzung irgendeiner Schalung, in jeder Form und Größe herstellen kann

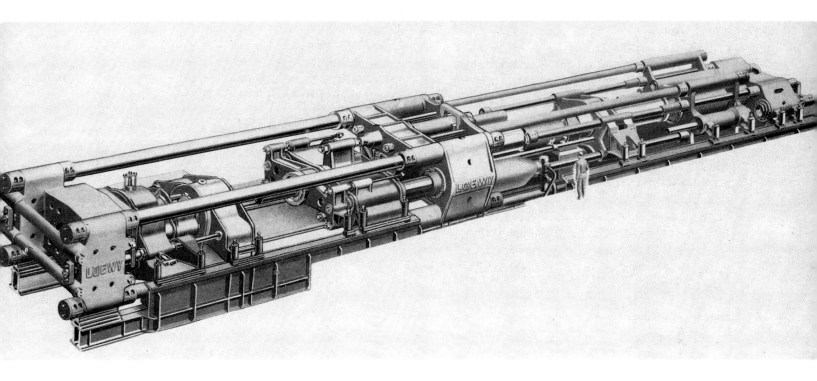

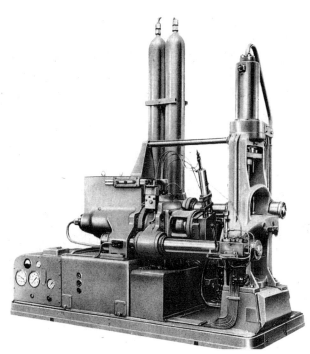

136 Eine Strangpresse, die erlaubt, sehr große und komplizierte Profile herzustellen

137 Automatische Preßgußmaschine zur Herstellung von Präzisionsgußstücken

37

Bei der Entwicklung eines Produkts können Annäherungswerte und Kombinationsmöglichkeiten in Material und Methode erst in einem fortgeschrittenen Stadium der Untersuchungen bestimmt werden. Umfassende Analysen von Anwendungsbedingungen und funktionelle und statische Beanspruchungen und dementsprechende rückbezügliche Differenzierungen schaffen erst die Voraussetzungen für endgültige Entscheidungen. Solche theoretischen Untersuchungen gehören zu den wichtigsten und interessantesten Aufgaben einer Entwicklungsarbeit.

Sind die Richtlinien für die Materialbestimmung festgelegt, wird erst die Wahl der sich ergebenden Verarbeitungstechnik und Produktionsmethode erlauben, endgültige Details zu entwickeln. In ihnen aber drückt sich dann bereits der visuell erfaßbare Charakter des zukünftigen Werkes aus.

Dementsprechend muß die Maschine als Werkzeug ebenso am Anfang eines Konzepts stehen wie alle anderen durch die gestellte Aufgabe zu erfüllenden Forderungen. Die Maschine als Einzelwerkzeug oder in Kombination mit anderen als Teil eines gesamten Produktionsprozesses zu unterscheiden, führt direkt zu Bewertungen der Potentialität der ganzen Fabrik.

Dabei sind es hier wieder relativ wenig Vorgänge, die die verschiedenen Charakteristiken maschineller Prozesse bestimmen, die von Einfluß auf die Entwicklung des Produkts sein können.

Die stationäre Maschine bearbeitet das Werkstück, während es durch sie hindurchläuft, kontinuierlich oder in einer Reihenfolge von Operationen, unter Umständen auch in Intervallen momentanen Stillstands, das Werkstück von verschiedenen Seiten gleichzeitig oder nacheinander angreifend.

Die bewegliche Maschine bearbeitet das Werkstück, während dieses stillsteht oder sich auch bewegen kann, indem sie sich mit ihm oder auf dieses hinzu bewegt.

Genau dasselbe gilt von jenen Instrumenten oder Apparaten, die nicht notwendigerweise immer als Maschinen angesehen werden können. Dazu gehört der Vorrichtetisch, der sowohl stationär als auch beweglich oder als direkter Teil einer Maschine in Aktion treten kann.

Ebenso kann die Presse, die hier nur im Sinne von Zusammenpressen mehrerer Teile verstanden werden soll, stationär und beweglich sein. Sie kann unter Umständen auch die Werkstücke, ohne daß diese dabei zum Stillstand kommen, im Zustand der Bewegung zusammenpressen.

Wenn auch durch die Wahl irgendeines solcher Prozesse sichtbare Abweichungen nur relativ gering sind, führen sie in der Akkumulation verschiedener Vorgänge doch zu sehr unterschiedlichen Ergebnissen.

In diesem Zusammenhang soll von der Maschine, die direkt auf der Baustelle aus dorthin gelieferten Rohmaterialien Bauelemente produziert, nicht gesprochen werden, da sie nicht in den Rahmen einer kontrollierten Fabrikationsanlage gehört.

Was in der Darstellung von Universal- oder Spezialmaschinen und automatischen Werkzeugen angedeutet ist, trifft ebenso auf die Produktionsstätte zu, das heißt die ganze Fabrikanlage. Im idealen Fall ist die Fabrik als ein Apparat anzusehen, der um ein ganz bestimmtes Produkt herum entwickelt ist. Das heißt, es handelt sich hierbei um eine komplexe, einheitliche Anlage, in der alle Maschinen und Funktionen aufeinander abgestimmt sind, zu dem Zweck, nur ein einziges Produkt herzustellen.

Nur in solchen spezialisierten Kombinationen von Prozessen kann die Maschine als Werkzeug zur vollsten Wirkung kommen und Produkte erzeugen, die sowohl in qualitativer, technischer wie ökonomischer Beziehung durch keine andere Methode erreicht werden können. Als anzustrebendes Ziel muß die vollautomatische Produktionsanlage angesehen werden, die in einem kontinuierlichen Fließbandvorgang sämtliche Fabrikationsvorgänge in einem Prozeß zusammenfaßt.

Zur Entlastung solcher komplexen Produktionsanlagen, und um zugleich den kontinuierlichen Prozeß der Weiterentwicklung und Verbesserung des Produkts zu ermöglichen, was von vitaler Bedeutung für dessen garantierte, dauernde Marktfähigkeit ist, kann man dasselbe Ziel durch Verteilung einzelner Arbeitsvorgänge auf andere Plätze erreichen.

Die in verschiedenen Spezialfabriken nach genauen Spezifikationen hergestellten Einzelteile werden dann nur noch in jenen modernen, großen Montagewerkstätten, in die sich die Fabrik nun verwandelt, zu Fertigprodukten zusammengesetzt. Diese aus wirtschaftstechnischen Gründen entstandene Art der Fabrikation der Zusammenarbeit von Spezialfirmen und Montagewerkstätten existiert schon seit langem in den großen Zentren der Industrie.

Schließt die Entwicklung eines Produkts auch die Entscheidungen über die Herstellungsprozesse ein, so wird es notwendig, alle Einzelprozesse, das heißt jede der einzelnen Maschinen genau zu spezifizieren und wenn nötig, diese oder das von ihr bewegte Werkzeug genau so mitzuentwickeln, wie das Produkt selbst.

Denn unter der Annahme, daß die existierende Werkzeugmaschinenindustrie im allgemeinen nur den Anforderungen des konventionellen Baumarkts entspricht, kann sie mit Maschinen und Prozessen zur Herstellung von Spezialfertigbauteilen noch nicht ausgerüstet sein, solange solche Produkte nicht zur üblichen Handelsware geworden sind.

Es ist also durchaus nicht ungewöhnlich, daß die Arbeiten an der Entwicklung eines Bauwerks gleichzeitig die gesamte Entwicklung von System und Baumethode miteinschließen können. Die Bauaufgabe ist unter Umständen also nicht nur Planung, Konstruktion, Materialforschung, Verteilung der mechanischen Installation, Detaillierung aller Art usw., sondern sie umfaßt auch genaue Bestimmungen des Produktionsprozesses, die Planung der gesamten Produktionsanlage miteinbeziehend.

Es wäre also gut, könnte man sich der vielen Methoden und Techniken erinnern, für die die Werkzeugmaschinenindustrie auf anderen Sektoren höchstentwickelte Maschinen und Apparate hervorgebracht hat, jene Produktionstechniken, die durch die Besonderheit ihrer Funktion oder die mechanische Kombination verschiedener Arbeitsvorgänge zu neuen Anwendungen grundsätzlich anregen.

Was immer diese Prozesse sein mögen, sie werden alle stets in direkter oder indirekter Beziehung zu den Vorrichtungen stehen, die ein gutes Beispiel für das Erkennen der Veränderungen der Ausgangspunkte gegenwärtigen, produktiven Denkens sind.

38

Die Vorrichtung spiegelt alle Prinzipien wider, auf denen sich ein Produkt der Massenherstellung aufbaut. Ihre Maße und Kontrolle über die Position aller zu verarbeitenden und zusammenzufügenden Einzelteile werden durch die gewählten modularen Systeme bestimmt, die, sich gegenseitig ergänzend, die Dimensionen des Produkts bestimmen. In der Vorrichtung wird die Methode des Messens und Anreißens von hochpräzisen Instrumenten übernommen. Der Vorrichtetisch ist aber nicht nur ein Mittel zur Zusammensetzung von Einzelteilen, sondern spielt auch eine wesentliche Rolle in der Kontrolle der automatischen Bearbeitung eines Werkstücks. Es kann sich also unter Umständen hierbei um außerordentlich komplizierte, mechanische Gebilde handeln, die aber im wesentlichen nichts anderes als die direkte Weiterentwicklung der Schablonen sind. Aber so wenig der Zollstock auch nur annähernd als Meßwerkzeug in der Fabrik angesehen werden kann und deswegen als potentes Arbeitsinstrument kaum noch in Frage kommt, ist auch die Schablone den gestellten Ansprüchen gegenüber ganz ungenügend und durch die hohe Präzision des Vorrichtetisches weit übertroffen.

Die Vorrichtung kann stationär sein, sie kann ein Teil der Maschine sein, sie kann mit den Werkstücken wandern, während diese von den verschiedenen Maschinenaggregaten vollautomatisch weiterbearbeitet werden, und sie kann den Rahmen darstellen, in dem der gesamte Prozeß des Zusammenfügens von Einzelteilen vor sich geht.

Wie immer der Produktionsvorgang sein mag, die Vorrichtungen werden immer das Hauptwerkzeug dimensioneller Präzisionskontrolle in allen Stadien, vom einzelnen Produktionsvorgang bis zum ganzen Fertigprodukt sein. Erst die Vorrichtung verwandelt zum Beispiel das Abenteuer einer räumlichen Konstruktion in eine Realität. Der Einfluß der Vorrichtung auf irgendeine schöpferische Konzeption muß in seiner ganzen Bedeutung erkannt werden, nicht nur in Bezug auf den industriellen Prozeß, sondern auch auf das Bauelement und darum auf den Bau selbst.

Die Vorrichtung in Kombination mit der Vielfalt der Spezialmaschinen und verbunden durch mechanische Transportmittel macht erst die vollautomatische Anlage möglich.

39

Die Automation, für viele noch ein erschreckender Begriff und kaum vorzustellen als bedeutungsvoll für den Bau eines Hauses, hat aber in Wirklichkeit durch eine Fülle von Bestandteilen, die nur automatisch hergestellt werden können und ohne die der Bau der Gegenwart überhaupt nicht existieren würde, schon lange Eingang in die Bauindustrie gefunden.

Baustoffe, Bauplatten, Konstruktionsteile, Installationen, Glas, Beschläge usw. würden immer noch unerschwingliche Luxusgegenstände sein, wenn sie nicht in vollautomatischen Prozessen hergestellt würden. Es ist durchaus berechtigt anzunehmen, daß die Baumaterialindustrie in Zukunft das Baugewerbe nicht nur mit Rohmaterial in Form von Platten, Stäben, Profilen usw. beliefert, sondern fertige Bauelemente auf den Markt bringt, die, wissenschaftlich erforscht und geprüft, in entsprechender Qualität und Präzision, zu ökonomischsten Bedingungen, nur durch die vollautomatische Produktion hergestellt werden können.

Die Geschichte der Automation ist bereits identisch mit der Entwicklung der Zivilisation. Ihre sozialen Einflüsse sind unverkennbar. Das Individuum Mensch wird durch sie nicht mehr zu unwürdigen Handlangerdiensten mißbraucht, die seiner Kapazität nicht entsprechen.

Aber ganz abgesehen davon erlaubt die Automation durch die Komplexität des Bearbeitungsprozesses und die fast unbegrenzte Materialbeherrschung in jedem Produktionsstadium ganz neue Möglichkeiten der Ausnützung. Diese werden Konzeptionen zur Folge haben, die, nicht von Geschmacks- und Gefühlsvorstellungen inspiriert, erst jene neuen Anschauungen erkennen machen, die durch die wirklichen Vorgänge dieser Zeit bestimmt werden.

Die Verwendung von schwer verarbeitbaren Materialien in dadurch notwendigen komplizierten Prozessen, die automatische Materialprüfung durch mathematisch, wissenschaftlich bestimmte Qualitätskontrollen, die durch genaueste Bewegungs- und Zeitstudien mögliche, vollkommene Ausnützung der Energie, die Einhaltung universeller, räumlich bestimmter modularer Ordnungen in harmonisch ausgeglichenen Prozessen erzeugen Produkte, die mit dem allgemeinen Anspruch der Zeit identisch sind.

Die Automation ist nichts weiter als der unter vollkommene Kontrolle gebrachte Arbeitsvorgang. Durch die Aneinanderreihung von Spezialmaschinen, die durch ein automatisches Zuführungssystem von Material zu einem kontinuierlichen Verformungsprozeß gekuppelt sind, entsteht eine vollautomatische Produktionsanlage. Diese kann aber auch so elastisch sein, daß durch Veränderungen von Werkzeugen, Hinwegnehmen, Hinzufügen oder Auswechseln von Maschinen immer neue Kombinationen von Arbeitsvorgängen erzeugt werden können, die Veränderungen und Verbesserungen der Produkte zur Folge haben.

Unter Berücksichtigung des großen Einflusses, die die auf diese Weise entstandenen Massenprodukte auf den Baumarkt haben können, ist es nun umso wichtiger, daß durch das Studium solcher Prozesse der Designer selbst in die Lage kommt, durch direkte Kontrolle den Mißbrauch der Maschine und dadurch das Mißverständnis zu verhindern.

Die Automation ersetzt die unrationellen, ungenügenden und ungenauen Methoden der Verarbeitung von Baustoffen durch konventionelle Mittel. Durch sie ändert sich der Maßstab von erlaubbaren Differenzierungen im Bau. Die dadurch möglichen Verfeinerungen werden die visuelle Erscheinung des Baues in höchstem Maße beeinflussen, worauf nicht oft genug hingewiesen werden kann. Ganz abgesehen davon, daß in dem dadurch gehobenen allgemeinen Leistungsstandard des Produktes eine natürliche Angleichung an die Bewertung des technischen Niveaus der Zeit sich vollzieht, die sich durch die außerordentlichen Fortschritte auf allen Gebieten auszeichnet.

138 Eine Transferstraße als Symbol des Begriffs der Automation. Eine beliebige Anzahl von Spezialmaschinen, in Zeit und Bewegung aufeinander synchronisiert, kontrolliert durch Selbststeuerung und Rückmeldung, verformen und vereinen Materialien zu komplett fertigen Produkten

40

Die mechanische Installation als Ursache genereller Veränderungen ist bereits wiederholt erwähnt. Nicht nur das Prinzip der Konstruktion und dadurch zugleich die Technik der Produktion sind dabei berührt, sondern jegliches Konzept von Planung überhaupt. Es genügt durchaus nicht mehr, Räume zu bauen, die man später künstlich belichtet, heizt, kühlt oder mit Wasser versorgt. Denn schon die einfachste Bewertung des technisch und mechanisch Möglichen der Installationen macht klar, daß es sich hierbei um ganz neue Begriffe handelt, die nicht nur Prinzipien der Konstruktion, sondern die selbst die Raumvorstellung und das ganze Volumen eines Baues in ihrem traditionellen Sinn in Frage stellen.

Es hat lange gedauert, ehe solche Begriffe in die Vorstellungen eindringen konnten. Denn der Einfluß der Installation auf den Bau war ein langsamer Prozeß. Beinahe durch Hintertüren und Mauerritzen eintretend, kriechen Röhren, Leitungen und Kanäle aller Art entlang den Wänden oder durch sie hindurch, über Fußböden und Decken sich überall ausbreitend, bedrohlich die Balken und Stützen durchdringend und so neue Tatsachen schaffend, die durchaus nicht im Rahmen ursprünglicher Absichten lagen.

Ebenso wenig wie heute noch die massive, dicke Mauer als Wärmeschutz rationell erscheint und der Kachelofen bei all seinen guten Eigenschaften nicht mehr als die beste Methode der Raumheizung betrachtet werden kann, so ist auch eine nachträglich „eingefädelte" Installation, mit angehängten Radiatoren zum Beispiel, nur eine Reminiszenz oder ein Ersatz noch älterer Methoden und entspricht also nicht den Konsequenzen, die sich nun aus den möglichen Techniken der künstlichen Umweltkontrolle ergeben.

Ähnliche Bedingungen existieren in der Versorgung mit künstlichem Licht, der Kühlung, der Ventilation, der Lufterneuerung und den komplexen Problemen der konzentrierten Installationsgruppen der hygienischen Anlagen, der Speisebereitung und Generalbewirtschaftung.

139—142 Die improvisierte Zerstörung von Balken durch Öffnungen für die Installationen, die primitive Verlegung der Rohrleitungen und deren Aufhängung in einem modernen Hochhaus, stehen in keinem Verhältnis zu dem sonst erreichten Stand der Technologie

Die Technologie der mechanischen Umweltkontrolle erfordert, den Begriff Installation gleichbedeutend mit dem der Konstruktion zu stellen!

Die Verteilungssysteme von Kabeln, Rohren und Schächten und deren Anschlußstellen sollten von vornherein in einer äquivalenten Ordnung, wie die Konstruktion und Planung überhaupt, in verwandten Systemen modularer Koordination bestimmt werden. Zur Schaffung von Elastizität und Anpassungsfähigkeit raumumschreibender Flächen versucht man immer mehr, diese von Elementen der Installation zu entlasten. Daher verlagern sich nach Möglichkeit Leitungen und Anschlüsse aus den Vertikalen in die Horizontalen und beeinflussen dementsprechend das konstruktive Gefüge.

Denn immer mehr treten Tendenzen hervor, konzentrierte Punkte der Lichtversorgung, Heizung, Kühlung usw., in kontinuierliche Flächen und im modularen Rhythmus sich wiederholender, über das ganze Bauwerk verteilter Anschlußpunkte umzuwandeln. Der Einfluß solcher Methoden der Installationsverteilung auf die Konstruktion von Decken, Fußböden usw. ist evident. Kontinuierliche Plattensysteme ohne Unterzüge, wie sie schon allgemein gebräuchlich sind, entsprechen am besten solchen Anforderungen.

In durchlaufenden, nach allen Seiten ununterbrochenen Plattenkonstruktionen, die auch ebenso aus räumlichen Gitterwerken oder voneinander getrennten, festverbundenen Membranflächen bestehen können, findet sich genügend Raum für alle Installationen. Aber in massiven vorgespannten Betonkonstruktionen, in denen die darin horizontal liegenden Balken oder Vorspanneisen keinen Raum für irgendeine Installation bieten, ist eine daruntergehängte Fläche zur Bildung jenes Raumes notwendig, der alle Installationen aufnehmen soll. Hierbei handelt es sich aber nicht um eine normale Putzdecke oder dergleichen, denn die technisch bedingte Porosität einer solchen Deckenfläche, die der Beleuchtung, Heizung, Kühlung, Ventilation dienen kann und außerdem auch noch alle anderen Leitungen aufnehmen soll, die jederzeit für Reparaturzwecke zugänglich sein müssen, führt zu einer Ordnung von Feldereinteilungen, die entsprechend ihren verschiedenen Funktionen in sich selbst wieder aufgeteilt sein können in kleinere mechanische, statische, akustische oder visuelle Elemente.

Ähnliche Vorgänge spielen sich in der Fußbodenfläche ab, denn diese kann ebenso zur Aufnahme von wärmespendenden Aggregaten dienen oder wird alle Kontaktanschlüsse für Kraft, Licht und Kommunikation aufnehmen, wie auch alle anderen Leitungen. Wenn auch aus Gründen der Sauberhaltung die fugenlose Fläche vorzuziehen wäre, so ermöglicht gerade die Technik industrieller Fertigung mit den präzisen und verfeinerten Details der Fugenanschlüsse und gewisser, von innen gesteuerter Befestigungsmethoden, die Herstellung ebenso glatter, kontinuierlicher Flächen.

Diese Punkte sind nur erwähnt, um zu erinnern, daß Material, Produktionsmethode, physikalische Eigenschaften, wissenschaftliche Entwicklungsarbeiten, in diesem Fall allein bezogen auf die Installation, ebenso wie Konstruktions- und Planungsprobleme wichtige, das endgültige Werk vorausbestimmende Faktoren sind, die nicht unterschätzt oder gar als nebensächlich übersehen werden können.

Das gesamte Gebiet der Installation soll hier in fünf Hauptkategorien eingeteilt werden:

    Licht — Kraft
    Kommunikation
    Klimakontrolle
    Wasserversorgung
    Objekte — Apparate

41

Das elektrische Licht nach denselben Prinzipien wie Kerzen-, Öl- oder Gaslicht zu verwenden, entspricht wohl nicht ganz seinen Möglichkeiten. Ohne auf die Schwächen oder Qualitäten der Glühbirne oder der Röhrenlampe hier einzugehen, muß erkannt werden, daß nicht mehr die konzentrierte Lichtquelle selbst oder die Art, wie sie geformt ist, wesentlich und wichtig für ihre Wirkung ist. Eher kommt es darauf an, die ausstrahlenden Eigenschaften des elektrischen Lichts in seinen lichtspendenden Reflexionen zu kontrollieren. Diese Kontrolle des Lichts, in dynamischer Anpassung an das empfindliche Auge, ist entscheidend, während der lichtspendende Beleuchtungskörper selbst, einst ein bedeutendes Objekt der Raumausstattung, nichts Wesentliches mehr aussagt.

Einfache Regelsysteme, ähnlich der Thermostaten, gestatten, das gesamte Volumen des Lichts immer einer gewünschten Wirkung anzupassen. Die Schaffung von „kalten" und „warmen" Zonen und verstärkte Lichtausstrahlungen auf einzelne Raumgebiete ermöglichen Lichtmodulationen, sehr zum Unterschied der konventionellen, statischen Raumbeleuchtung. Es ist nichts Körperliches, sondern das Licht selbst, Helligkeit, Dunkelheit, Variabilität, die den Raum durch das Medium Licht verändern. Natürlich erfordern solche Wirkungen leistungsfähige und wesentlich ausgedehnte Verteilungssysteme von Zuleitungen und Anschlüssen, wie auch die Beleuchtungsaggregate selbst immer dem höchsten Stand technischer Entwicklung entsprechen sollten. Die Zuleitungssysteme dafür müssen auch in ihren Anlagen jede spätere Variation und Kombination berücksichtigen. Auch hier entspricht schon von vornherein das Prinzip der modularen Verteilungsnetze, verlagert in die Horizontalen, diesen Anforderungen, die zur Folge haben, die Funktion der Decke neu zu interpretieren.

Es kann also kein Baukonstruktionssystem entstehen, das nicht entsprechenden Raum für die Ausdehnung solcher Leitungsnetze berücksichtigt.

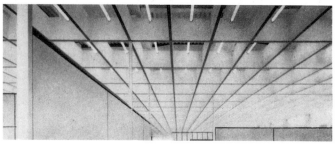

143 Die Auflösung der Deckenflächen in ein poröses Rastersystem zur Aufnahme der mechanischen Installationen

144 Über den Lichtanlagen befindet sich der offene Raum für die Klimakontrollanlagen

145 Aus der Kombination von akustischen Flächen, Lichtstreifen und modular verteilten Luftklappen für Ventilation, Heizung und Kühlung und den eingebauten Anschlüssen zur Befestigung von Wandelementen entsteht das Gefüge einer Decke

146 Eine modular aufgeteilte, transparente Kunststoffdecke

147 Die modulare Ordnung bestimmt den Raum. Jedes Deckenfeld wird zur mechanischen Funktion. Seine technisch bedingte Form konzentriert sich in den Auslässen für Licht, Klimakontrolle, Ventilation und Kommunikation. Der Raum, eine Kombination von in sich geschlossenen Teilen ohne tragende oder den Verlauf der Kräfte der Konstruktion andeutende Funktion. Es dominiert die lineare Verbindung der Elemente. (US Air-Force Academy, Colorado, Skidmore, Owings and Merril)

Zu diesen gehören auch die Verteilungssysteme der Kraftversorgung, die die zahlreichen Motorenaggregate für Fahrstühle, Pumpen, Klimaanlagen, die automatische Steuerung der vertikalen oder horizontalen Flächen, die Maschinen und Apparate der Bewirtschaftung usw. mit Energie versorgen.

42

In der Kategorie Kommunikationsmittel sollen jene technischen Anlagen zusammengefaßt sein, die Signal, Wort, Ton oder Bild vermitteln, also Klingel, Lichtzeichen, Telefon, Radio, Grammofon, Tonbandgeräte, Diapositiv- oder Filmprojektor und Fernsehapparat. Genauso wie die Installationsleitungen müssen solche Apparate bereits als integrierte, notwendige Bestandteile eines Bauwerks angesehen werden.
Die Beweglichkeit dieser Apparate und die Möglichkeit, sie in jedem Raum beliebig anzuschließen, hat wesentlich dazu beigetragen, Begriffe wie Wohnzimmer, Schlafzimmer, Speisezimmer usw. durch den Begriff des universellen Raums zu ersetzen. Denn jeder dieser Räume kann dauernd anderen Funktionen dienen, entsprechend der Benutzung solcher Apparate.
Es entsteht also als direkte Folge technologischer Entwicklung der allgemeine, lumatisch und akustisch bestimmte Raum. Darüber hinaus aber ist nun dieser Raum, abgeschirmt vom direkten Kontakt mit der unmittelbaren Nachbarschaft, aber jederzeit in engste Beziehung durch diese Apparate mit der Außenwelt zu bringen, ohne daß sich der Raum im physischen Sinn öffnet.
Die Raumzelle ist also weder in sich permanent abgeschlossen, noch isoliert oder aufgerissen, sondern sie ist eine dynamische Funktion durch die Nervenstränge der elektrischen Installation und die den Raum erfüllenden Wellen.

43

Die Klimakontrolle umfaßt alle technischen Mittel, die sich auf Temperatur, Feuchtigkeitsgehalt, Luftreinigung, Luftwechsel und Ventilation beziehen. Die übliche Methode der direkten Raumheizung durch zentrale Wärmequellen wird ersetzt durch universelle Methoden der Luftkontrolle, die sowohl wärmen, reinigen, kühlen als auch den Feuchtigkeitsgehalt bestimmen.
Können schon durch die synthetische Herstellung von Baustoffen isolierende Qualitäten erzeugt werden, die lokale, klimatische Bedingungen so ausgleichen, daß diese Baustoffe in den extremsten Temperaturunterschieden gleich nützlich sind, wird durch die komplexe mechanische Klimakontrollanlage erreicht, daß der Breitengrad, wie überhaupt das örtliche Klima, keinen direkten Einfluß auf die Struktur eines Baus mehr zu haben brauchen. Durch solche mechanischen Anlagen ist der autonome Raum geschaffen, der sein eigenes Klima produziert. Regionale Bedingungen bestimmen also nicht notwendigerweise irgendeine Bauart. Der anonyme, allgemeingültige Raum wird dadurch zur Realität.
Ungeheizte Korridore oder Nebenräume gibt es wohl kaum noch, weil jedes Bauwerk, das mit irgendwelchen mechanischen Mitteln geheizt wird, alle Räume gleichmäßig mit Wärme versorgt. Dagegen gilt die Kühlung und damit eng verbunden die Luftfeuchtigkeitskontrolle noch vielfach als unnötiger Luxus. Trotzdem ist mit Sicherheit anzunehmen, daß es in relativ kurzer Zeit zur Selbstverständlichkeit geworden sein wird, daß jeder Raum, der im Winter geheizt ist, im Sommer auch gekühlt sein muß.
Die relative Kostspieligkeit, die sich durch solche Anlagen ergibt, wird aber reichlich kompensiert durch die Schaffung einer idealen Atmosphäre als Grundlage des Wohlbefindens. Der Luxus, der sich zum Beispiel in der Verwendung kostspieliger Materialien und anderem schmückenden Beiwerk ausdrückt, verlagert sich voraussichtlich in den Genuß von Wirkungen, die durch solche Apparate erzeugt werden.

Ihre Wirksamkeit ist auch nicht nur auf den geschlossenen Raum beschränkt. Zum Beispiel ermöglichen Strahlenheizungstechniken auch nach außen halb offene Räume oder ganz offene Terrassen, die sich aus dem Gefüge des geschlossenen Raumvolumens herausschieben, oder auskragende Dachflächen, in die Klimakontrollzonen miteinzubeziehen. Bis zu einem gewissen Grade erlauben auch sehr gut entwickelte Kühlsysteme, die Außentemperaturen zu senken.

Diese divergierenden Tatsachen des technisch bedingten, von der Außenwelt abgeschlossenen, völlig staubfreien Raumes, ventiliert durch die Klimaanlage, und der Ausdehnung und Fortsetzung der Klimakontrolle in den offenen Raum, dem dadurch möglichen Einbeziehen des Außenraumes, beeinflussen in sehr hohem Maße den Rahmen der Planungsmöglichkeiten.

Längst ist es üblich, die einladenden, weit auskragenden Vordächer öffentlicher Gebäude der Warenhäuser, Theater, Kinos, Restaurants usw. nicht nur Licht, sondern Wärme im Winter, Kühle im Sommer ausstrahlen zu lassen, dadurch physische Wirkungen erzeugend, die ebenso effektvoll sein können wie irgendein visueller Anreiz. Die Warmluftschleier, die allgemein üblich die Eingangstüren der Warenhäuser ersetzen und den freien Durchstrom der Menschenmenge gestatten, werden nun bereits in den Hallen von Flughäfen mit den gewaltigen Auskragungen angewendet, die nur noch aus Stützen und Dachflächen bestehen und nicht von Wänden umgeben sind.

Das ist ein eklatantes Beispiel dafür, wie die Eigenschaften einer Wand durch dynamisch-mechanische Vorgänge ersetzt werden, die physische Wikungen erzeugen können, ohne daß sie sichtbar in Erscheinung treten.

44

Die Zu- und Ableitungen der Wasserversorgung konzentrieren sich auf einzelne, begrenzte Gebiete, im Gegensatz zu der freien Entwicklung und modularen Verteilung der elektrischen Anschlüsse und der die Temperatur kontrollierenden Anlagen. Während jene sich immer mehr in den Horizontalen ausdehnen, werden die Installationen der Wasserversorgung in vertikalen Aggregaten zusammengefaßt sein, die nur durch horizontale Haupt-, Zu- und Ableitungen verbunden sind.

In dem Kleinhausbau haben sich seit langem komplett vorfabrizierte Installationseinheiten, die in einem relativ kleinen Rahmen alle Anschlüsse für Kalt- und Warmwasser und die Abflußleitungen enthalten, sehr bewährt. In der Kombination von Badezimmer und Kücheninstallation erreicht diese Technik ihre beste Ausnützung. Der Minimumraum, der nötig ist, um alle Querschnitte der verschiedenen Rohrleitungen, besonders der Abflüsse, aufzunehmen, ist aber fast immer größer als der Querschnitt eines vorfabrizierten Standardbauelements. Dadurch und durch die Schwierigkeiten, die sich ergeben, die Fugen der einzelnen Elemente, die auch identisch mit den Auflagepunkten der Bauelemente sind, durch die verschiedenen Rohrquerschnitte durchdringen zu lassen, isoliert sich die Installationseinheit von den Wandelementen.

In einem eingeschossigen Haus reicht der Installationsrahmen nur etwas über die Höhe des Waschtischhahns, und alle Zu- und Ableitungen befinden sich unter dem Fußboden. Aber das notwendig vertikal aufsteigende Ventilationsrohr ist sehr schwierig in ein Wandelement einzubauen, muß also daher in die Nähe jenes Raumes geführt werden, in dem sich die Warmwasserbereitungsanlage befindet, um von dort aus die Dachhaut zu durchdringen. Hier wäre auch der Platz, wo der nicht unerhebliche Querschnitt einer inneren Dachabwässerung durch das Haus geführt werden könnte.

Vertikal gebündelte Installationssysteme in Hochbauten, die aus industriell fabrizierten Bauelementen errichtet sind, zeigen keine Schwierigkeiten der Unterbringung.

Die Verlegung der Rohrleitungen erfolgt in derselben Montagetechnik, die bei den meisten Bauwerken angewendet wird, bei denen die Leitungsaggregate gleichzeitig und oft sogar vor dem Montieren der lasttragenden Konstruktionsteile emporsteigen.

Um eine Anpassung der Installation in Hochhäusern auch für zukünftigen, nicht vorauszusehenden Gebrauch zu gewährleisten, ist man dazu übergegangen, in gewissen modularen Abständen Steigeleitungen und Abfallrohre mit Hauptanschlüssen in jeder Etage anzulegen, die erst später bei eventuellem Bedarf benutzt werden. Kalt-, Warm- und eventuell Eiswasserleitungen, Ableitungen und alle notwendigen Ventilationsrohre mit ihren Anschlußschellen und allen vorgesehenen Durchlaßöffnungen punktieren das Baukonstruktionssystem in solchem Maße, daß dieses im Detail wie im Ganzen nur in seiner strukturellen Wirksamkeit erhalten werden kann, wenn in ihm bereits der Raum für die unbegrenzte Ausdehnung der Installation von vornherein vorgesehen ist.

45

Apparate und Objekte, in ihren direkten Beziehungen zu den Installationen, sind wie diese nicht von dem ganzen Gefüge eines Bauwerks zu trennen. In welchem Maße die Objekte der Badezimmer und der Küchen direkten Einfluß auf die Entwicklung eines modularen Konstruktionssystems haben, hängt davon ab, ob sie durch die Installation fest mit der Konstruktion verbunden sind, oder ob sie bewegliche Apparate sind, wie zum Beispiel der Kühlschrank, die Tiefkühltruhe, der Küchenherd usw.

Ähnlich der Zusammenfassung verschiedener Installationen in einheitlichen Aggregaten, sind aus Kombinationen verschiedener Objekte Einheiten hergestellt worden, wie zum Beispiel Kombinationen von Badewanne, Toilette und Waschtisch in einem Stück, die dann auch gleichzeitig die notwendigen Installationsrohre enthalten. Daraus entwickelten sich größere Einheiten, die aus einer vollkommenen Installationswand bestehen, die das Wandelement ersetzen und in die auf der einen Seite alle Objekte des Badezimmers mit eingebaut sind, einschließlich Seifenhalter, Handtuchhalter, Medizinschrank usw., auf der anderen Seite alle Objekte der Küche, wie Abwaschtisch, Küchenschränke, Küchenherd und Kühlschrank. Dann aber ist man dazu übergegangen, das ganze Badezimmer als Raum, und nun, ausgehend von den Objekten, die Wandelemente herauszumodulieren. Solche Raumgruppen können nun, fertig ausgestattet mit Wänden, Fußboden, Decke, Tür und Hähnen, Installationen und der Beleuchtungsanlage usw., als ein komplettes autonomes Element in das Konstruktionsgefüge eingesetzt werden.

Weitere Forschungen auf diesem Gebiet werden aber notwendig sein, um aus den schon existierenden Beobachtungen und Erfahrungen Systeme zu entwickeln, bei denen das einzelne Objekt wie das Bauelement selbst mit denselben Anschlüssen versehen ist, in derselben proportionalen Ordnung, um dadurch in beliebiger Kombination von Objekt und Bauelement sich in die Ordnung jedes modularen Planungssystems einzufügen.

Es ist möglich, auch eingebaute Wandschränke als Objekte anzusehen. Da diese jedoch fest eingebaut sind, also in sich Räume darstellen, die sich nur durch ihre Dimensionen von anderen unterscheiden, sollten sie dem konstruktiven Gefüge des Bauwerks zugerechnet werden. Dabei kann aber angenommen werden, daß diese Einbauten nicht notwendigerweise unter Anwendung desselben Bausystems und Materials hergestellt werden, sondern sich in ihrer eigenen modularen Ordnung an jede Kombination der Gesamtplanung des Baus anpassen müssen.

Das aus kleinsten Einheiten gefügte große Bauwerk fordert dazu heraus, dieses Thema bis in seine innere Ausstattung fortzusetzen, das heißt die Einbauten, Objekte, Apparate, Möbel, Gebrauchsgegenstände bis zu den kleinsten Objekten, entsprechend den Bedingungen der Industrialisierung in eine direkte organische und harmonische Beziehung zu der Struktur des Ganzen zu bringen.

148 Aus der Kombination der victorianischen Sofabadewanne entwickelte sich die wissenschaftlich-technologisch hochentwickelte hygienische Installation des modernen Badezimmers

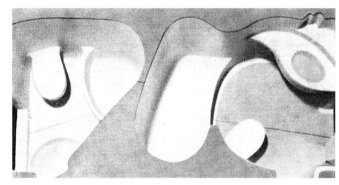

149 Relativ leichte Verformbarkeit von Kunststoff verführt zur künstlichen, absichtsvollen Dynamik, aus mißverstandener Sachlichkeit wird Unsachlichkeit

150 Die fortschreitende Vereinfachung und Verbesserung durch mechanische Hilfsmittel der Arbeitsvorgänge in der Küche erscheint mißverstanden in der dramatischen Unterstreichung des „Einfachen" und der zentralen Kommandobrücke mit Schalttafelfernsteuerung

46

Der Einfluß der Mechanisierung auf die Vorgänge des täglichen Lebens, der schließlich dazu führt, daß selbst die anscheinend unbewegliche Struktur eines Bauwerks nur noch durch den proportionalen Anteil mechanischer Installationen erst zweckerfüllend wird, bestimmt auch zugleich den Weg der Entstehung des Baus.
Die Herstellung von Ziegeln und die Art ihrer Verwendung im Bau bis zur Fertigstellung des Backsteinbaus ist ein kontinuierlicher, nie sich ändernder Prozeß in sich verwandter Werksvorgänge und Methoden. Das Fällen des Baumstamms, sein Zerlegen in Bauhölzer und deren Verarbeitung mit Hobel, Säge und Stecheisen zu Holzbaukonstruktionen mit Holzverschalung, Holzfenstern und Türen, Dielen und Treppen, zum typischen Holzhaus werdend, zeigt, daß gleiche, handwerkliche Prinzipien und Methoden während der Entstehung das Bauwerk im Detail und im Ganzen bestimmen.
Betrachtet man nun von diesem Standpunkt, in welcher Form die Prinzipien der Produktionsmethode industriell hergestellter Rohmaterialien, gleichgültig ob es sich um metallische, mineralische, Holzfaser- oder synthetische Stoffe handelt, sich in den Verarbeitungsprozessen und Anwendungsmethoden fortsetzen, so können leicht Diskrepanzen entdeckt werden, die zu gewissen Unordnungen führen, welche nicht ohne Einfluß auf das endgültige Werk sind.
Die Prozesse der endlosen Materialproduktion wie die Walzanlagen für Bleche und Stahlprofile, die Aluminium- oder Kunststoff-Strangpressen, die rollenden Pressen zur Herstellung von Bauplattenmaterial, die Maschinen zur Herstellung des wabenförmigen Füllmaterials für Membranplatten, die Strangpressen für Präzisionsbetonprofile usw. haben alle das Gemeinsame, daß sie einseitig gerichtete Produkte erzeugen, deren physikalische Eigenschaften aber nicht bis in die Kanten erhalten werden können, was sich besonders klar zum Beispiel bei wabenförmigem Füllmaterial ausdrückt. Während die Oberflächen solcher Platten bereits die Charakteristiken von Fertigprodukten haben, müssen in

151 Eine 4.20 m breite Walzenstraße produziert das endlose Fabrikationsprodukt Blech. (Demag, Duisburg) ◄

152 In den Dimensionen, bestimmt durch die Länge und den Umfang der verwendeten Walzen, wird der Baustoff Eternit in Einzelplatten produziert. (Eternit, Zürich) ◄

153 Sind die Maschinen so dimensioniert, daß sie dem Bedarf konventioneller Baumethoden entsprechen, müssen sich die Dimensionen der Walzenlängen, Pressen usw. dem neuen Markt, der sich durch die Ausdehnung der Industrialisierung und damit der Fertigfabrikate ergibt, anpassen ◄

154 In der Reihe der Fabrikationsprozesse, die den Rohstoff Papier zu hexagonalen Zellenstrukturen verwandeln als Kernstücke der Sandwichplatten, dient diese Maschine nur zum Auseinanderziehen der vorverleimten Papierstreifen ▶

155 Vollautomatische Herstellung von Preßstoffplatten auf dem endlosen Band im endlosen Prozeß, der nicht unterbrochen werden kann ▶

156 Zusammensetzung der Rohstoffe, Bestimmung der Temperatur und Flüssigkeitsgrade, Energiekontrolle wie der gesamte Produktionsvorgang zur Schaffung von Konstruktions- und Baumaterialien werden durch automatische Fernsteuerung und konstante wissenschaftliche Kontrollen von Technikern oder Ingenieuren geleitet ▶

vielen Fällen deren Seiten erst nachträglich dimensional und für Verbindungsanschlüsse bearbeitet werden. Dieses geschieht mit einfachen handwerklichen Werkzeugen und Methoden, was sehr im Gegensatz zu den fortgeschrittenen, wissenschaftlich entwickelten, vollautomatisch gesteuerten Produktionstechniken steht, durch die solche Produkte erzeugt werden.

Würde aber der Baustoff nach seiner Produktion sofort automatisch in Fertigprodukte oder Teile von Fertigprodukten verarbeitet werden, so würde das endgültige Produkt uniforme, physikalische Eigenschaften bis an seine Kanten erhalten können und auch gleichzeitig so bearbeitet sein, daß es ohne irgendwelche fremden Eingriffe, die dem Gedanken der Industrialisierung widersprechen, mit verwandten Produkten zusammengefügt werden kann.

So entstünde der Baustein dieser Zeit, ein Fertigprodukt von allseitig uniformen Qualitäten, einer allgemein akzeptierten modularen Ordnung unterworfen.

Infolge solcher industrieller Prinzipien werden sich der Baumaterialhandel, das Baugewerbe, der Transport, die Lagerhaltung, der Baustoffkatalog und die Baustelle in ihren organisatorischen Strukturen wesentlich verändern.

und die Sicherung der Materialbelieferung, sondern auch durch die Finanzierung langjähriger Forschungs- und Entwicklungsarbeiten und die Erhaltung dieser in vollem Umfang zum Zwecke einer kontinuierlichen Verbesserung der Produkte, um ihre permanente Marktfähigkeit zu sichern.

Es ist klar, daß durch solche außerordentlichen Kapitalkonzentrierungen, von welcher Seite sie auch kommen mögen, die Industrie zu einem immer mehr beeinflussenden Faktor wird.

In seiner positiven Auswirkung stellt das sich dadurch anbietende große Arbeitsinstrument eine phänomenale Grundlage dar, durch die mehr als durch irgendein anderes Mittel die Probleme des Bauens gefördert und auf das ihnen gebührende Niveau gehoben werden können.

Da die Industrie die Möglichkeit hat, das zu verwendende Fertigprodukt bereits vorauszubestimmen, wird sie im übertragenen Sinn damit selbst zum Bauherrn des Produkts.

Die Industrie sollte also nicht mehr als ein außenstehender Lieferant von Bauteilen angesehen werden, sondern muß direkt in der aktiven Einflußsphäre des Planers liegen und sein enger Kontakt mit ihr Teil seiner Berufsausübung sein, um die Folgen der Willkür des zufälligen Angebots zu vermeiden.

47

Die Methode der Finanzierung und dementsprechend die Kalkulation wird auf ganz anderen Prinzipien beruhen, als sie im normalen Baugeschäft sonst üblich ist. Denn wie bei jedem anderen industriellen Produkt müssen die herzustellenden Fertigteile, im Bau verwendet, auch vorfinanziert werden. Das würde bedeuten, daß ein Haus ca. zwei Jahre, bevor es verkauft wird, schon vorfinanziert sein muß. Das ist nicht nur bedingt durch die notwendigen erheblichen Investierungen in die Produktionsanlagen, den Materialeinkauf

48

In der Analyse über den Prozeß, das Produkt, die Finanzierung und den Designer ist es ebenso wichtig zu untersuchen, in welcher Weise der Arbeiter in seiner Tätigkeit durch die Entwicklung der Industrialisierung beeinflußt ist und wie er rückwirkend in diese Art der neuen Produktivität eingreift.

In der Konkurrenz zu dem industriellen Prozeß kann im allgemeinen der ausgebildete Handwerker als Hersteller individueller Produkte kaum noch den Ansprüchen an Präzision und Qualitätsgleichheit entsprechen, außerdem aber sowieso für seine Leistung keinen entsprechenden Gegenwert erwarten, es sei denn, daß es sich um die Herstellung von Luxusgegenständen handelt, von denen hier nicht gesprochen wird. Bestätigt das gegenwärtige Baugewerbe aber das Gegenteil, das heißt daß der Maurer, der Zimmermann, der Einschaler im Betonbau, der Rohrleger, der Klempner usw. hochbezahlte Facharbeiter sind, so liegt das nur daran, daß im Gegensatz zu fast allen anderen Gebieten die Folgen der Industrialisierung noch nicht annähernd begonnen haben sich im Bau auszuwirken.

Die Statistiken zeigen nun eine konstante Abwanderung der Facharbeiter in die Industrie aus den von der Bausaison abhängigen, zeitlich begrenzten Arbeitsmöglichkeiten auf der Baustelle. Wenn nun das mit handwerklichen Mitteln erbaute Haus auf dem Begriff der Qualitätsarbeit basiert, weiß man, wie es immer schwieriger wird, die kompetenten Kräfte zu finden, ein geplantes Bauvorhaben durchzuführen. Es ist nicht zuletzt diese Tatsache, die zu allem schon vorher Gesagten hinzukommt und dazu drängt, in grundlegenden Vorplanungen berücksichtigt zu werden.

Es sollte davon ausgegangen werden, daß es im Rahmen des industrialisierten Bauens im wesentlichen nur drei Arten von „Handwerkern" geben kann. Der Qualitäts- und Präzisionsarbeiter, dessen hohe Fähigkeiten sich durch die Maschine oder die Werkzeuge, die er schafft, auswirken und dadurch dem Verbraucher zugute kommen. Der ungelernte Arbeiter, dessen Leistung einem uniformen Standard entspricht, der im wesentlichen keine Unterschiede mehr zuläßt zwischen dem sogenannten guten und schlechten Arbeiter, also den Qualitätswert des Produkts nicht berühren kann. Der Monteur, der fertige Produkte zum Ganzen fügt und damit eine neue Kategorie des Bautätigen darstellt.

Erst in der Kombination dieser Kräfte zeigt sich das Arbeitsteam, das nun die Aufgaben der Handwerker übernimmt und damit zugleich Ausgangspunkte andeutet, die nicht ohne Einfluß auf Vorstellung und Planung sein werden.

157 Der Werkzeugmacher schafft mit Hilfe von Präzisionsmaschinen das individuelle Werkzeug und Teile jener Apparate und Vorrichtungen, die ausschließlich das Produkt erzeugen. Seine Tätigkeit setzt sich in den Aufgaben der Mechaniker fort, die Maschinen, Transportanlagen, Vorrichtungen usw. zusammensetzen und in Gang bringen

158 Der ungelernte Arbeiter tritt nur dort in Tätigkeit, wo die vollautomatische Produktionsanlage nicht vollkommen ausgebaut ist

159 Zu den Monteuren der Konstruktionen und den Spezialisten der mechanischen Installation treten die Gruppen der Monteure für die vorfabrizierten Elemente, koordiniert durch einen minutiös ausgearbeiteten Zeitplan

49

In der Dombauhütte manifestierte sich in klarer Weise der an die Zeit nicht gebundene Gedanke des permanenten Formens, Bildens und Bauens. Die Kathedrale war niemals fertig, sondern lebte und wuchs mit den Zeiten. Die Meister sahen also ihr Werk nur selten vollendet. Sie brauchten es auch nicht, denn die Baustelle und der Bau selbst waren in jedem Zustand immer sichtbarer Teil des Fertigen.

Aber im Laufe der Zeit ließ sich der dynamische Vorgang des Bauens selbst als ein kontinuierlicher Prozeß immer weniger erkennen. Die Baustelle verlor ihren Sinn und ihre Bedeutung. Sie entspricht nicht mehr dem Zeitmaßstab der Gegenwart. Aus der Unfähigkeit, aus dem Möglichen und Notwendigen Schlüsse zu ziehen, steht die Baustelle und mit ihr der Vorgang des Bauens ganz außerhalb aller vernünftigen Anschauungen von Zeit, Energie und Leistung.

Das Bauen, durch Wissenschaft und Technik und die beginnende Befreiung vom Dogma formaler Begriffe in die Sphäre reinster Interpretation von Gedanken und Funktion gehoben, muß über alle Vorgänge des Schaffens, beginnend beim Material, seiner Formung, seines Fügens und seiner natürlichen Existenz im Dienst der Aufgaben, für die gebaut wird, immer lebendige Aussagen machen.

Entsprechend dem rationellen Denken ist es natürlich, die Arbeit auf der Baustelle soweit wie möglich abzukürzen. Improvisationen gehören nicht mehr in den Bauprozeß. Sie würden nur den Mangel an Perfektion der Vorbereitung beweisen. Das Entstehen von Abfall und Schmutz, die spätere Vernichtung von Hilfsmitteln, mit denen gebaut wird, sind unvereinbar mit technischem, ökonomischem Denken. In derselben Ordnung, in der die systematische, organisierte Fabrikation der Bauprodukte vor sich geht, müssen diese entsprechend vorauskalkulierten Zeitplänen auch auf die Baustelle anwendbar sein.

Gemessen mit den empfindlichen Maßstäben, die die Gegenwart anzuwenden erlaubt, wird die Vorstellung unerträglich, das Chaos so unbeherrschter Zustände, wie man es an so vielen Baustellen täglich erlebt, hinzunehmen. Fast zur grotesken Persiflage aber wird es, wenn daraus, nachdem dann schließlich alles weggeräumt und der Rest vernichtet ist, das reine schöne Bauwerk doch erzwungen wurde.

Die Industrialisierung erfordert lange Vorbereitungszeiten. Die Maschine, die Fabrik, der automatische Prozeß müssen in sich selbst das zu Erreichende in solcher Vollkommenheit vorausbestimmen, daß nur Fertiges zum Fertigen sich fügen kann in dynamischer Harmonie des Montageprozesses, die mit der ausstrahlenden Harmonie des fertigen Baus identisch sein muß, von dem erwartet wird, daß er ein wirkliches Zeugnis der Macht der Gegenwart ablegt.

Das Baugerüst verschwindet. Es wird durch den leichten Schwenkkran ersetzt. Und schon wird auch dieser abgelöst von elektrisch gesteuerten Flaschenzügen, direkt auf die Stützen der Konstruktion montiert, die gestatten, die Teile des Baus in großen Volumen auf einer Grundebene zu montieren und sie dann in einem Stück hochzuziehen. Der nasse Prozeß muß schon allgemein als archaisch angesehen werden. Er wird durch Trockenbauelemente ersetzt, die weder Putz noch Anstrich benötigen. Die Baustelle ist keine Fabrik. Die ist ganz woanders und hat schon lange vorher das Ihrige getan.

Der leicht bewegliche Kran oder irgendein anderes Hilfsmittel geleitet alle Teile mit nicht zu übersehender Eleganz an ihren Platz. Hier werden sie ohne Gewalt zusammengefügt. Und wäre es wirklich nötig, etwas an seinen Platz zu zwingen, dann kann man sicher sein, daß hier noch nicht jene Vollkommenheit erreicht ist, die sich durch das Gesetz der Maschine selbst ergeben sollte.

Im Sinne solcher Ordnungen wird sich die Baustelle in ihrer Funktion wieder organisch in die Folge der Prozesse einreihen, die aus dem rohen Material das fertige Bauwerk erzeugen.

160, 161 Die vor die Konstruktion gehängten Fertigfabrikate der Bauelemente schweben mit Hilfe leichter, elektrischer Flaschenzüge an ihren vorbestimmten Platz, wo sie untereinander durch toleranzenaufnehmende Anschlüsse an der Konstruktion befestigt werden

162 Spindelaufzüge, direkt auf die Stützen der Konstruktion montiert, ersetzen den Baukran

163 Ein Ingenieur steuert von einem elektronisch synchronisierten Schaltinstrument, das auf der ebenerdig zusammenmontierten Baukonstruktion sich befindet, das Hochziehen der gesamten Konstruktion in einer Bewegung. (US Air-Force Academy, Skidmore, Owings and Merril)

164 Die von einer Person hochgefahrene, weitgespannte Hallenkonstruktion ▶

165 Die fertig zusammenmontierte Konstruktion vor dem Aufzug ▶

166 Spindelaufzugaggregate während der Montage auf die Gebäudestützen

168 Der fertige Rohbau, der ohne Schalung oder andere Baugerüste entstand. (Clemson College)

167 5 Lagen von bewehrten Betonplattendecken ohne Unterzüge, die ebenerdig im „Youtz-Lift-Slab-System" in übereinanderliegenden Schichten hergestellt wurden, werden simultan hochgezogen, wobei jeweilig die Stützen um eine Etagenlänge anmontiert werden

169 Aus dem Zusammenfügen leichtester U-förmiger Metallprofile in einem räumlichen Fachwerksystem montierter Leichtbau. (Unistrut)

170 Das Zusammenbolzen der standardisierten Konstruktionselemente in uniformen Knotenpunkten auf kleinsten Sockelfundamenten im Unistrut-System

50

Die Veränderungen der Vorgänge auf der Baustelle als Folge des Einflusses der Industrialisierung auf Produktions- und Baumethoden geben ein klares Bild, wie andere Mittel und Techniken zu ganz anderen Konzeptionen der Planung und Bauidee überhaupt führen müssen.

Bei den folgenden Illustrationen handelt es sich um zufällige Beispiele, die andeuten sollen, wie sehr sich die Bauindustrie in der Praxis mit diesen Problemen auseinandersetzt und welches enorme Aufgabengebiet nun tatsächlich schon existiert. Der Markt ist vorhanden, mehr noch, er wird sich in nicht zu ferner Zeit zu gigantischen Proportionen ausdehnen. Die Industrie ist bereit, alles zu tun, die Wirtschaft, die Mittel zu riskieren.

Während sich sehr aufschlußreiche und bedeutende Methoden und Techniken herauskristallisieren, die schon jetzt einen hohen Stand von Entwicklungsreife erreicht haben, kann nicht übersehen werden, daß noch manches über den Weg gutgemeinter Improvisation entsteht.

Noch fehlen in einigen Fällen die sachliche Information, die klare Unterscheidung von Funktion und Form oder entsprechende industrielle Erfahrungen. Dieses für viele so verführerische Thema erfordert aber gerade eine besonders sorgfältige Vorbereitung methodischer Grundlagen.

In den Konstruktionssystemen, den vorfabrizierten Bauelementen und den Methoden der Montage sind zugleich die Fabrik, das Produkt und die Baustelle erfaßt, ebenso wie die durch solche Methoden notwendigen neuen statischen Interpretationen.

Wenn nun in der Aneinanderreihung wichtig erscheinender Einflüsse auf das Gebiet der Statik nur andeutungsweise hingewiesen wird, so nur deswegen, weil es wohl kaum möglich ist, dieses außerordentliche Thema im Rahmen einer so begrenzten Betrachtung zusammenzudrängen. Denn nur durch umfassendste Grundlagenforschung kann das statisch Denkbare und Mögliche einer neuen Epoche erkannt und umschrieben werden.

171 Die durch die ganze Gebäudehöhe gehenden, vorfabrizierten und vorgespannten Rahmenelemente einer Betonkonstruktion verlegen die Anschlüsse der Fertigelemente in die Mitte jedes zweiten Stützenfeldes. (Ing. Felix Samuely, London) ◀

172 Ein ähnliches System dieser Baukonstruktion mit Fertigelementen, deren kürzere Höhe eine größere Flexibilität gestattet

173 Erscheinen die Querschnitte dieser neuen Konstruktionsmethode noch wie Remniszenzen von Holzbalkenkonstruktionen, so deuten auch die Ausbildung der Gebäudeecken und die großzügigen Diagonalverstrebungen in den Endfeldern an, daß noch nicht eine völlige Harmonie zwischen Material, Methode, System und Planung erreicht zu sein scheint

174 Montage einer frühen Version der Leichtbaudomkonstruktion von Buckminster Fuller. Aus einer Kombination von Röhren als Druckstäben, leichten Zugstäben und gefalteten Blechrhomben bildet sich ein räumliches Konstruktionssystem für weitgespannte, sehr leichte Kuppelkonstruktionen, deren Querschnitt auf dem großen Zirkel basiert

175 Neuere Entwicklung des Knotenpunkts dieser Konstruktion in Aluminium ▶

176 Die Montage der durch räumliche Verformung versteiften, sehr dünnwandigen Aluminiumstandardelemente, die zum tragenden Konstruktionselement werden ▶

177 Das geometrische Schema des modularen Systems von innen gesehen ▶

178 Die Durchdringung von Außenhaut und Druckstäben und die Auflagepunkte der Aluminiumkonstruktion der korrespondierend ansteigenden Fundamente ▶

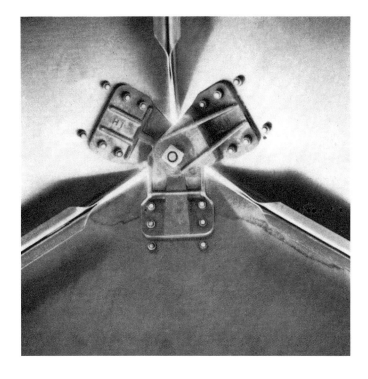

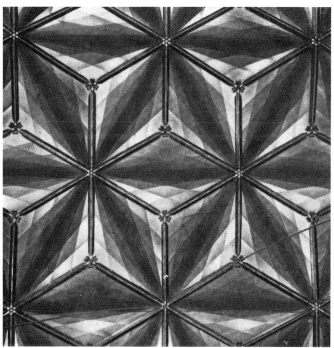

179 Durch Einsatz großer Fabrikations- und Transportaggregate werden in dem Ibec-System alle Teile des Hauses auf der Baustelle gegossen. Die horizontalen Platten für Fundamente und Dach werden als Fertigfabrikate durch Kräne mit Saugvorrichtungen in einem Stück verlegt, die die Platten im Moment des Transports statisch nicht beanspruchen

180 Standardisierte Metallschalungen mit Aussparungen für Türen, Fenster und Installationsleitungen werden in einem Stück auf die vorher verlegte Betonplatte gesetzt, dann ausgegossen (frühe Version)

181 Der Ausbau eines im „Youtz-Lift-Slab-System" errichteten Bauwerks beginnt mit der Verteilung aller Installationsleitungen

182 Vertikale Außen- und Innenfertigbauelemente werden zwischen den Betonplatten montiert

183 Die Außenhaut, eine beliebige Kombination stets auswechselbarer und veränderlicher Einzelemente (Clemson-College, Republic Steel, Architekten Lyles, Bissett, Carlisle & Wolff)

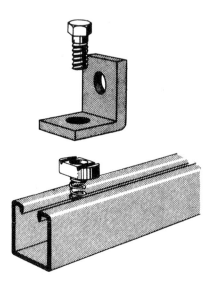

184 Die an den Enden gerade abgeschnittenen U-förmigen Standardprofile des Unistrut-Systems bilden mit Hilfe gefalteter Knotenbleche räumliche Fachwerksysteme

185 Die Auflagepunkte der verteilten Lasten auf einzelne Knotenpunkte ruhen auf kleinen Fundamentsteinen, die mit Stellschrauben adjustiert werden können.

186 Die Verlegung der standardisierten Fußbodenplatten ist identisch mit der Verlegung der Decken-, Dach- und Wandplatten

187 Die einfache Montage dieses verschraubten Leichtbausystems

188 Detail einer Außenansicht des fertigen Bauwerks mit der Separierung von Decken- und Dachflächen

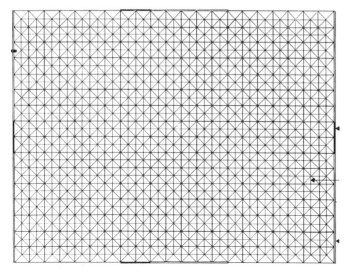

189 Das geometrische modulare System der Unistrut-Konstruktion, das keine Hauptrichtung der Verteilung der Konstruktions- und Bauelemente hat

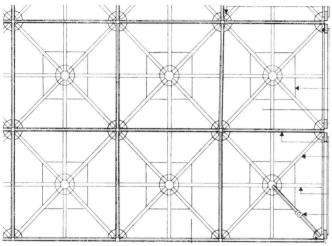

190 Die einfache Verteilung der Knotenpunkte, die Auflage auf den Sockelsteinen mit den Anschlußschienen der Fußbodenplatten.

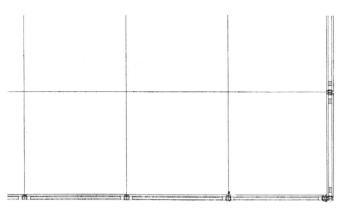

191 Horizontaler Schnitt durch die Wandflächen an der Außenecke mit den Fugen der Fußbodenplatten

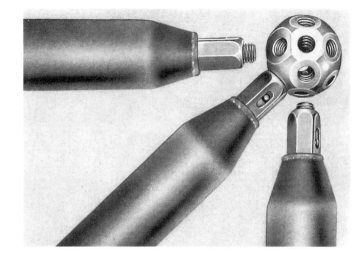

192 Universelles Mero-Knotenstück mit räumlichen Anschlußmöglichkeiten bis zu 18 Stäben und der Schraubenanschluß der Stäbe

193 Die drei Hauptachsen des Knotenpunkts x, y, z gestatten Verbindungen bis zu 8 Stäben in jeder dieser Ebenen in einem Winkel von 45°

194 Standardverbindung des Mero-Systems in einem geometrischen System ähnlich dem auf der gegenüberliegenden Seite dargestellten

Dritter Teil

51

Das reiche Erbe der Entdeckungen und Erkenntnisse des 19. Jahrhunderts beherrscht die Gegenwart, und es ist nur eine Frage der Zeit, bis die neuen Gesetze von Sinn und Ordnung im Bauen nicht mehr zu diskutierendes Allgemeingut geworden sind.

Der längst erreichte Wendepunkt im Bauen ist keine Renaissance, keine ideologische oder geistige Interpretation einer Lebensanschauung, sondern die Folge zeitbedingter, vorgeschriebener Ursachen, die außerhalb der Frage stehen, ob sie abgelehnt oder akzeptiert werden sollten. Sie sind die neuen Möglichkeiten, auf die die Gesellschaft sich nicht leisten kann zu verzichten und die es nun gilt, in ihrer ganzen Potenz nicht nur zu erkennen, zu erfassen, sondern als das entscheidende Instrument schöpferischen Handelns völlig zu beherrschen.

Der Weg dahin ist weit. In dem Maße, in dem sich Begriffe vereinfacht und kristallisiert haben, ist der Gesamtaufgabenkreis, der nun als Fragestellung die kompromißlose zeitbestimmte und zeitbestimmende Antwort fordert, in ungeheuren Dimensionen gewachsen. Er weist in eine wissenschaftlich, technologisch bestimmte Richtung, die stärkere Wirkungen auslösen wird, als ein bewußtes Streben nach dem Phantom des Schönen.

Zu komplex sind die Gebiete geworden und zu eng in sofort beeinflussende Beziehung zueinander gebracht und darum sowohl im Teil wie im Ganzen zu empfindlich, als daß es erlaubt wäre, in irgendeinem Punkt durch Überspringen, Abkürzung, Geschmack oder Gefühl das Werk zu bilden.

Denn die Industrialisierung und in deren Folge die Probleme der Massenproduktion, der modularen Ordnungen, der Materialforschung, der Methoden, der Produktion, der Maschinen, der Installationen, der Fertigprodukte, der Montage usw. und in diesem Zusammenhang nur beschränkt auf technologische Fragen — bewußt wirtschaftliche, soziologische und physiologische Probleme von gleichgroßer Bedeutung hier außer Acht lassend — ist kein Spielzeug, keine Mode, sondern ist das Bauinstrument, das man beherrschen muß, will man überhaupt eine Aussage machen.

Es ist kaum noch denkbar, daß die Formulierung des nun Möglichen von dem Einzelnen bestimmt werden kann. Dazu spielen zu viele Momente mit, und dazu ist die Aufgabe zu komplex geworden. Die Umstände erfordern, wie auf allen anderen Gebieten produktiver Tätigkeit, die Verteilung der an die Aufgabe zu verwendenden Energie auf viele, die im Rahmen einer Zusammenarbeit als Team, unter vereinbarten Spielregeln, in schöpferischer Arbeit nun weiter wirken werden.

Bevor nun darauf eingegangen werden soll, wie durch Training, Studium und Forschung der neuen Situation entsprochen werden kann, in der die Handschrift des Individuums durch die Formulierung des gemeinsamen Gedankens im anonymen Team ersetzt wird, mögen hier einige Arbeiten gezeigt werden, die im Sinn des vorher Gesagten entstanden sind und vielleicht darum als Beispiele möglicher Annäherungen betrachtet werden können.

52

In den Jahren 1942—43 entwickelte ich in New York ein System für den Bau von Trennwänden im Auftrag der General Panel Corporation.

Während in der Konstruktion des später erläuterten General Panel Systems der Plattenanschluß, abgesehen von einer leichten asymmetrischen Abwandlung, im wesentlichen symmetrisch ist, basiert das Prinzip der Plattenverbindung in dem Trennwandsystem auf einer reinen asymmetrischen Form, die jedem Element eine bestimmte Richtung gibt. Wie auch bei dem Bauplattensystem, können bei dieser Methode bis zu 12 Platten in einem Punkt auf einem gedachten räumlichen Rastersystem in Verbindung gebracht werden. Die Füllstäbe des General Panel Systems werden hier durch einen im Innern der Fuge befindlichen Füllstab ersetzt.

Aber das besondere Charakteristikum dieser Konstruktion ist, daß keine mechanische Verbindung irgendwelcher Art nötig ist, um die einzelnen Elemente zusammenzuhalten. Durch die diagonal versetzte Beziehung der Außenflächen der Membrankonstruktion brauchen die einzelnen Teile nur zusammengeschoben werden, wodurch sie sich in keiner Richtung mehr bewegen können.

Ein solches System, angefügt an Wände, Decken und Fußböden eines existierenden Gebäudes, kann sehr leicht auf- und abgebaut und in jeder beliebigen Kombination zu jeder Zeit verändert werden. Handelt es sich um eine freistehende Kombination von Räumen, so müßte nur in der gesamten Gruppe an einem einzigen Punkt ein Dübel angebracht werden, und die Konstruktion stünde unverrückbar fest verbunden.

Wie sich aus einem Profil die Kombination des Grundwürfels entwickelt, wie sich daraus die Membranflächen der Bauplatten herausbilden, wie diese sich auflösen in Rahmenteile, die nun in alle Richtungen ausstrahlend, jede beliebige Kombination von Fläche, Raum, Öffnung usw. ermöglichen können, wie Türen, Fenster, offene Rahmen und Schrankteile das System ergänzen, zeigen die dargestellten Abbildungen.

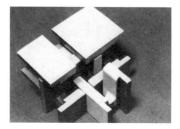

195 Die Entstehung einer Verbindung von 12 Elementen in einem Punkt mit immer gleichem Profil als Grundlage eines universellen Bausystems für Trennwände ◄

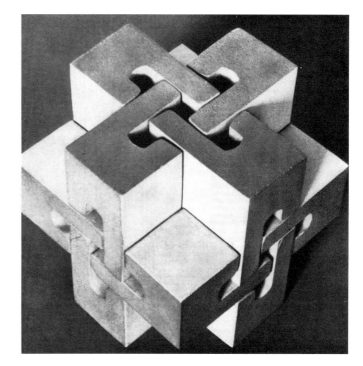

196 Die Berührung von 12 in drei Ebenen liegenden Platten im Mittelpunkt eines gedachten Würfels

197 Die Auflösung der Platten in rahmenbildende Stäbe

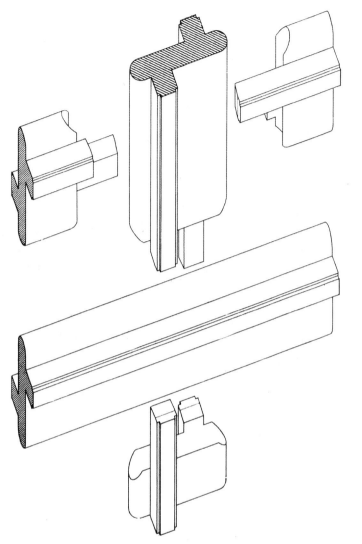
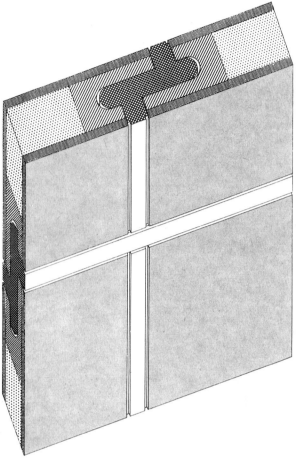

198 Die Beziehung der Enden von Platten oder Rahmen ersetzenden Füllstäben

199 Verbindungsschema von vier Wandelementen zeigt den identischen vertikalen und horizontalen Schnitt

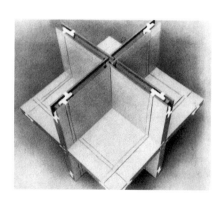

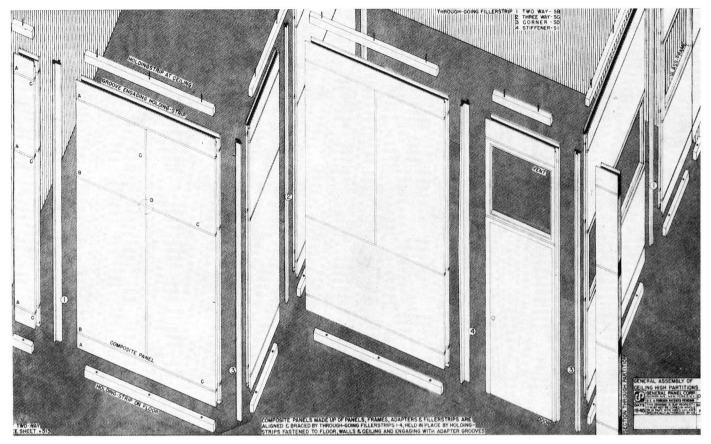

204 Beispiel fast unbegrenzter Kombinationsmöglichkeiten im Rahmen seiner eigenen Ordnung, die ein allseitig modular koordiniertes Bauplattensystem erlaubt, das aus den gegenüberliegenden Details entwickelt ist

205 Ein ausgeführter Baukörper mit allen bezüglichen Verbindungskombinationen in den horizontalen und vertikalen Schnitten

200—203 Endanschluß von Wandelementen, Verbindung von 2 Elementen, 3 Elementen und 12 Elementen, (Modell verkleinert)

◀

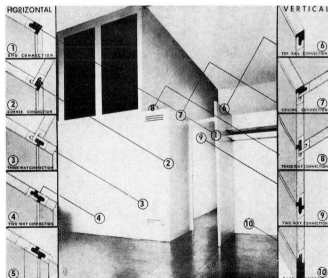

53

Im Winter 1941 haben Walter Gropius und ich in Lincoln, Mass., beschlossen, in möglichst umfassender Weise ein System der Baukonstruktion im Sinne industrieller Forderungen zu entwickeln, das später unter dem Namen „General Panel System" bekannt wurde.

Der Baustoff Holz wurde gewählt, weil unter den damaligen Umständen dieses das einzige, verfügbare Material war, das sowohl in Qualität, Quantität, als auch in wirtschaftlicher Hinsicht am vorteilhaftesten erschien. Es sollte nicht ein bestimmter Typ von Haus gebaut werden, sondern es kam ausschließlich darauf an, das kompletteste Fertigbauelement zu entwickeln, das nur durch einfaches Zusammenfügen auf der Baustelle, ohne irgendwelche Kenntnisse des ungelernten Arbeiters, zu jedem beliebigen ein- und zweigeschossigen Bau verwendet werden konnte. Dazu gehörte, daß in den Bauelementen Fenster, Türen, Glas, Beschläge und die mechanische Installation einbegriffen sein mußten.

Nach einer Reihe von generellen Untersuchungen ergab sich, daß ein universelles Bausystem, unter der Annahme einer Standardverbindung und eines Standardprofils, entwickelt werden müßte, dergestalt, daß jedes einzelne Element in seiner Position nicht vorausbestimmt zu sein braucht, das heißt, daß jeder Plattenanschluß vertikal und horizontal der gleiche ist.

Dann folgten Untersuchungen über das modulare Koordinationssystem, dem jegliche Dimensionierung zugrunde gelegt werden sollte. Aus den im Handel üblichen Rohmaterialdimensionen wurden die ersten Modulgrenzen festgelegt. Vorläufige Beanspruchungsstudien führten zur Bestimmung von Maximum und Minimum der Leistungsgrenzen, die unter der Voraussetzung gewisser Holzqualitäten und -stärken Hinweise für die beste Ausnützung im Rahmen einer modularen Ordnung gaben.

Da es von vornherein klar war, daß das einzelne Bauelement relativ groß sein mußte, war es nötig, sofort Ordnungen der geometrischen Variabilität zu bestimmen, die erlaubten, das Bauelement proportional vergrößern und verkleinern zu können, um dadurch eine Erstarrung in Planung und Anwendung zu vermeiden. Die Untersuchung über den Geometriemodul bezog sich aber nicht nur auf die Dimensionierung des Bauelements selbst, sondern ebenso auf die zu wählende geometrische Verteilung der Anschlußknotenpunkte aller Bauelemente. Vorläufige Untersuchungen über die Bewegungsmöglichkeiten solcher Elemente, ihre zweckmäßigsten Dimensionen, die durch Transportmittel bestimmt werden, oder die Handhabung auf der Baustelle, Gewichtsgrenzen usw. führten zu anzustrebenden Maßeinheiten, die sich aus den Untersuchungen über den Bewegungsmodul ergaben.

Da jedes Bauelement in sich selbst zugleich lastentragende und auch alle anderen statischen Funktionen zu erfüllen hatte, waren die Untersuchungen über den Konstruktionsmodul nur beschränkt auf die ungefähre Bestimmung maximaler Spannweiten.

In der Absicht, ein universelles Bausystem zu schaffen, in dem die Funktion eines einzelnen Elements immer in den generell angenommenen modularen Standard hinein konstruiert werden mußte, war eine Anzahl von Voruntersuchungen im Rahmen der Elementemoduln nötig, in denen nun wieder untersucht werden mußte, welche proportionalen oder dimensionalen Forderungen an ein Tür-, Fenster-, Fußboden-, Wand-, Decken- und Dachelement gestellt werden konnten.

Nachdem sich aus solchen Voruntersuchungen schon langsam der anzustrebende Generalmodul immer deutlicher zeigte, wurden nun Untersuchungen angestellt über die modulare flächige und räumliche Verteilung der Verbindungspunkte, die in diesem besonderen Fall die Aufgabe hatten, auch kräfteübertragend zu wirken.

Wenn auch generell angenommen werden muß, daß der Verbindungsmodul zumindest proportional identisch mit dem Elementemodul ist, mußte man doch berücksichtigen, daß es Fälle geben kann, in denen der Elementemodul durch Addition oder Subtraktion, zwar in den Dimensionen verändert, trotzdem in organische Verbindung mit dem Verbindungsmodul gebracht werden sollte. Als Ergebnis dieser Untersuchungen zeigte sich, daß man die Verbindungspunkte eines Bausystems als die eigentlichen modular bestimmten Festpunkte ansehen kann, die jene Ordnung immer gleicher Abstände darstellen, die vom Standpunkt der Produktionsmethode von entscheidender Wichtigkeit ist, während die eigentlichen Bauelemente sich um diese Festpunkte herum in gewissen Grenzen verkleinern, ausdehnen oder sich sonst verändern können.

Schon in einem sehr frühen Stadium mußte man sich Klarheit darüber verschaffen, in welcher Weise die an sich kontinuierliche Struktur des Bausystems immer wieder rhythmisch unterbrochen werden kann, um notwendige Toleranzausgleiche in Intervallen zu ermöglichen. Diese Vorstudien waren besonders interessant, weil sich dabei zeigte, daß ein in einem solchen System gebautes Haus nicht nur durch die Zahl der verwendeten Wandelemente oder daraus gebildeter Raumgruppen bestimmt ist, sondern auch durch die nach allen Richtungen durchgeführten Toleranzfugen, die aber in keinem Falle sichtbar sind, sondern sich nur in den Längen der verschiedenen Konstruktionshölzer ausdrücken.

Während solcher Untersuchungen wurden auch ausgedehnte Vergleiche über die Dimensionen von Einrichtungen angestellt, wie zum Beispiel Bettenmaße, Schranktiefen, Kücheneinrichtungen usw., die den Planungsmodul beeinflussen konnten. Gerade diese Analysen der Einrichtungsmoduln führten schließlich zu der endgültigen Fixierung des Planungsmoduls.

Nun erst lagen genügend Informationen vor, um mit der konstruktiven Entwicklung zu beginnen. Es kam darauf an, das universelle Standardplattenprofil und damit die Fugenbeziehung der einzelnen Elemente, gleichzeitig mit dem System des verbindenden Standardknotenpunkts zu entwickeln.

Aus Konstruktions- und Produktionsstudien und verschiedenen Tests entstand das Rahmenprofil, das auf einem axialen modularen Raster aufgebaut war. Als Verbindungselement wurde ein hakenartiger Metallverschluß entwickelt, der sowohl vertikal als auch horizontal jede beliebige zweidimensionale und räumliche Variation von Verbindungen erlaubte.

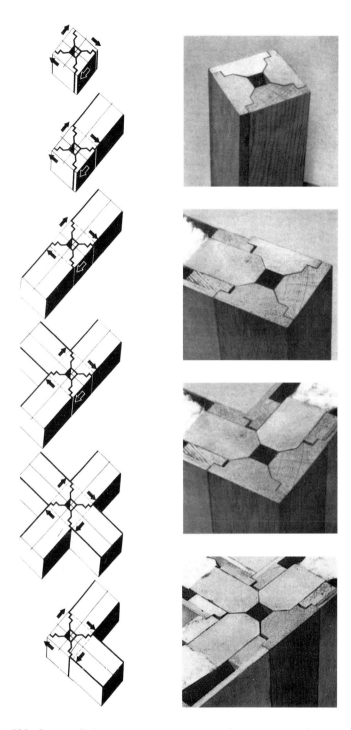

206 Das vertikal und horizontal identische Standardbauprofil des General-Panel-Systems

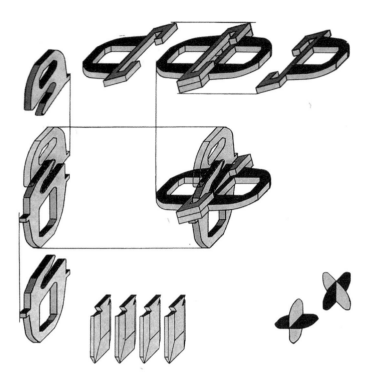
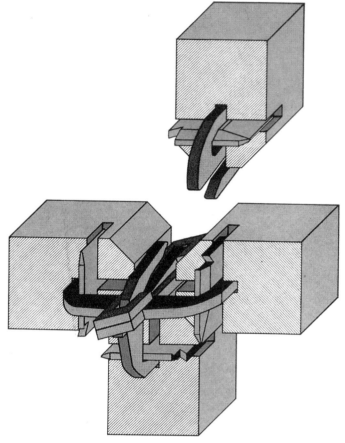

207 Die Standardteile der Metallanschlüsse der Bauplatten und die Keile zu ihrer Befestigung in den Schlitzen der Holzrahmen

208 Die Position der Metallteile in den Standardschlitzen und der Moment des Zusammenfügens der Verbindung durch das von oben sich nähernde Teil

209 Die Lage der Metallteile in den aufgeschlitzten Holzrahmen

210 Positionen des Hakenverschlusses in geschlossenem Zustand

211 Der ausgestanzte universelle Metallhakenverschluß, etwa eineinhalb Mal vergrößert, General-Panel-System

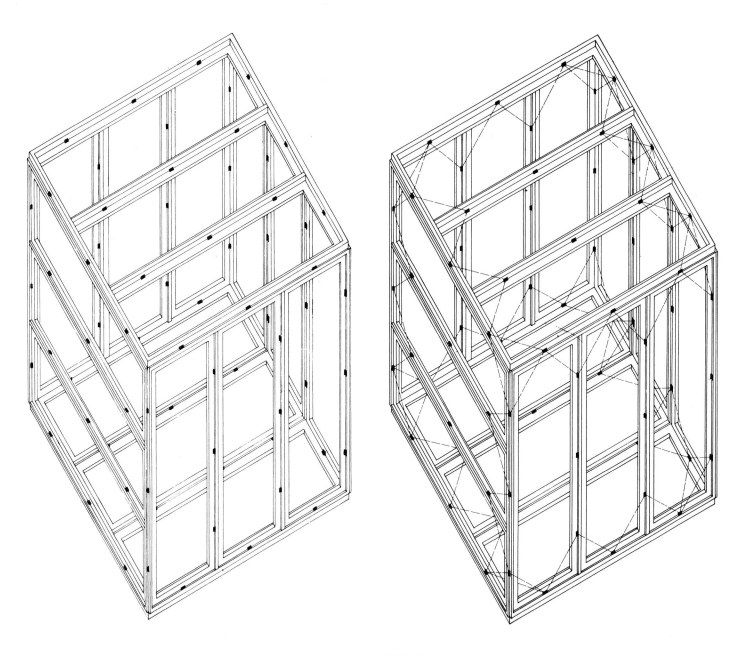

212 Die modulare, räumliche Position der Metallanschlüsse in der Konstruktion eines Kubus, der aus den Rahmen von 18 Standardelementen zusammengefügt ist, die in jeder beliebigen Richtung horizontal oder vertikal verwendet werden können. Die Standardelemente von ca. 3×1 m umschließen einen Raum von 3 m³

213 Die punktierten Linien, als direkte Kräfteübertragung von einem Anschlußpunkt zum anderen gedacht, deuten an, daß die Ecken einer solchen Bauplattenkonstruktion, wenn sie aus Rahmen und Membranplatten besteht, sekundäre Bedeutung haben gegenüber den Fugenlinien zwischen den Anschlußpunkten. In der Konzeption des konstruktiven Aufbaus und der Wahl des Produktionsprozesses wird die strukturell entlastete Ecke einer Bauplatte deren Herstellungsprozeß wesentlich erleichtern

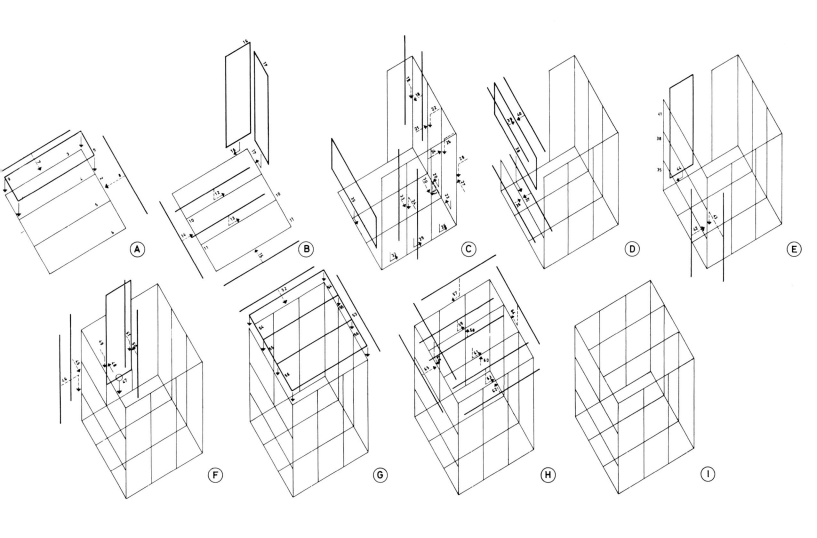

214 Die Reihenfolge des Aufbaus eines gedachten Kubus von 3 m³ unter Benutzung von Rahmenelementen und Füllstäben erfordert die genaue Beachtung der Bewegungsrichtung jedes einzelnen Teiles, identisch mit Zeitstudien

215 Das Fertigprodukt, die General-Panel-Bauplatte mit dem allseitig gleichen Profil, den Metallanschlüssen der Verbindungen, enthält auch zugleich die elektrischen Installationen

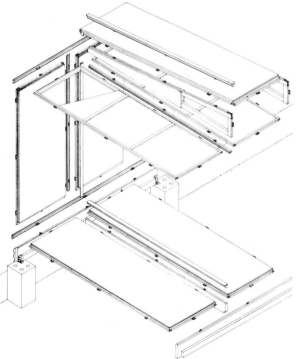

216 Die Beziehung aller Bauelemente zueinander, zu denen Lagerhölzer, Fußboden-, Wand-, Türen-, Fenster-, Deckenplatten, Dachbinder, Giebelplatten, Dachplatten und alle dazugehörigen Füllstäbe gehören

Die Entwicklung der Bauelemente selbst, beginnend mit der Wandplatte, ging auf ähnliche Weise vor sich. Nachdem die Voruntersuchungen abgeschlossen waren, konnte man nun in Vergleichen und reziproken Angleichungen den endgültigen Modul konstruieren. Das Ergebnis war ein Planungsmodulmaß von 40 Inch, das nicht nur allen hier aufgeführten Ansprüchen am besten entsprach, sondern das in sich selbst einen Grundmodul von 4 Inch enthält, was in der amerikanischen Baumaterialindustrie und auch von den Baubehörden als die wünschenswerte kleinste Moduleinheit empfohlen wird. Dieser Grundmodul wurde nun in Form eines Würfels dargestellt, dessen Kantenlänge 40 Inch betrug und als die Meßeinheit nun nach allen Richtungen benutzt werden konnte.

Dann folgten Voruntersuchungen über die Installationsmoduln. Diese aber beschränkten sich in der Hauptsache auf die Entwicklung des Wasserinstallationsaggregats und die elektrischen Installationen. Es wurde ein ideales Verteilungsschema von Anschlußdosen und Schaltern angestrebt, dessen modular bestimmte Festpunkte jede beliebige Variation von elektrischer Installation ermöglichen sollte. In diesem System wurden die Installationen ausschließlich in die Vertikalen verlegt. Dieses Prinzip mußte gewählt werden, weil gewisse Bauvorschriften nicht umgangen werden durften.

Die gesamte Kalt- und Warmwasserinstallation wurde in einem Standardrahmen zusammengefaßt, der als Fertigprodukt sofort nach Verlegung der Fußbodenplatten aufgestellt wurde, das heißt vor Errichtung der Wandelemente. Alle Standardteile sowohl des Rahmens als auch der Rohranschlüsse konnten unter sich ausgewechselt werden, so daß jeder gewünschten Grundrißplanung entsprochen werden konnte.

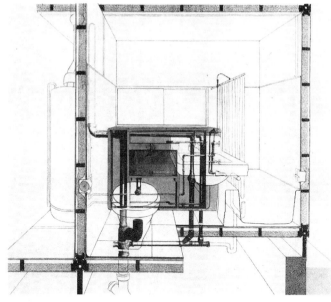

217 Die Lage des vorfabrizierten Installationsrahmens der Wasserversorgung zwischen Küche und Bad im General-Panel-Bausystem

218 Das Installationsaggregat, eine komplett vorfabrizierte Einheit, erfordert nur die direkten Anschlüsse der Objekte

54

Um den Fertigungsprozeß zu bestimmen mußten erst die Maschinen entwickelt werden, die alle notwendigen Schlitze zur Aufnahme der Metallteile der Plattenverbindung in deren Rahmen mit großer Präzision herstellten. Dann wurden die Apparate konstruiert, die automatisch diese Metallteile in den Holzschlitzen befestigten.

Es entstand der fast vollautomatisch arbeitende Vorrichtetisch. Dieser ermöglichte, alle Fertigteile, wie zum Beispiel die Rahmen der Platten, in denen bereits die Metallhaken befestigt waren und an denen schon der synthetische Klebstoff angebracht war, und die aus wasserfestem Sperrholz bestehenden, genau geschnittenen Außenflächen und die Glasfiberisolierung präzise zusammenzufügen.

Unter Anwendung eines Hochfrequenz-Punktverleimungsverfahrens, das an 10 kritischen Stellen alle Teile zusammenleimt, bewegte sich die Platte automatisch aus dem Vorrichtetisch über ein Transportband in die Presse. Dort wurde sie, auch wieder durch ein elektronisches Hochfrequenzverfahren, in 50 Sekunden fertig abgebunden.

Nachdem die Presse sich automatisch öffnete, bewegte sich die Platte aus der horizontalen Position in eine vertikale und wurde automatisch in eine Spritzanlage transportiert, wobei sie ein elektrisches Auge passierte, das die Spritzapparatur in Bewegung setzte. Hier wurde die Platte mit einem Kunstharz überzogen, der sie von äußeren Witterungseinflüssen völlig absiegelte. Sie bewegte sich dann weiter durch eine direkt angeschlossene Trockenanlage mit infraroten Heizlampen. Dann passierte sie einen von acht Schlitzen einer Brandmauer als komplett fertiges Produkt. Diese Schlitze sind hier deswegen betont, weil tatsächlich durch sie das gesamte Material, das in dieser einheitlich angelegten, geradlinigen Fabrikationsanlage, die sich auf eine Länge von ca. 240 m ausdehnte, herauskam, um von hier direkt auf die verschiedenen Stapelplätze der Lagerhalle verteilt zu werden.

219 Drei Gruppen der automatischen Schlitzapparate zur Herstellung bis zu vier, bis zu zwei und einem Schlitz zur Aufnahme der Metallverbindungen

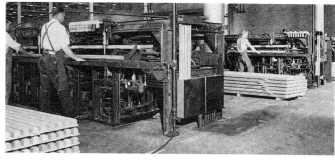

220 Das Werkstück, durch pneumatische Stempel von oben festgehalten, wird von einer Kettenfräse, die senkrecht von unten nach oben fährt, geschlitzt

221 Während das Werkstück sich automatisch auf die andere Seite der Maschine bewegt zur Herstellung des im rechten Winkel liegenden zweiten Schlitzes, wird es von Längen geschnitten oder automatisch mit jedem gewünschten Endprofil versehen

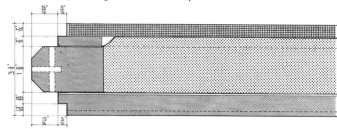

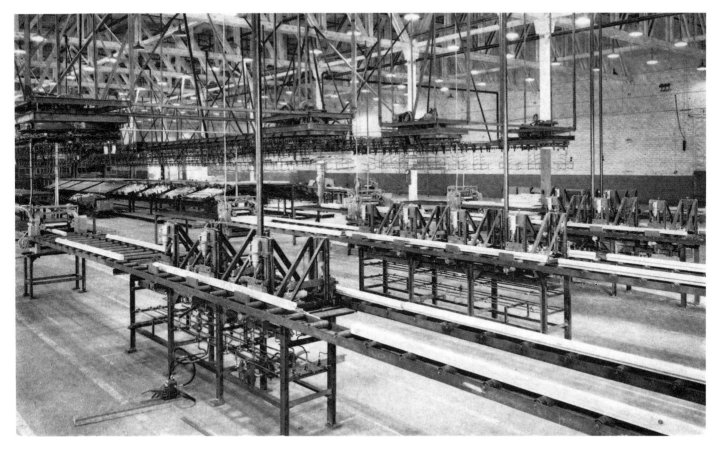

223 Die Einschubmaschine, die automatisch die Hakenverschlußteile und deren Metallkeile in die Schlitze hereintreibt. Dahinter das Walzenaggregat zum Auftragen des synthetischen Klebstoffs auf die fertigen Rahmenteile der Bauplatten. Von dort aus werden alle Teile auf einer Paternoster-Transportanlage über die Vorrichtetische, im Hintergrund sichtbar, transportiert

224 Detailaufnahme der automatischen Einschubmaschine, die ähnlich dem Prinzip einer Büroheftmaschine arbeitet

222 Das Standardrahmenprofil mit den beiden Schlitzen für die Hakenverschlußteile ◄

225 An dem Vorrichtetisch legen zwei Arbeiter eine Sperrholzplatte in den entsprechenden Rahmen. Dann werden die langsam vorbeifahrenden Rahmenteile, an denen sich schon der synthetische Klebstoff befindet, abgehoben und verlegt. Dann werden Glasfiberisolierplatten in die Rahmenfelder gelegt und danach folgt die zweite Sperrholzplatte. Dann schließt sich der Rahmen pneumatisch und 10 Elektroden, deren Porzellanisolierungen erkennbar sind, drehen sich im 90°-Winkel und verleimen die Platte an 10 Punkten mit Hilfe von Hochfrequenzströmen in 15 Sekunden. Darauf öffnet sich die Vorrichtung und drückt die Platte auf das Transportband

227 Vier Hochfrequenzpressen mit dem Hochfrequenzgenerator und dem Schalttisch im Vordergrund. Von links nähert sich eine Bauplatte, um in ca. 50 Sekunden in der Presse fertig abgebunden zu werden

226 Unteransicht der pneumatischen Anlage der Vorrichtung ◀

228 Die Anordnung der Materialzubringungstransportanlage zu den Vorrichtetischen und der Rollentransportbänder, die die fertig zusammengesetzten Bauelemente in die Pressen befördern

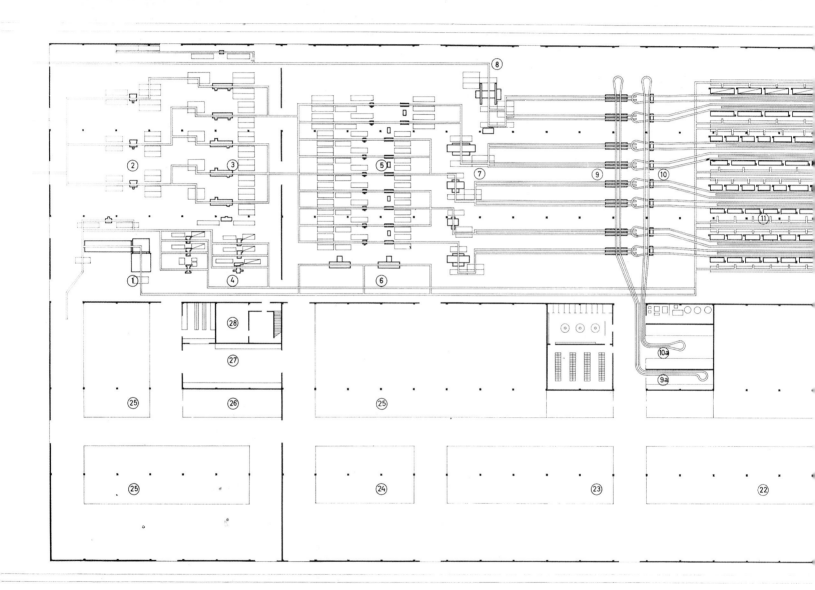

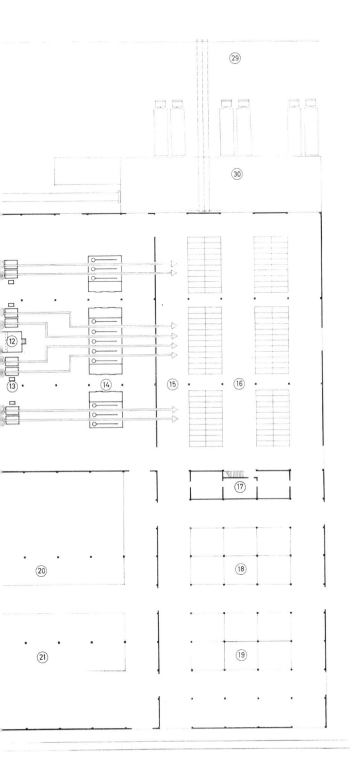

230 Ein Speziallastwagen transportiert alle Fertigteile eines kleinen Einfamilienhauses, einschließlich aller Einbaumöbel und Küchen- und Badezimmereinrichtungen in einem Umkreis bis zu 500 km an die Baustelle. Der an die Zugmaschine montierte waagerechte Ladebaum legt die einzelnen Bauelementgruppen um die Baustelle

229 Der Lageplan der General-Panel-Bauplattenfabrik
1. Automatische Sperrholzplattenschneidemaschine
2. Ripp- und Pendelsägen
3. Automatische Profilmaschinen
4. Sperrholzschneidemaschinen für besondere Maße
5. Hochfrequenzrahmenprofilverleimung (nicht ausgeführt)
6. Kopierfräsen für elektrische Anschlußdosen und andere Öffnungen im Sperrholz
7. Automatische Kettenfrässchlitzmaschinen
8. Endungen-Fräsmaschine
9. Automatische Einschubmaschinen der Metallverbindungsteile in die Schlitze
9a. Lager der Metallteile
10. Mikrometrische zweiseitige Auftragemaschinen des synthetischen Klebstoffs
10a. Aufbereitung des synthetischen Klebstoffs
11. Vorrichtetische mit dem mechanischen Materialzu- und -abtransport
12. Zentralkontrollstation der gesamten automatischen Fabrikationsanlage
13. Hochfrequenzpressen mit Generatoren
14. Automatische Spritzanlage und elektrische Trockenkanäle
15. Die Fertigprodukte gleiten durch 8 kleine Wandschlitze in den Lagerraum
16. Kleine Vorlagerhalle für Fußboden-, Wand-, Decken- und Dachplatten und andere zusätzliche Bauelemente
17. Personalbüros
18. Zusammenbau der Aluminiumfenster und Türen
19. Lager der Einbaumöbel
20. Rohstofflager: Isoliermaterial
21. Herstellung der Standardinstallationseinheiten
22. Zusammenbau von Einbaumöbeln
23. Herstellung der Einbaumöbel
24. Rohstofflager: Edelhölzer
25. Rohstofflager: Sperrholz
26. Verpackungsmaterial
27. Reparaturwerkstatt und Werkzeuglager
28. Ärztliche Überwachung
29. Verladekranbahn
30. Ladebühne und Gleisanschluß

55

231 Podium der Zentralkontrollstelle der Produktionsanlage

232 Die Platten gleiten automatisch aus den Pressen in vertikale Positionen, um in die Spritzanlagen zu gelangen

233 Eintritt in die Spritztunnel

234 Die Spritzgeräte und die Infrarot-Trockenlampen

Die Vorbereitungsarbeiten dauerten ungefähr drei Jahre. Parallel zu der Entwicklung machten Regierungsversuchslaboratorien laufend Experimente, damit dieses schwer errechenbare System von den Behörden zugelassen werden konnte. Zahlreiche Patente wurden beantragt und erteilt. Die gesamte Entwicklungsarbeit, die in New York begann, fand dann ihre Fortsetzung in Los Angeles, Kalifornien, wo ich diese relativ große Fabrik einrichtete, die schließlich im Jahre 1947 zu produzieren begann.

An diesem Punkt hatten wir ein Ziel erreicht, das im wesentlichen auf der Zusammenarbeit großer Arbeitsteams beruhte, in denen sich Spezialisten aus allen Kategorien in der Entwicklung einer gestellten Aufgabe zusammenfanden.

Was in den einzelnen Stadien der Entwicklung, besonders in den Anfängen, durch vorgefaßte Meinungen des „Fachwissens" als individueller Einfluß erschien, verschwand im Laufe der Zeit immer mehr hinter einer, durch viele Umstände bedingten anonymen Form, an der nichts mehr willkürlich war.

Was aber war das Ergebnis all dieser Untersuchungen? Ein Bauprodukt existierte nun, das jedem beliebigen Projekt entsprechend, durch Fernschreiber durchgegebene Zahlen- und Symbolinformationen, dem Lager entnommen und auf Plattenwagen aufgeladen werden konnte. Dazu kamen gleichzeitig die vorfabrizierten Installationsaggregate und alle Objekte für Küche und Badezimmer nebst Einbauschränken.

Von der Produktionsstätte konnte nun über Nacht in einem Umkreis von 500 km, an jeder beliebigen, noch so isolierten Stelle auf einem vorher erstellten Fundament ein komplettes Haus mit Fenstern, Türen, Schränken, Badezimmer, Küche, elektrischem Licht, Kalt- und Warmwasseranlage und Heizung von fünf ungelernten Arbeitern in einem Tag errichtet werden, an dem dann nur noch der letzte Anstrich anzubringen war.

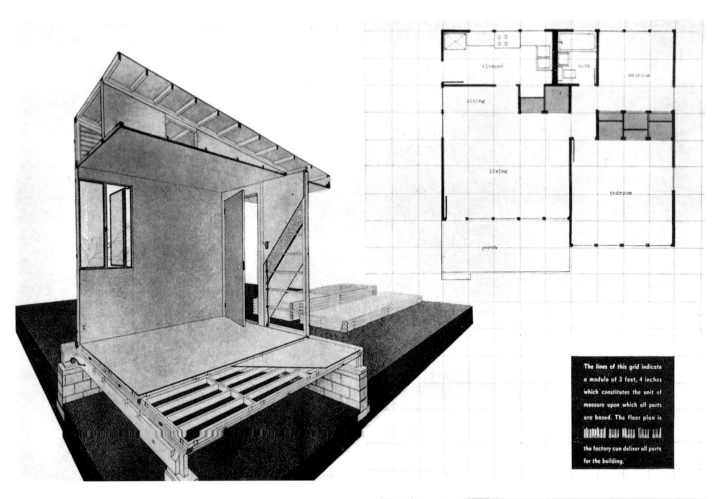

235 Die Bauelemente des General-Panel-Systems. Lagerhölzer, Fußboden-, Wand-, Fenster-, Türen-, Decken-, Dachplatten und Binder und Giebelfelder nebst den dazugehörigen Füllstäben, und das modulare System, auf dem sich hier der konventionelle Grundriß eines amerikanischen Kleinhauses aufbaut

236 Modell des Montagevorgangs

237 Die auf der Baustelle verlegten Bauteile, fertig zur Montage

238 Der Kriechraum unter dem Erdgeschoß zur Verbindung der elektrischen Installationsleitungen unter dem Fußboden

239 Der Fußboden ist fertiggestellt, an den Wandplatten links erkennt man die Enden der elektrischen Leitungsrohre, die schon in der Fabrik eingelegt wurden

240 Die Errichtung des Hauses kann an beliebig vielen Stellen zugleich begonnen werden

241 Die Baustelle während der Montage aller Fertigteile. Kein Schmutz, kein Abfall, kein Materialverlust, keine Meßwerkzeuge, da alle Teile sich selbst ausrichten, keine Werkzeuge, außer einem Hammer, keine Facharbeiter ▶

242 Der aus leichten Rahmenteilen und Sperrholzmembranen aufgebaute Dachbinder mit korrespondierenden Hakenverschlüssen

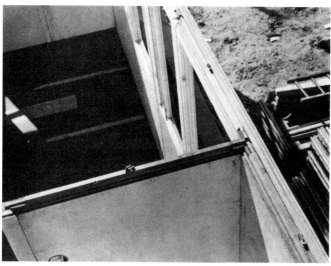

243 Wandanschlüsse und das Verbindungssystem für Decke und Dachkonstruktion sind völlig identisch mit denen von Wand und Fußboden

244 Vorfabrizierte elektrische Auslässe und Anschlüsse sind deutlich erkennbar, der offene Raum wird geschlossen durch Einbaumöbel

245 Ein aus wenigen Standardelementen errichtetes kalifornisches Einfamilienhaus. Bauzeit 8 Stunden, ausgeführt von 5 ungelernten Arbeitern, einschließlich Türen, Fenster, Verglasung, Beschlägen, allen Einbaumöbeln, Schränken, Küche, Bad, Heizung, Kalt- und Warmwasserversorgung. General-Panel-Bausystem

56

In den Jahren 1944—45 entwickelte ich ein Konstruktionssystem für Hallenbau, für das ich auch schon Ende der dreißiger Jahre in Frankreich verschiedene Vorarbeiten getan hatte. Dieses System erhielt später den Namen „Mobilar Structure" und wurde im Auftrag der Atlas Aircraft Corporation entwickelt.

Es handelte sich um Versuche, die günstigen statischen Eigenschaften von Rohrquerschnitten für den Stahlbau anzuwenden. Das Ergebnis dieser Untersuchungen, die sich über $1^1/_2$ Jahre erstreckten, und für die ich auch ein Arbeitsteam von Ingenieuren, Statikern und Technikern zusammenstellen konnte, lag im wesentlichen in der Entwicklung eines Knotenpunkts und eines beweglichen Wandflächenaggregats.

Ein Paar ausgestanzter sogenannter Augenplatten, die in zwei verschiedenen Stärken exzentrisch zu der Achsenlinie des Rohres wechselseitig auf jedes Ende des Rohres durch elektrische Punktschweißung aufgeschweißt wurden, bilden das Hauptgelenk des Knotenpunkts. Durch die Öffnungen dieser Platten wurde ein Dorn gesteckt, der rechtwinklig zu der Achse des Rohres das Zentrum der Verbindung des Knotenpunkts darstellt. Während sich die starke Platte der Augenplatten mit einer Seite genau auf der Achse des Rohres befindet, ist die zweite, schwächere Augenplatte so angebracht, daß sie der auftretenden Exzentrizität durch die umgekehrte Position des gegenüberliegenden Rohranschlusses entgegenwirkt.

Eine Charakteristik dieser Verbindung ist, daß an der Stelle, wo sich in einer konventionellen Konstruktion durch die notwendigen Knotenbleche besonders viel Material ansammelt, diese leicht und offen ist. Die Rohre selbst berühren sich nicht, sie stehen in gebührendem Abstand von dem Zentrum des Knotenpunkts, dessen vermittelnde und zugleich trennende Funktion dadurch nicht gestört ist. Jede beliebige Kombination von Bindern ist nun möglich, allerdings nur im Sinne einer zweidimensional gerichteten Konstruktion.

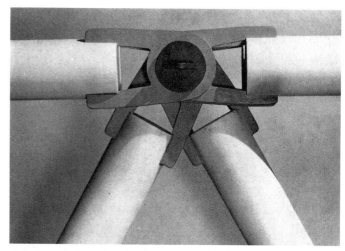

246 Der poröse Charakter des „offenen" Knotenpunkts

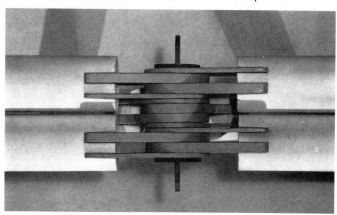

247 Die sehnenartige Verbindung der Stäbe im Knotenpunkt

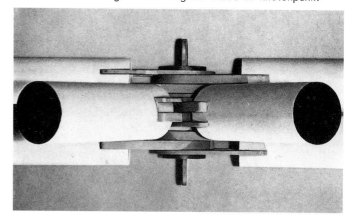

248 Innenansicht des Anschlusses der Binderdiagonalen

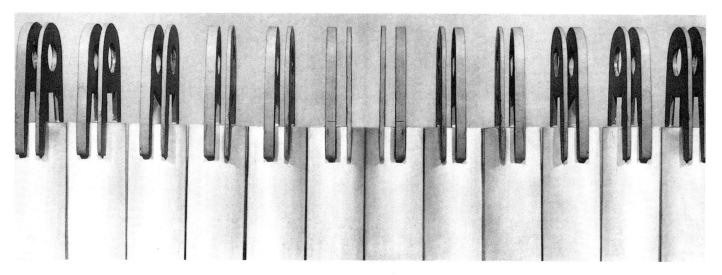

249 Das uniforme, standardisierte Massenprodukt. Die Augenplatten sind an beiden Rohrenden identisch

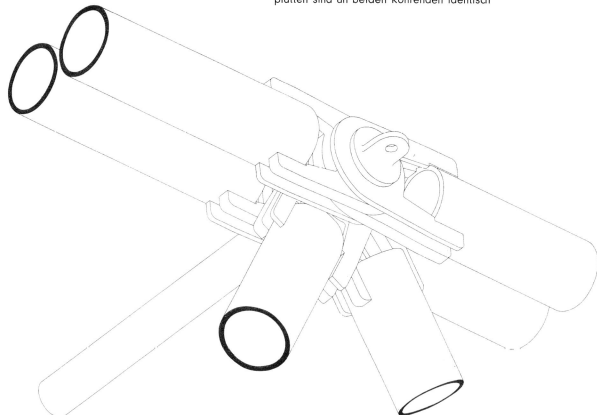

250 Isometrische Ansicht des Knotenpunkts der Mobilar-Struktur

Um den Verlauf höherer Beanspruchung, besonders zum Beispiel bei Auskragungen in den aus Gründen der Standardisierung parallelen Ober- und Untergurten zu entsprechen und trotzdem den Standardknotenpunkt nicht zu verändern, werden diese Kräfte in progressiv sich vergrößernden Wandstärken der Rohre aufgenommen.

Das System sieht also Einzelstäbe von verschiedenen Standardlängen vor mit versetzt aufgeschweißten Augenplatten an beiden Enden, die dann zu jeder beliebigen Kombination von Bindern, Stützen, Unterzügen usw. montiert werden können. Obwohl Augenplatten in Stahlkonstruktionen besonders gegen Ende des 19. Jahrhunderts, allerdings in der Hauptsache nur für die Verbindung von Zugstäben verwendet wurden, muß die große Präzision, mit der der Dorn durch die verschiedenen Augenplatten eingepaßt werden muß, als eine wesentliche Schwäche solcher Systeme angesehen werden. Trotzdem haben Untersuchungen gezeigt, daß mit industriellen Präzisionsproduktionsprozessen auch hier heute ein technisch wirksames und wirtschaftlich mögliches Konstruktionssystem erreicht werden kann.

Die aus einem solchen Konstruktionssystem entwickelte Studie für eine allseitig zu öffnende kleinere Flugzeughalle, deren hier gezeigte Grundeinheit durch Aneinanderreihung nach beiden Seiten beliebig vergrößert werden kann, sieht zwei Hauptbinder mit auskragenden angehängten Nebenbindern vor.

Die Hauptbinder ruhen auf Stützenpaaren, die aus denselben Konstruktionselementen zusammengesetzt sind. In der Nähe der Auflagepunkte können, entsprechend statischen Bedingungen, Verstärkungen und Aussteifungen durch Bündeln einer größeren Anzahl von Stäben erzielt werden. Während die Konstruktion in ihrer Längsrichtung durch die Verwendung der Stabelemente genügend fest ist, sind in der Querrichtung Kabelverspannungen angeordnet, da der gewählte Knotenpunkt rechtwinklig zu ihnen keine Stabanschlüsse zuläßt.

Für die Abdeckung des Hallendaches, der Oberlichtfenster usw. waren vorfabrizierte Standardplattenelemente vorgesehen.

251 Dem Kräfteverlauf und der Beanspruchung entsprechende Kombination von Stäben eines Hauptträgers an dem Auflagepunkt einer Stütze

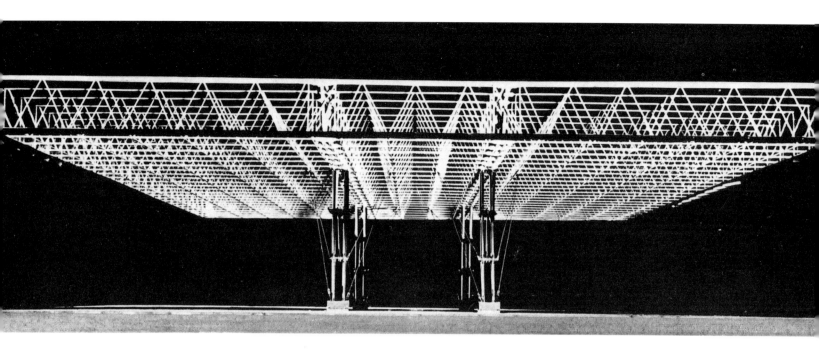

252 Ansicht einer offenen Hallenkonstruktion im System der Mobilar-Struktur mit einer allseitigen Auskragung von ca. 17 m

253 Blick von oben in die Dachkonstruktion zeigt die in der Längsrichtung verlaufende Position der beiderseitig auskragenden Hauptbinder und die angehängten Nebenbinder

57

Parallel zu diesen Untersuchungen entstand nun die Entwicklung von vertikalen, beweglichen Flächen, die als Wände, Tore usw., als Raumumschließung gedacht sind. Das Gerippe dieser Aggregate besteht aus geschweißten Rohrrahmen, die aber so angeordnet sind, daß die aus profilierten Blechen bestehende Haut diagonal durch die Konstruktion hindurch geht, daher bedingend, daß jeder Torrahmen diagonal zur Grundlinie der Baufront steht, wodurch dann die abdeckenden Metallflächen die kontinuierliche Raumumhüllung bilden.

Diese Einheiten sind nur an der Dachunterkante mit einer diagonal angeordneten Führungsschiene verbunden. Jede Toreinheit öffnet sich selbsttätig durch Entlanggleiten an den Führungsschienen des benachbarten Tores, in das sie sich automatisch ein- und auskuppeln kann durch Senken und Heben — was durch das Triebaggregat erfolgt, das ein kleiner Preßluftmotor betreibt — wobei der Innenraum der Hauptrohre des Torrahmens als Preßlufttank benutzt wird. In Gruppen von mindestens vier Toreinheiten können diese sich völlig von dem Gebäude wegbewegen und dadurch einen geschlossenen Raum in einen allseitig offenen verwandeln.

Um die neun möglichen Variationen von Toranschlüssen unter Verwendung derselben Standardanschlußteile zu ermöglichen, sind die Torkanten auf einen gedachten Radius projiziert, dessen Kreismittelpunkt identisch mit der modularen Achsenlinie der Toranschlüsse ist. Rechtsgerichtete und linksgerichtete Elemente entstehen durch einfaches Umdrehen des Rahmenelements.

Das Gerippe der Tore ist so konstruiert, daß es mit Hilfe eines Räderaggregats in horizontaler Lage zugleich als Transportchassis für alle Konstruktionsteile der Halle und der restlichen Torelemente benutzt werden kann. Das heißt, außer den Zugmaschinen und den Raduntersätzen sind die notwendigen Transportmittel die Hallenteile selbst.

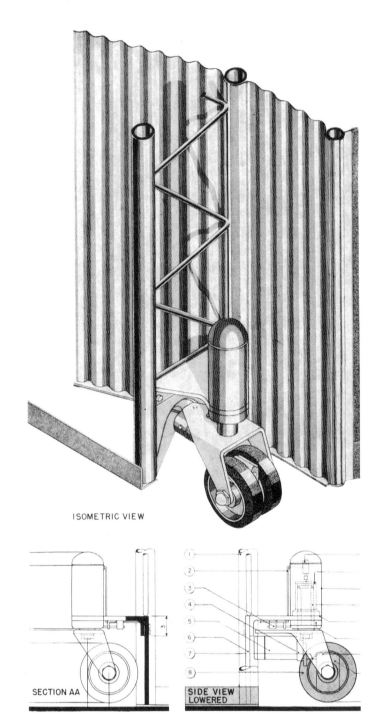

254 Das Antriebsaggregat jeder Einheit ist ein kleiner Preßluftmotor, die Luft dafür ist in den Röhren der Konstruktion komprimiert

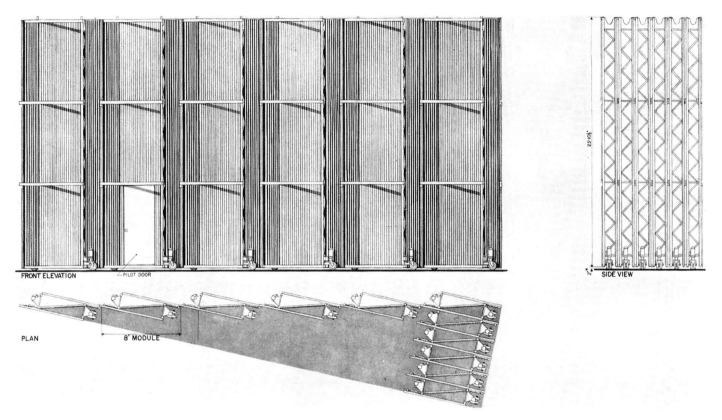

255 System der Konstruktion der beweglichen Flächen, die die Halle umschließen. Jede Einheit an jeder Stelle kann sich unabhängig öffnen, geführt an den Laufschienen der nächstfolgenden Einheit. Eine gekoppelte Mindestgruppe von vier Einheiten kann sich völlig frei von dem Gebäude fortbewegen

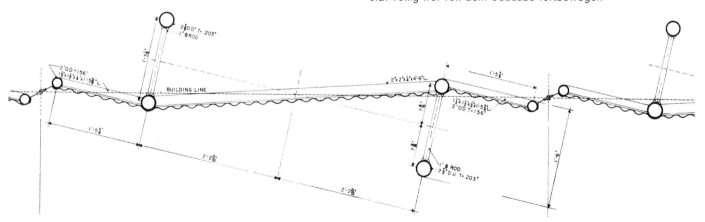

256 Schnitt durch die Röhrenkonstruktion einer beweglichen Außenfläche und ihre Beziehung zu anderen Einheiten

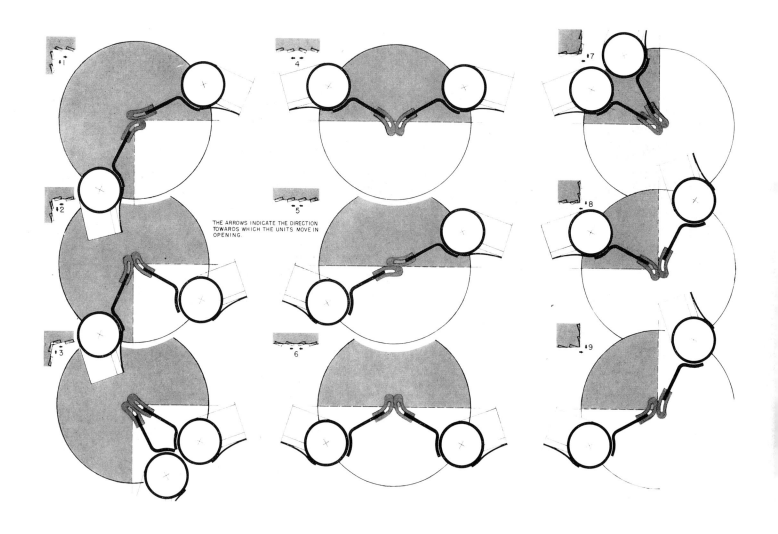

257 Die 9 möglichen Kombinationen von Beziehungen der beweglichen Flächen an ihren Anschlüssen

258 Die teilweise geöffnete Halle der Mobilar-Struktur zeigt die völlige Unabhängigkeit der Wandelemente, die sich in beliebig großen Gruppen von dem Gebäude entfernen können. Ein völlig geschlossener Baukörper kann also in wenigen Minuten in einen allseitig offenen verwandelt werden, indem sich durch eigene Kraft alle Wandelemente an einen anderen Platz fortbewegen

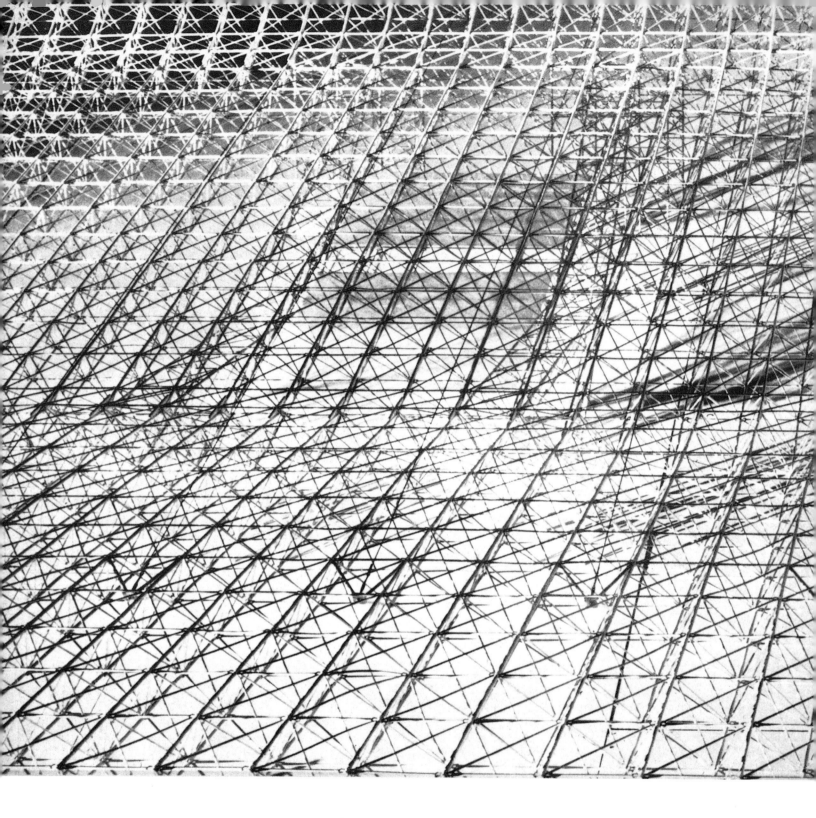

259 Blick in die Landschaft einer räumlichen Struktur

58

Im Jahre 1951 wurde ich durch eine Forschungsabteilung der Amerikanischen Luftwaffe beauftragt, ein Konstruktionssystem für sehr große Hallenbauten zu entwickeln. Die Bedingungen entsprachen den Prinzipien industrialisierter Herstellungsmethoden.
Die Aufgabe bezog sich auf ein Bausystem, das, aus standardisierten Elementen bestehend, jede mögliche Kombination von Konstruktion, geometrischen Systemen, Gebäudearten und Spannweiten im Sinne einer anpassungsfähigen, anonymen Bauweise erlaubte. Ein auf diese Weise errichtetes Gebäude sollte aber auch jederzeit ohne Materialverlust abgebaut und in ganz anderer Kombination für andere Zwecke beliebig oft wieder verwendet werden können. Alle Bauelemente sollten auf dem Wege automatischer Massenproduktion hergestellte, komplette Fertigfabrikate sein. Verlangt wurde die Entwicklung von so wenig wie möglich universellen Standardknotenpunkten, die in Verbindung mit entsprechenden Konstruktionsstäben die größtmögliche Kombination von Variationsmöglichkeiten zuließen. Außerdem mußte jedes Teil in gewissen Grenzen mit jedem anderen jederzeit austauschbar sein. Das Bausystem selbst sollte nur aus universellen Standardelementen bestehen unter Vermeidung irgendwelcher speziell dimensionierter Hauptträger oder anderer, besonders geformter, lastentragender Elemente. An den Außenseiten des Gebäudes waren keine Unterstützungen möglich. Die sich dadurch ergebenden, allseitigen Auskragungen waren auf ca. 50 m festgelegt.
Als Profil der Konstruktionsstäbe wurden Rohre gewählt. Im Laufe der Arbeit entwickelte sich ein räumliches Faltwerksystem, das aber einer zweiseitig gerichteten, statischen Ordnung des Kräfteverlaufs entsprach. Dadurch entstanden Hauptstäbe, identisch mit Ober- und Untergurten, und Nebenstäbe. Entsprechend diesen Anforderungen wurden zwei Rohrdurchmesser verwendet. Die notwendigen, die Stäbe verbindenden Knotenpunkte wurden zu räumlichen, gelenkigen Verbindungselementen ausgebildet.

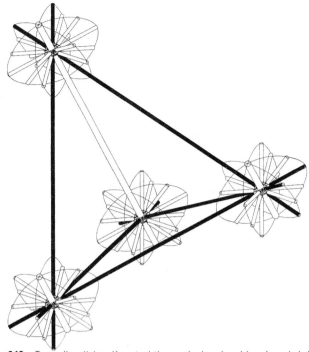

260 Das räumliche Konstruktionsprinzip der hier beschriebenen Hallenkonstruktion, das erlaubt, bis zu 20 Stäben in einem Knotenpunkt in jeder beliebigen Variation zu vereinen mit immer gleichem modularen Abstand der Knotenpunkte von ca. 3,30 m

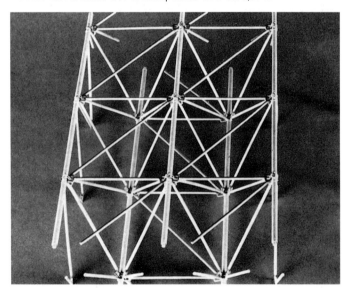

261 Das Tetraedersystem des räumlichen Faltwerkes
262 Der Standardknotenpunkt mit den oberen Auflagepunkten für Plattenbefestigung und dergleichen ▶

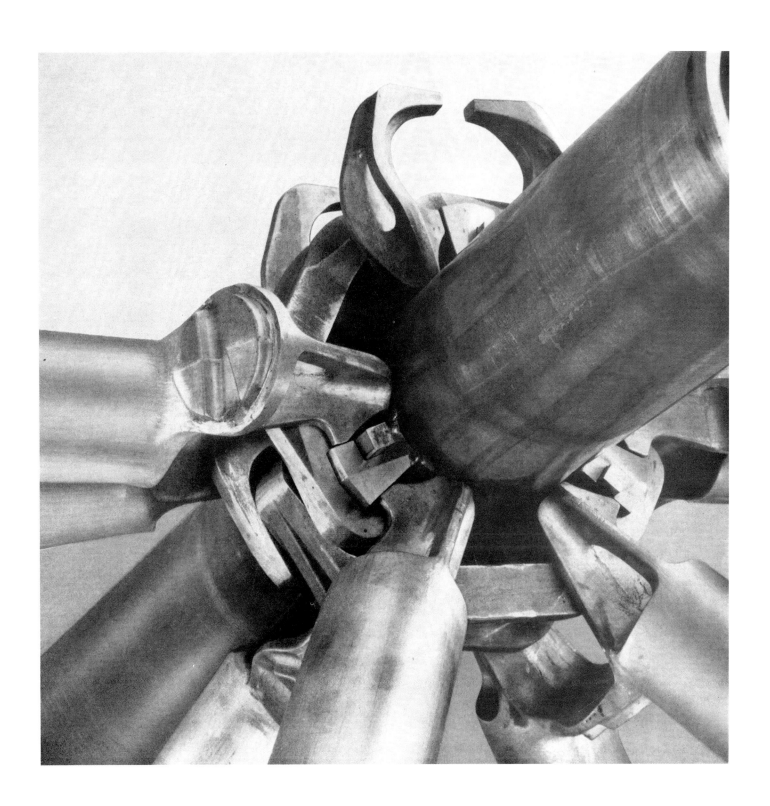

Die aus standardisierten Knotenpunkten und Stäben vorher zusammenzusetzenden, einzelnen Konstruktionselemente waren aus Transportgründen auf einen maximalen Raum von 10×3×1 m dimensional zu begrenzen und mußten unterhalb eines Gewichts von 5 t liegen. Die Konstruktion mußte so leicht wie möglich sein. Die Halle mußte an jedem Platz und unter jeder klimatischen Bedingung und, wenn nötig unter Zuhilfenahme ungelernter Arbeitskräfte und Kränen, ohne Baugerüste errichtet werden können.

Dieser herausfordernden Programmstellung schien nur durch ein System einer bis in alle Einzelheiten aufgelösten Konstruktion entsprochen werden zu können, in der sich jede substantielle Masse von Material in kleine Stäbe und Verbindungselemente zerlegt.

Das Ergebnis fast zweijähriger Entwicklungsarbeit war ein universeller Knotenpunkt, der sich ringartig um die Hauptrohre schließt, von dem die Nebenrohre nach allen Richtungen in jeder beliebigen Kombination und jedem Winkel ausstrahlen können. Dieser Knotenpunkt ist imstande, bis zu 20 Konstruktionsstäbe aufzunehmen. Das bedeutet eine fast unbegrenzte Anpassungsfähigkeit an jedes beliebige geometrische System, zumal entsprechend der verschiedenartigen Beanspruchungen der einzelnen Stäbe sich auch exzentrische Anschlüsse als erlaubbar erwiesen.

Die Abstände der Knotenpunkte unterliegen einer modularen, räumlichen, immer gleichen Ordnung nach drei Richtungen von etwa 3,30 m.

Der Knotenpunkt selbst besteht aus einer Kombination von Einzelgliedern, die aus 4 Standardelementen gewählt werden. Diese sind Gesenkschmiedestücke, die, aus hochgradigem Nickelstahl hergestellt, vier verschiedenen Zwecken dienen.

Eines davon ist ein Element, an das die Konstruktionsrohre in Präzisionsvorrichtetischen angeschweißt werden, wodurch die flächigen Gitterteile des räumlichen Fachwerks entstehen.

Ein anderes Teil, angeschweißt an die Hauptrohre, fixiert genau die Position des Knotenpunkts in dem gesamten System.

Ein drittes Element ist Teil einer Art Gliederkette, die

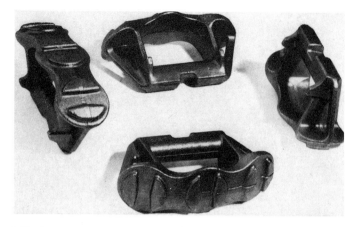

263 Anschlußteil des Knotenpunkts, an das bis zu drei Rohre aufgeschweißt werden können

264 Die raumsparende Stapelung dieser Anschlußelemente

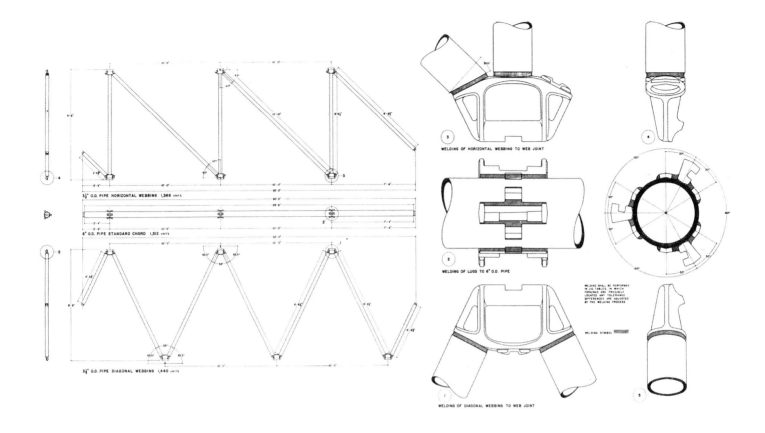

265 Die in Vorrichtetischen zusammengeschweißte Konstruktionseinheit von ca. 10 m Länge in den Variationen für horizontale und diagonale Positionen und der Hauptstab für Ober- und Untergurte mit den in Vorrichtungen aufgeschweißten Elementen zur Fixierung der Knotenpunkte, die auch gleichzeitig zur Führung der drei Keile dienen, mit denen jeder Knotenpunkt zusammengehalten wird

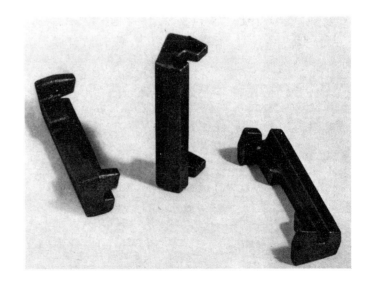

266 Das Fixierelement des Knotenpunkts

267 Die ineinandergestapelten Elemente der Gliederkette
268 Das einzelne Element dieses Konstruktionsteils
269 Die Position der Teile, wie sie, eine Kette bildend, den Knotenpunkt umschließen

den Zusammenhalt der Konstruktion in einem Knotenpunkt darstellt.

Das vierte Teil ist ein Füllstück, das dort verwendet wird, wo durch die begrenzte Zahl von Konstruktionsstäben Rohranschlußteile nicht notwendig sind. Aus diesen Füllstäben aber entwickeln sich außerdem speziell geformte Anschlüsse für jene Teile, die nicht zur Konstruktion selbst gehören, wie zum Beispiel Anschlüsse für Dachplatten und Oberlichter, Wandplatten und Fensterrahmen, Fußböden, Laufschienen für Tore oder Kräne usw., aber auch alle Anschlüsse des gesamten Installationsnetzes.

Dazu kommt ein aus weichem Stahl geschnittenes, keilartiges Gebilde. Um den Knotenpunkt zusammenzuhalten, werden nur drei Keile verwendet. Sie werden zwangsläufig durch einen ausgesparten Raum in jenen Teil geführt, der die Position des Knotenpunkts an dem Hauptrohr fixiert. Für die Montage ist nur ein Hammer notwendig, der die drei Keile in ihre vorbestimmten Positionen hereintreibt, wobei diese sich leicht deformieren.

Die kontinuierlich durchgehenden Rohre werden aus ca. 10 m langen Stücken zusammengesetzt, für deren Anschlüsse eine besondere Verbindungsmethode entwickelt wurde. Diese bestehen aus zwei pufferartigen Kernstücken, die in jedes Rohrende in Vorrichtetischen eingeschweißt sind. Zwei schellenartige Halbschalen verbinden die Rohrenden miteinander. Es entstand ein Anschluß, der sowohl auf Druck- und Zugbeanspruchung berechnet ist und dem Leistungsstandard des Rohrquerschnitts entspricht. Diese Anschlüsse befinden sich in ihrer eigenen modularen Ordnung außerhalb des modularen Systems der Knotenpunkte. Die Halbschalen sind so geformt, daß sie die Peripherie des Rohrquerschnitts nicht überschreiten und daher ein glattes, kontinuierlich durchlaufendes, endloses Profil ermöglichen. Sie werden mit einem einfachen Einsteckschlüssel, der, nachdem er eingeführt ist, um 90° gedreht wird, in ihrer endgültigen Position gehalten.

Überbeanspruchte Konstruktionsfelder und Rohrstäbe werden durch die Wahl größerer Wandstärken der Rohre verstärkt oder durch das engere Zusammen-

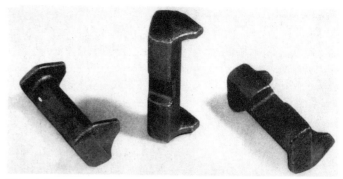

270 Füllelemente, die dort verwendet werden, wo im Gebilde des Knotenpunkts keine Stabanschlüsse notwendig sind

271 Der Keil als einziges Verbindungsmittel, mit dem der Knotenpunkt zusammengehalten wird

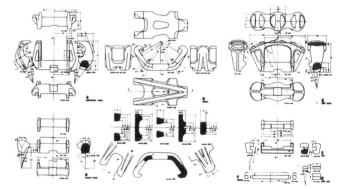

272 Ansichten und Schnitte der 5 Grundelemente der Konstruktion des Knotenpunkts

273 Die 5 Präzisions-Standardelemente, die in Verbindung mit zwei Rohrquerschnitten das gesamte Konstruktionssystem des räumlichen Fachwerks darstellen ▶

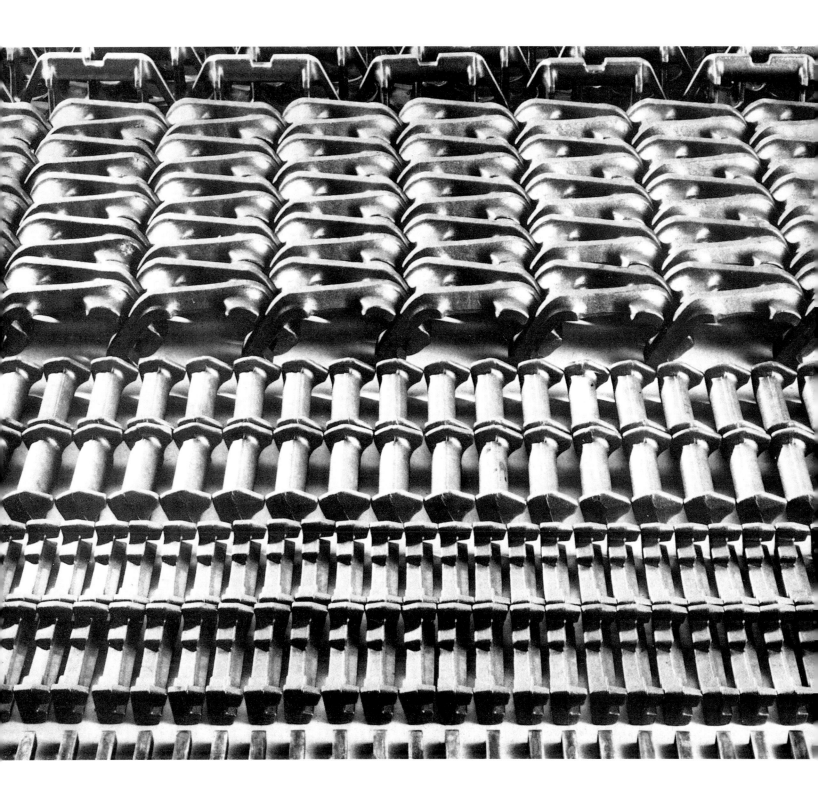

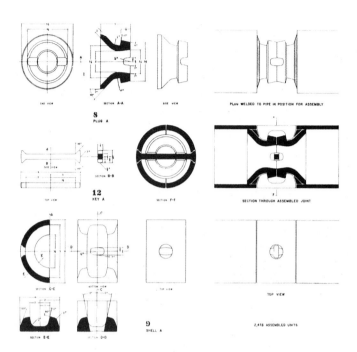

274 Ansichten und Schnitte der Rohrverbindung, die den Zusammenbau von Standarddimensionen zu unbegrenzten Rohrlängen ermöglicht

275 Eine der beiden Schellen der Rohranschlüsse, die die Zugkräfte aufnehmen und eine völlig glatte Verbindung erzeugen mit dem pufferartigen Element, das in jedes Rohrende eingeschweißt wird und die Druckkräfte aufnimmt

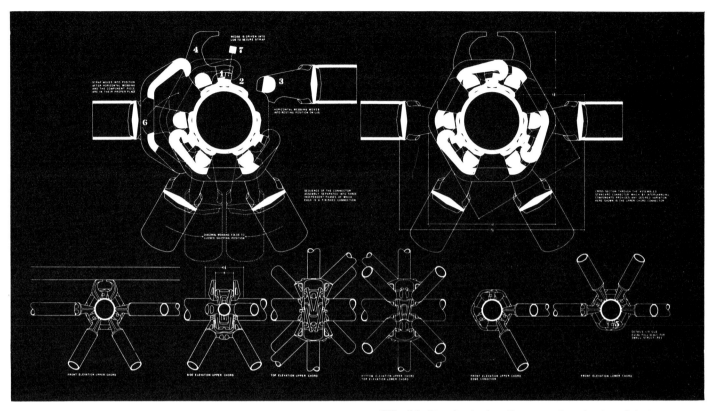

276 Schnitte durch den Knotenpunkt mit dem Prinzip und der Reihenfolge seines Zusammenbaus und der Faltbarkeit der Diagonalstäbe nebst einigen Variationen von Verbindungsmöglichkeiten

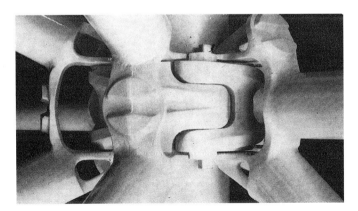

277 Blick in den Knotenpunkt mit der Position eines verbindenden Keils

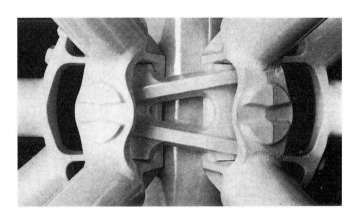

278 Die Lage des den Knotenpunkt umschließenden Kettenglieds in Beziehung zu zwei diagonalen strukturellen Elementen

setzen der Knotenpunkte. In dem besonderen Fall der Dimensionierung der Pyramiden, die als Hauptauflagepunkte die Gesamtlast der Halle tragen, wird durch das Aufschweißen von aufgeschnittenen Rohrhälften auf den gegenüberliegenden Seiten eines Rohres eine Art Doppel-T-Profil erzeugt, bei dem der Mittelsteg durch zwei äußere Stege ersetzt wird, die sich aus dem Hauptrohr bilden.

Die äußere Hülle des Gebäudes wird aus Sandwichplatten gebildet, die aus zwei äußeren Aluminiumflächen bestehen, die durch ein wabenförmiges Kernmaterial zu Membranplatten verbunden sind. Diese Standardplatten werden sowohl für die Dachdeckung, die Fußböden der eingebauten Etagen, die Wandplatten zur Trennung der Büros und Laboratorien, für die Ausfüllung der Torkonstruktionen usw. verwendet.

Die hier gezeigte Konstruktion einer Flugzeughalle folgt in ihrem Profil den Anforderungen, die an die Unterbringung sehr großer Flugzeuge mit sehr hohen Steuerrudern, aber relativ niedriger Rumpfhöhe gestellt werden, und umschließt dadurch ein Minimum an Luftraum, was vom Standpunkt wirtschaftlicher Luftkühlung oder -heizung sehr wichtig ist.

Zur Verringerung der Durchbiegung der außerordentlich weiten Auskragung ist ein Kabelsystem vorgesehen, das in gleichen Abständen von ca. 10 m verteilt ist. In den Tälern der Dachschale, wo die aufsteigenden Dachflächen die horizontale Mitteldachplatte berühren, liegen Abwässerungsrinnen und durchgehende Oberlichtbänder.

Zur besseren Instandhaltung der gesamten Konstruktion müssen alle Konstruktionsteile, Rohre und Knotenpunkte mit einem harten Plastiküberzug versehen werden, der auch mit dem Hammer nicht angeschlagen werden kann.

Die heruntergezogenen Dachschürzenstützen tragen große, jalousieartig verglaste Flächen, die sich in Einheiten nach oben bewegen, wenn das Flugzeug mit seinem hohen Steuerruder sich herein oder heraus bewegt. Dadurch wird hoher Wärmeverlust bei geöffneten Toren vermieden, und die Torflächen können relativ niedrig gehalten werden.

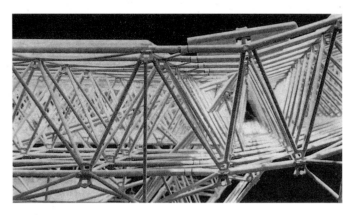

279 Der Übergang der horizontalen Dachkonstruktion in die ansteigenden Auskragungen zeigt die Durchdringung beider Bewegungen. Der senkrechte Stab im Vordergrund deutet die Transformierung des räumlichen Systems in ein zweidimensionales an, wie es an allen Außenflächen notwendig ist

281 Querschnitt der tragenden Unterkonstruktionen der Halle, die auf beweglichen Lagern auf vorgeschweißten Gruppen von Rohrpyramiden aufliegen, die auf relativ kleinen Fundamenten stehen und die Konstruktion zweier eingebauter Etagen, die ebenso auf den Fundamentpyramiden aufliegen ▶

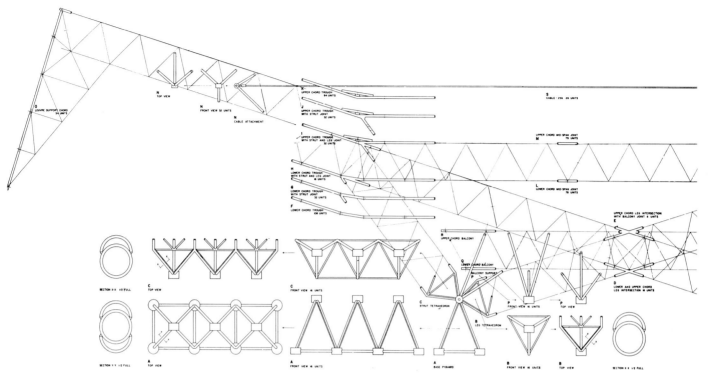

280 Die verschiedenen, in Vorrichtungen zusammengeschweißten Kombinationen der Standardstäbe

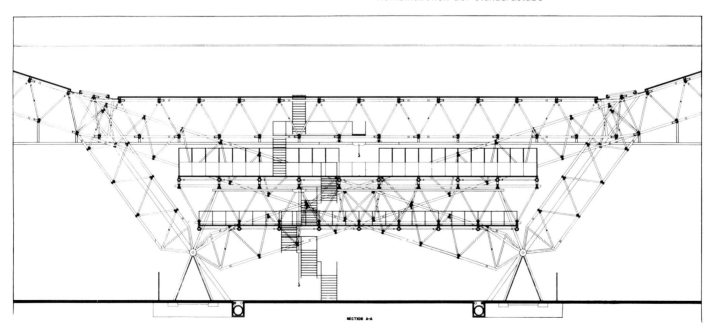

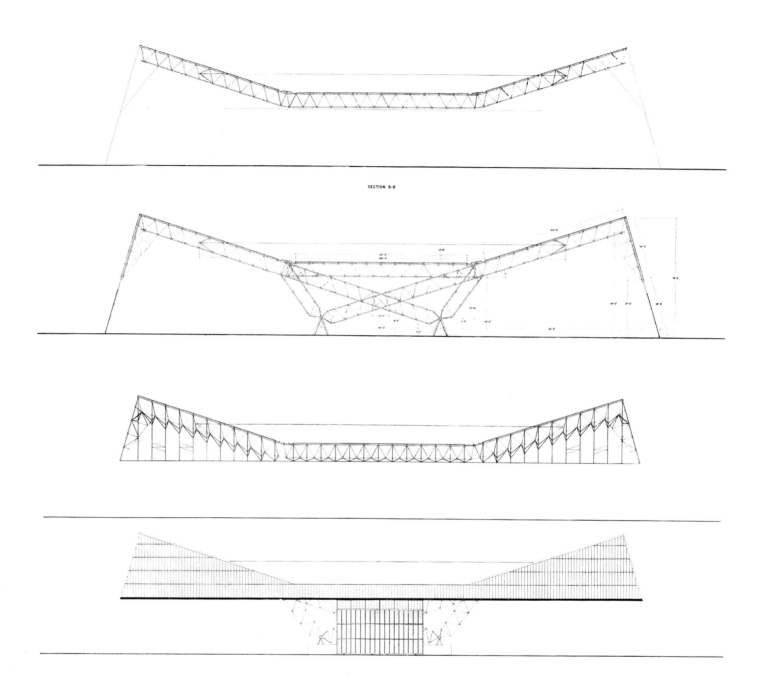

282 Die Schale der Dachkonstruktion mit der Kabelverbindung. — Die Auflagekonstruktion des Hallendachs zeigt die Ableitung der Lasten in der Achse der ansteigenden Dachauskragung. An die Unterkonstruktion für die jalousieartigen Dachschürzen lehnen sich die schräggestellten beweglichen Außenflächen der Halle an. — Die Struktur der vertikalen Endfläche der Halle. Die allseitig geöffnete Halle zeigt die Außenverglasung und Position aller Hallentore. Die Auskragung von den Auflagepunkten der Pyramiden beträgt über 50 m

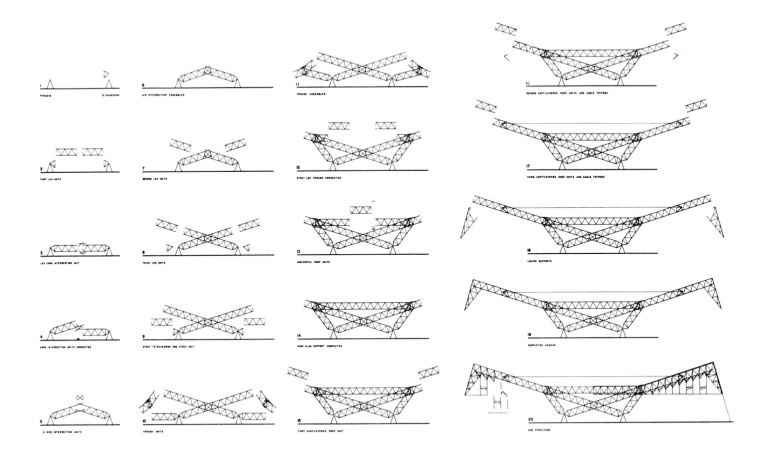

283 Die Sequenz des Aufbaus der Halle durch die Montage immer gleicher Standardteile ohne Baugerüste nur mit Hilfe von Kränen für eine maximale Belastung von 5 t

284 Innenansicht in die Längsrichtung der Halle

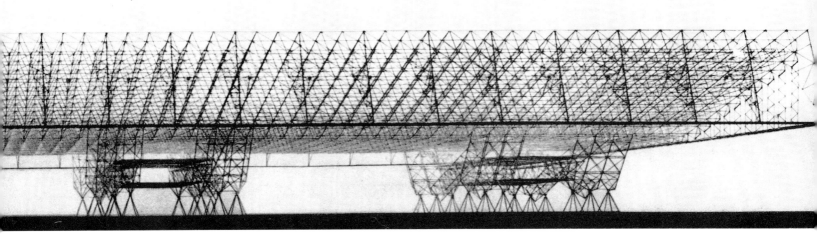

285 Längsansicht der Flugzeughalle mit einem Abstand von 40 m zwischen den Auflagekonstruktionen

286 Entwicklungsschema der Struktur. Von rechts nach links: Die Fundamentplatten — die Pyramiden — die Tetraeder des Konstruktionsbeginns — die tragende Unterkonstruktion — das räumliche Fachwerk der Dachkonstruktion — die standardisierten Dachplatten mit Oberlichtern, Dachrinnenauslässen und Kabel und Aufsicht auf die schräggestellten Außenflächen der Halle

Diese Arbeit, ein typisches Projekt von Entwicklungs- und Forschungstätigkeit im Aufgabenkreis der Untersuchungen der „Abteilung für fortgeschrittene Bauforschung" am „Institute of Design" in Chicago, wurde in der Hauptsache von einem Arbeitsteam entwickelt, das aus Studenten der höheren Semester und einigen Fakultätsmitgliedern als beratende Mathematiker und Statiker bestand. Dazu kam die periodische Mitarbeit verschiedener Wissenschaftler und Forschungsinstitute und die Beratung der wissenschaftlichen Abteilungen der Auftraggeber.

Während statische Untersuchungen als theoretische Analysen unabhängig von der eigentlichen Entwicklungsarbeit unternommen wurden und dementsprechend kaum von richtungsweisendem Einfluß auf das Projekt waren, war dieses in hohem Maße inspiriert durch Laboratoriumsversuche an Modellen. Spielte schon in der Entwicklung das Modellieren eine wesentlich größere Rolle als das Zeichnen, so wurden die Modellversuche in den Laboratorien zu ganz entscheidenden Faktoren. Nicht nur an den üblichen Testmaschinen, sondern ebenso mit Hilfe elektrischer Spannungsmeßgeräte und der Anwendung von „brittle coating tests", fotografischen Untersuchungen an Kunststoffmodellen mit polarisierenden Gläsern und schließlich durch Belastungsproben an Plastikmodellen konnten durch Beobachtungen des Kräfteverlaufs in den statisch relativ komplizierten Einzelelementen die endgültigen Formen durch laufende Korrekturen ermittelt werden.

Die Arbeitsvorgänge an dieser Aufgabe sind ein eklatantes Beispiel dafür, wie durch objektive, anonyme Zusammenarbeit, unter Umgehung jeglicher vorgefaßter Absichten oder etwaiger Gestaltungsideen, mit den besten Mitteln und wissenschaftlichen Erkenntnissen der Zeit, die Lösung der Aufgabe, die selbst aus dem Anspruch der Gegenwart entstand, gefunden wurde.

Ganz indirekt, fast wie ein Nebenprodukt, ergab sich schließlich ein Bauwerk, das durch das technologisch Mögliche ganz neue Raumerlebnisse vermittelte, indem Begriffe der Überwindung der Masse oder des freien dynamischen Raums sich in bisher unbekannten Proportionen ausdrückten.

287 Schale der Dachkonstruktion

288 Die Verwendung eines Knotenpunkts, einer Stablänge, eines konstruktiven Systems in rhythmischer Wiederholung innerhalb einer dreidimensionalen modularen Ordnung bestimmt Struktur und Raum

289 Durchblick durch den ansteigenden Teil der Dachkonstruktion auf die Fundamentpyramiden. In der Dachfläche erkennt man das durch die ganze Halle laufende Oberlicht und die Kabelabstände. Die Befestigung der Kabel ist im Mittelfeld der Dachkonstruktion unter der Dachhaut sichtbar

290 Die Hallenkonstruktion ohne Außenhaut

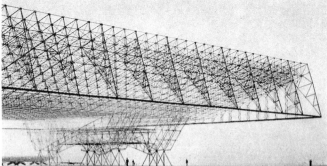

291 Die Auflösung der Masse in kleinste Teile in geometrischer Ordnung und ihre Zusammenziehung auf die 12 Auflagepunkte in jeder Gruppe von Stützenfeldern ▶

292 Blick von oben in der Längsrichtung der Dachschale auf die tragenden Unterbauten. Darunter erkennt man die Auflagekonstruktion eines Stützenfeldes und die Ebenen zweier dazwischen eingebauten Etagen ◄

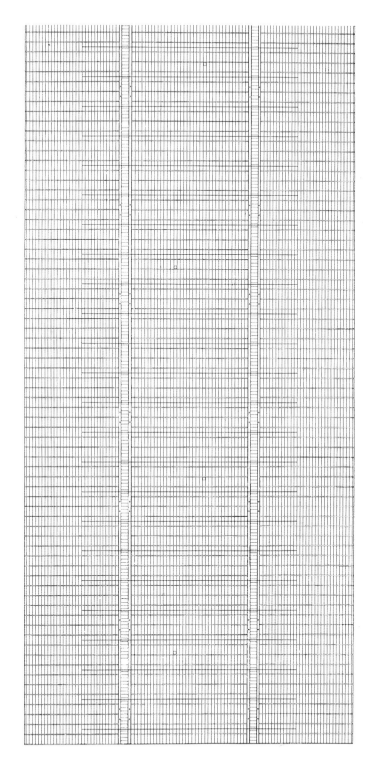

293 Die Deckung der Dachhaut mit Standardplatten, die Oberlichter und die Kabelverspannung der Flugzeughalle

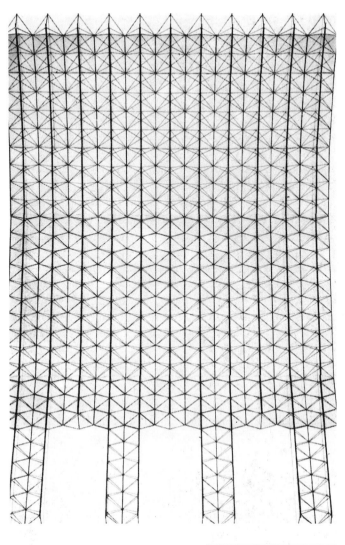

Projekt einer Konzerthalle für Chicago unter Anwendung derselben Knotenpunkte und Rohrquerschnitte der großen Flugzeughalle. (Diplomarbeit, Jon Dunnington, „Institute of Design", Chicago, 1955)

294 Die geometrische Struktur des Hallendaches

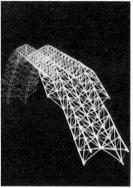

295 Das in ein zweidimensionales System zurückverwandelte Prinzip der Konstruktion erkennt man an dem Aufbau eines Hauptbinders, an dessen Seiten die rhombischen Konstruktionen gelenkig aufgehängt werden

296 Das Glasdach des in einem Park gelegenen, offenen Musikauditoriums für 3000 Personen, vom Vorhof gesehen

297 Die asymmetrische Form der Dachkurve, die akustisch und strukturell bedingt war. Spannweite 100 m

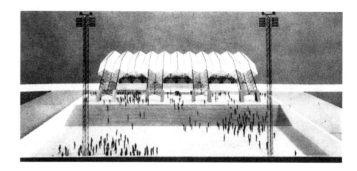

298 Die beiden Hauptlichtmasten im Vordergrund enthalten die gesamte Lichtanlage mit Punktscheinwerfern für das Podium usw., die durch das Glasdach das Auditorium beleuchten

59

Nur ein oberflächliches Urteil kann zu der Ansicht führen, daß technisch wissenschaftliche Annäherungen, die konsequente Anwendung automatisch gesteuerter, industrieller Herstellungsprozesse und die systematische modulare Koordinierung aller Bauelemente, Teile und Produkte unvermeidlich eine Monotonie oder, wie man mit Verwunderung so oft hört, die völlige Tötung aller geistigen und gefühlsmäßigen Impulse zur Folge habe.
Welche möglichen Anschauungsgebiete sich aber in Wirklichkeit dabei eröffnen können, soll als ein Beispiel von vielen an einer Strukturstudie gezeigt werden.
Sie entstand im Winter 1953 und war für eine spätere Weiterentwicklung bestimmt.
Diese Vorstudie befaßte sich mit dem Problem, Anschlußpunkte von vertikal und horizontal sich berührenden Konstruktionsteilen durch steife Ecken zu ersetzen, die Stützen als Begriff aufzulösen in gebündelte, sich räumlich ausdehnende Elemente, deren Auflagepunkte in der Mitte zwischen zwei gedachten horizontalen Flächen liegen, die aus Konstruktionsstäben gebildet werden, deren Anschlüsse statisch proportional sich von der Achse der tragenden, gebündelten Konstruktionsteile entfernen.
Voraussetzung war, nur ein einziges, universelles Konstruktionselement zu entwickeln, das industriell hergestellt, aus einem noch nicht vorausbestimmten Material, das erst in der fortschreitenden Untersuchung durch Ansprüche und Produktionstechnik bestimmt werden sollte, für alle möglichen Zwecke im Hochbau Verwendung finden sollte. Im wesentlichen war daran gedacht, daß dieses Element die Charakteristiken eines Halbfertigfabrikats habe, das in Kombination mit anderen und mit entsprechenden Umhüllungen und den dazugehörigen Installationen oder Installationsräumen zum fertigen Bauelement würde.
Das vorläufige Ergebnis ist ein dreischenkliges, schlüsselbeinartiges Gebilde, das bis jetzt nur in einer schematischen Perspektive und einigen diagrammatischen Darstellungen vorliegt. Die Studien, die ich mit einem kleinen Team von Studenten des „Institute of Design" in Chicago durchführte, basierten in den Voruntersuchungen nur auf geometrisch modularen Experimenten.
Es entstand ein neues Prinzip der Ableitung der Kräfte, das eine neue Dynamik der ganzen Struktur auslöste. Es ergaben sich so wesentliche Verschiebungen statischer Gesetzmäßigkeiten, daß ganz generelle Neuuntersuchungen und Interpretationen notwendig erschienen.
Da weder Zeit noch Möglichkeit erlaubten, entsprechende Informationen zu erhalten, mußte die Arbeit abgebrochen werden.

299 Gotische Doppelwendeltreppe des Schlosses in Graz. Beispiel des Möglichen der Handwerkstechnik des Mittelalters

300 Detail aus der perspektivischen Darstellung einer Konstruktionsidee als Beispiel des Möglichen industrialisierten Bauens

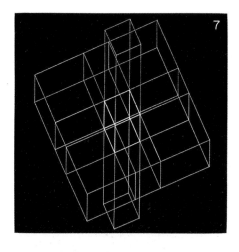
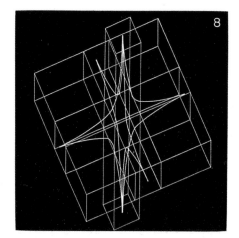
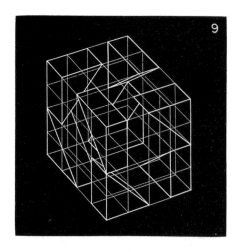

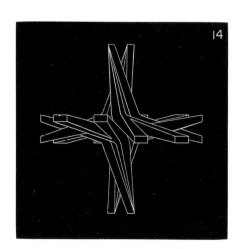
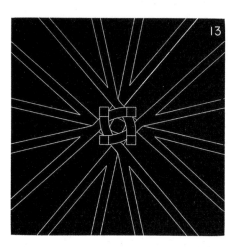

301 Beispiele von Vorstudien zur Bestimmung von Konstruktionsprinzip und Einzelelement
- 7 Die Basis der Analyse, das sechsschenklige Kreuz in der quadratischen Platte
- 8 Die Durchdringung des inneren Kubus des Kreuzes durch 8 unabhängige Kraftlinien
- 9 Die Zerlegung des inneren Kubus in 8 dreieckförmige Körper zur Ermittlung des Raumes für das einzelne Standardkonstruktionselement
- 10 Variationen von Positionen des Kubus in der Bauplatte mit Studien über die räumlichen Ausdehnungsmöglichkeiten des Standardkonstruktionselements
- 11 Modulare Zerlegung aller Außenflächen zur Bestimmung der zu erreichenden Außenpunkte des Standardkonstruktionselements
- 15 Das Resultat, ein dreischenkliges, in sich verdrehtes Gebilde
- 17 Andeutung von Möglichkeiten der Materialanwendung, des strukturellen Aufbaus und Produktionsprozesses des Standardkonstruktionselements als Basis weiterer Forschung
- 14 Das Konstruktionsschema, ein Doppelpilz
- 13 Die gleichmäßige Verteilung der Auflagefläche der ca. 4 m großen Bauplatte
- 21 Die Integration des Bauelements und Installation
- 20 Schema der Verteilung von vier tragenden Elementen
- 19 Isometrische Durchdringung von vier übereinanderliegenden Niveaus, in dem die direkte Fortsetzung eines Elements gezeigt ist unter Fortlassung von zwei Pilzkonstruktionen. Man erkennt den spiralförmigen Verlauf der Kräfte in einem gedachten Baukörper
- 22 Das komplette vorfabrizierte Bauelement mit allen Installationen, Fußboden, Decke, usw.
- 24 Die geometrische Form des Bauelements
- 3 Der Montagevorgang. Das Fertigelement wird an dem Ende der Pilzstütze mit dem bereits aufgestellten Element verbunden und hochgekippt. Die Zwischenplatten werden eingehängt
- 4 Schema der Verlegung der Anschlußpunkte der Fertigelemente an deren Peripherie

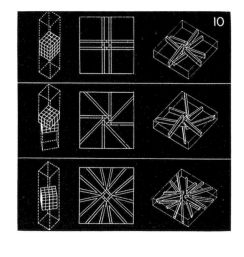
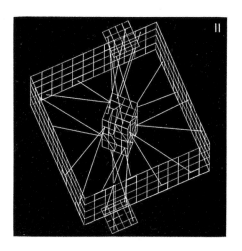

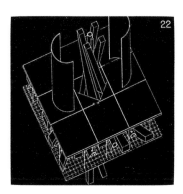
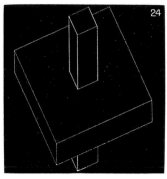
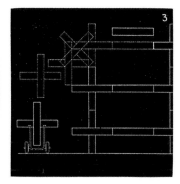
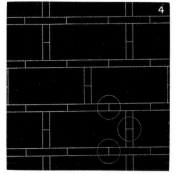

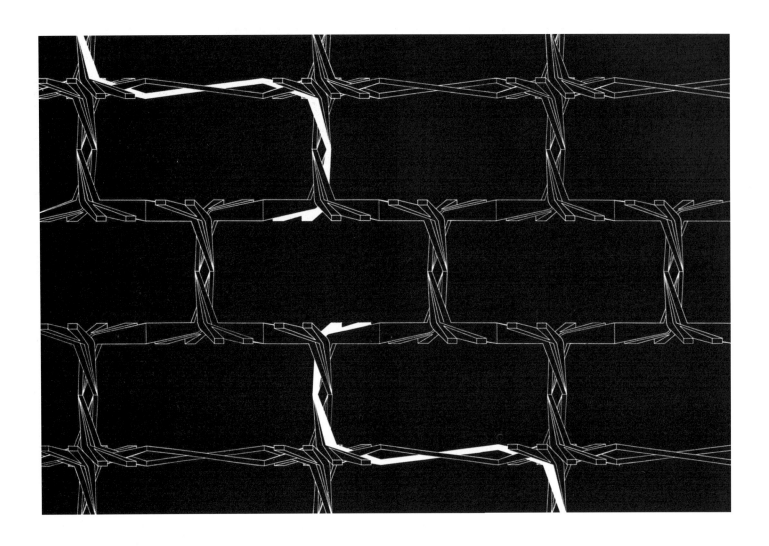

302 Aufriß einer Struktur, die den spiralförmigen Verlauf eines Konstruktionselements andeutet, zugleich mit der Variationsmöglichkeit, die tragenden Elemente in jeder Etage gegeneinander zu verschieben

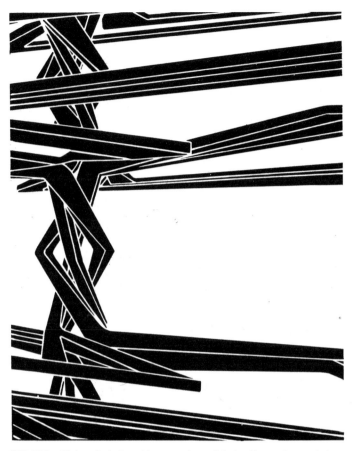

303, 304 Kleine Detailpunkte aus der nächstseitigen Perspektive

305 Wandtafelskizze für die Konstruktion der Perspektive

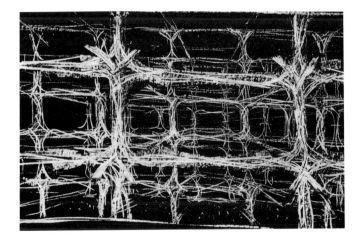

306 Umseitig Perspektive einer Struktur aus einem Standardkonstruktionselement gebildet, deren Anwendung in einem fünfetagigen Bauwerk angedeutet wird

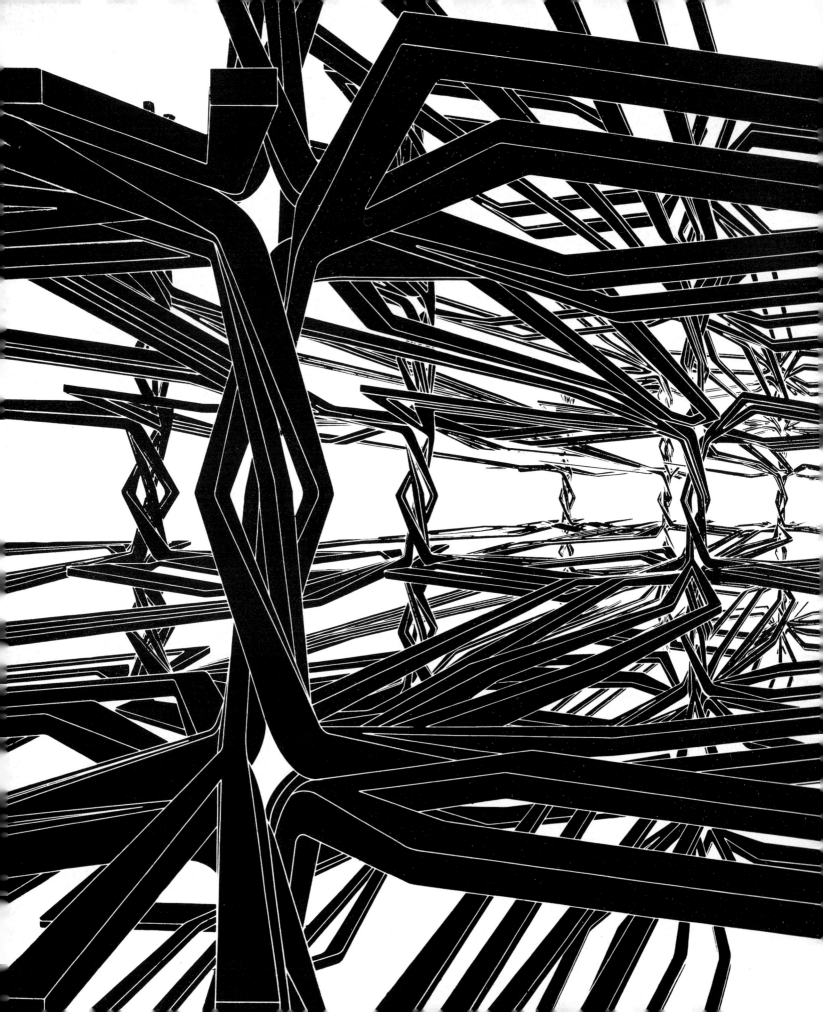

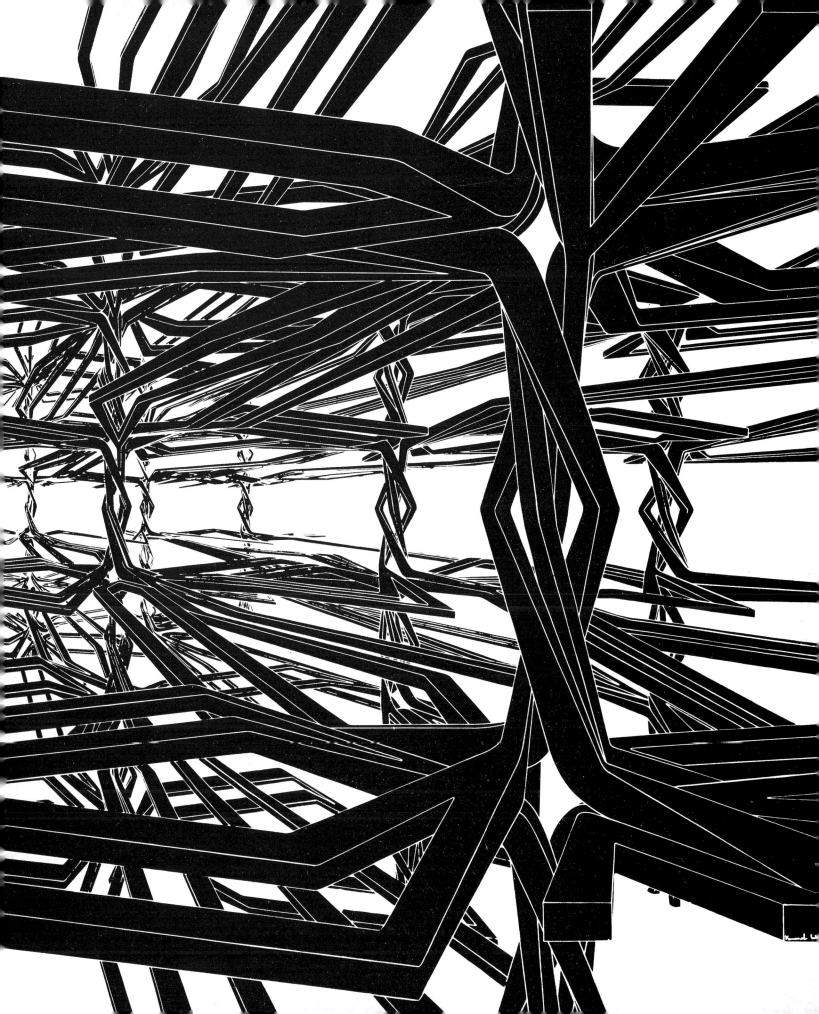

60

Es war die Absicht, an den verschiedenen konkreten Projekten und theoretischen Darstellungen im Detail und im Ganzen den Einfluß der Industrialisierung auf die Konzepte des Bauens erkennbar zu machen.

Die grundsätzlich veränderten Ausgangspunkte von Methode und Richtung führen damit zu der entscheidenden Frage, in welcher Weise das Prinzip des Studiums und Lernens den sich nun endlich enthüllenden und bereits zur Realität gewordenen Anforderungen entspricht.

An vielen Instituten, an denen schon längst an einer fortschrittlichen Revision der Lehrpläne und deren Ausdehnung auf neue Disziplinen gearbeitet wird, konzentriert sich die wesentliche Fragestellung darum, ob solche neuen Probleme im Sinne einer natürlichen Evolution als ergänzend zu existierenden Lehrplänen zusätzliche Studiengebiete darstellen, oder ob diese bereits so weit entwickelt und von solch komplexer Natur geworden sind, daß sie als neue Spezialgebiete neue, unabhängige Lehrstühle erfordern mit wesentlich unterschiedlichen Informations- und Trainingsmethoden.

Die bestehende Baumaterialindustrie und das Baugewerbe bedingen den Fachmann, der in Beherrschung der zur Verfügung stehenden Mittel imstande ist, den Forderungen des Baubedarfs zu entsprechen. Darum wird eine technische Lehranstalt vor allem für einen nicht zu unterbrechenden Strom des Nachwuchses zu sorgen haben. Darin kann sich aber ihre Aufgabe nicht erschöpfen.

Denn dagegen steht, daß jene fundamentalen Prinzipien, die bisher grundlegende Voraussetzungen baulichen Denkens waren, nun durch völlig neue Ursachen und Einflüsse ihre ursprünglich dominierende Bedeutung verlieren und durch etwas ganz anderes ersetzt werden müssen. Die Verlagerung der Annäherung an eine Aufgabe, akzeptierte Prinzipien voraussetzend, aus der gefühlsbetonten in die primär nicht durch Empfindung beeinflußte Sphäre geistiger, berechenbarer Natur, zeigt das Doppelgesicht des Möglichen.

Es sollte also sehr ernsthaft untersucht werden, ob die augenblickliche Entwicklung nicht zu einer klaren und entschiedenen Trennung von nur scheinbar sich ähnelnden Disziplinen führen muß.

Indem es sich bei diesen Problemen nicht etwa nur um technische Verbesserungsmethoden handelt, sondern die Entwicklung der Technologie parallel zu der soziologischen, wie auch überhaupt zu jeglicher prinzipiellen Anschauungsentwicklung läuft, erfordern sie von vornherein, alle Zusammenhänge auf ihre Werte neu zu untersuchen.

In dem Maße, in dem sich die Gesellschaftsstruktur unter dem dominierenden Einfluß von Wissenschaft und Technik sichtbar umformt, werden dadurch automatisch die Methoden der Erziehung, schon in den Schulen beginnend, erfaßt und müssen sich früher oder später diesen Umständen anpassen. Die immer stärkere Bevorzugung technischer Fächer ist dafür ein sichtbares Zeichen. Solche Vorgänge, in den Hochschulunterricht übertragen, müssen also auch hier entsprechende Folgen haben. Es kann nicht mehr, basierend auf einem status quo, das entsprechend Erlernbare ohne weiteres mitgeteilt werden. Denn, indem die Grenzfälle der auf handwerklicher Technik aufgebauten, traditionellen Baumethoden bekannt sind, ist es noch lange nicht gelungen, die Möglichkeiten der Industrialisierung in allen Zusammenhängen zu erfassen und gesetzmäßig zu formulieren, um sie entsprechend mitteilen und anwenden zu können.

Grundsätzliche und elementare Zusammenhänge als Anfang eines Studiums auf eine möglichst breite Basis zu stellen, hat schon seit Jahrzehnten an den progressiven Instituten zu einer Lehrplanordnung geführt, die sich auf der sogenannten Grundkursmethode aufbaut, die dem eigentlichen Spezialstudium vorgeschaltet ist. Diese bedeutende Neuerung, die ihre wesentlichen Ursprünge im Bauhaus Weimar und Dessau hatte, beginnt nun auch an vielen technischen Lehranstalten immer mehr angewendet zu werden. Obwohl darin schon ein großer Fortschritt der Studientechnik erblickt werden kann, wird ihre Wirksamkeit als pädagogisches Instrument aber nur dann garantiert sein, wenn sie konsequent in allen Einzelheiten aus den Fragestellungen der unmittelbaren Gegenwart entwickelt ist. Dieser Hinweis scheint nötig, da sich überall schon Anzeichen der Stagnierung bemerkbar machen, die die gute Absicht leicht in das Gegenteil verwandeln können. Ein Beispiel dafür ist, wenn sich solche Vorkurse zeitlich zusammengedrängt und unter besonderer Betonung der Werkstattlehre abspielen.

Was in den zwanziger Jahren von größter Bedeutung war, ist nicht notwendigerweise mehr gegenständlich in einer Zeit, die eine viel schärfere Trennung zwischen dem Handwerk und der Industrialisierung macht. Es erscheint nicht mehr nötig, über den Weg handwerklicher Übungen durch Ableitung oder Übertragung zum Verständnis jener Fragen zu kommen, die sich aus den ganz anderen Einflußgebieten fortschrittlicher Technologie ergeben. Denn genau so wenig, wie eine technische Hochschule dafür geeignet ist, Lesen und Schreiben zu lehren, ist es ihre Aufgabe, die Werkzeuglehre und das Zeichnen zu vermitteln, was beides zu den Pflichtfächern jeder Grundschule gehören sollte.

Aus diesem Grund muß die Werkstatt im Rahmen einer Grundlehre sehr kritisch betrachtet werden. Diese Art von Lehrwerkstatt hat nur noch eine sekundäre Bedeutung, da durch sie nicht mehr gezeigt werden kann, wie Holz, Metall, Mineralien oder Kunststoffe verformt und bearbeitet werden, denn die Mittel dazu sind weder die Hobelbank, die Band- oder Kreissäge, noch die Hobelmaschine oder der Schraubstock.

Da also die Werkstatt in diesem Zusammenhang kaum noch Informationen geben kann, ist sie im wesentlichen nur noch als Platz zum Bau von Modellen wichtig, die aber nicht so sehr zur Kontrolle von Proportionen oder Fassadenwirkungen usw. dienen, sondern vielmehr dem Studium von Funktionen aller Art. Darum sollte die Werkstatt dem Arbeitsplatz des Studierenden physisch viel näher rücken und am besten überhaupt sich auflösen und integrierender Teil des Studienraumes selbst sein, wobei die Werkzeuggeräusche mit einfachen Mitteln akustisch abgeschirmt werden können.

Dagegen können Maschinen und Apparate gar nicht früh genug dem Studierenden in das Bewußtsein gebracht werden, als die Werkzeuge, die wirklich der industriellen Fertigungslehre entsprechen. So wie es selbstverständlich ist, daß jede bessere grafische Lehranstalt über die modernsten Druckmaschinen verfügt, ist es unumgänglich, betriebsfähige Produktionsmaschinen aller Hauptkategorien von Herstellungsmethoden anstelle der Handwerkzeuge als wichtigste Demonstrationsinstrumente zur Verfügung zu haben.

Aus der Werkstatt wird also der Maschinenraum. Diesem aber ist das Laboratorium vorgeschaltet, das mit allen Instrumenten und Apparaten ausgestattet sein sollte, die jede Art von Versuchen auf statischem, mechanischem, akustischem, chemischem, elektrischem, kalorischem Gebiet erlauben. Außerdem aber gehören in den Aufgabenbereich des Laboratoriums jene Experimente, die sich mit den Problemen der Fertigungstechniken befassen und sich bis auf die praktischen Untersuchungen automatischer Regeltechniken ausdehnen können.

Erst durch die Möglichkeit, an Modellen, die nicht nur zum Betrachten gebaut sein sollen, Experimente durchzuführen, erhalten diese eine besondere Bedeutung. Über theoretische Untersuchungen hinaus, den Leistungsstandard jedes Materials, jedes Produkts und jeder Funktion zu testen, wird das Laboratorium zu einem Hauptinstrument in dem gesamten Lehrplan eines technischen Instituts und muß daher in den Aufbau eines Grundkurses direkt einbezogen werden.

Natürlich verdienen alle anderen Kategorien, wie prinzipielle Einführungen in die Begriffe der Reproduktion, die Gesetze der Multiplikation, die darstellende Geometrie usw., genau so kritisch untersucht zu werden.

Durch die sich immer weiter ausdehnenden Aufgabengebiete und besonders durch die enge wechselseitige Beziehung aller Einzelprobleme, vergrößert sich das Studiengebiet wesentlich. Die Grundlehre, die normalerweise auf das erste Studienjahr fällt, sollte daher nicht nur aus Gründen eventueller Überbelastung in periodische Intervalle aufgelöst werden, die sich über alle Studienjahre erstrecken, um dem Studierenden immer wieder Gelegenheit zu grundlegenden Übungen zu geben und die Bildung einer Routine zu verhindern.

Auf diese Weise würde der Einfluß des Grundkurses auf das Denken und die Psyche des Studierenden viel anhaltender und auch viel tiefgehender sein. Denn entsprechend der sich entwickelnden Reife während der Studienjahre wird er immer befähigter, auch die fortgeschrittensten und weitreichendsten Seminare und Übungen dieser Art aufzunehmen und schöpferisch zu verarbeiten.

Werden durch solche, ganz allgemeinen Betrachtungen, die sich nur mit einigen Details befassen, gleichzeitig alle Fragen in bezug auf die Methode des Lehrens und Studierens aufgerollt, muß es Berufeneren überlassen werden, an anderer Stelle diese entscheidenden Probleme weiterhin zu untersuchen.

Dagegen soll über die Teamarbeit, als eine Detailfunktion einbezogen in die Methodik des Studiums, hier noch eingehend gesprochen werden. Denn ihre Bedeutung und ihr Einfluß sind so weitreichend und erscheinen so wichtig, nicht nur im Rahmenwerk eines Lehrplans, sondern auch als Instrument der Berufsausübung, daß sie besonderer Beachtung bedarf.

61

Der Baustoff, sein Formen und Fügen und die daraus konzipierte große Bauidee ist nicht mehr Sache und allein abhängig von Talent und Geschicklichkeit des Meisters, sondern wird lange vorher von den Teams der Wissenschaftler und Techniker im industriellen Prozeß entwickelt und vorbestimmt. Es kommt also darauf an, um den entscheidenden Einfluß zu erhalten, die Entwicklung einer Bauaufgabe in den Analysen aller Einzelgebiete fortzusetzen, die in ihrer Rückbezüglichkeit und Komplexität jeder Problemstellung zugrunde liegen. Die Teamarbeit, in der die Aufgaben von allen Seiten zugleich erfaßt und in direkte Beziehung zueinander gebracht werden, wird vielleicht zu einem neuen Instrument schöpferischen Planens.

Solche Teams können nicht mit professionellen Interessengemeinschaften verwechselt werden, bei denen es sich um etwas ganz anderes handelt, was mit den hier gestellten Problemen überhaupt nichts zu tun hat.

Als Beispiel dafür, wie die Methodik der Teamarbeit als ein wirksames Studieninstrument aufgebaut sein kann, sollen einige Versuche erläutert werden, die ich seit 1951, beginnend am „Institute of Design" in Chicago, unternommen habe.

Die dabei gemachten Erfahrungen waren so vielversprechend, daß diese Methode des Studiums, der Forschung und Entwicklungsarbeit in wiederholten Seminaren auch an anderen Plätzen immer weiter ausgebaut werden konnte.

Es handelt sich dabei grundsätzlich um ein System von Teamarbeit, in dem in einer Kombination von Grundkurs, Studien und Forschungen, durch direkte Experimente und daraus folgende Entwicklungsarbeiten an einem gemeinsam gewählten Problem gearbeitet wird.

Nach den gemachten Erfahrungen sollte die Teilnehmerzahl eines solchen Seminars auf nicht mehr als 24 und nicht weniger als 18 Mitglieder begrenzt sein, wobei die Idealzahl 21 zu sein scheint, was noch näher erläutert werden soll.

Das Team besteht aus Arbeitsgruppen von je drei Teilnehmern, wodurch es möglich ist, daß zum Beispiel innerhalb einer Gruppe ein Teilnehmer Informationen beschaffen kann, ein anderer mit Experimenten in Laboratorien beschäftigt sein mag, also zumindest eine Person die Gruppe aktiv im Team vertritt. Im Wechselspiel zwischen gesuchter Information, den Versuchen im Laboratorium, der kontinuierlichen Fortsetzung der Entwicklungsarbeit am Modell und Reißbrett und den internen Diskussionen untereinander drückt sich das Prinzip der Arbeitstechnik der Einzelgruppe aus.

Der allgemeine Arbeitsvorgang des gesamten Teams ist nun folgender. In einer einführenden Diskussion wird ein beliebiges Generalproblem gewählt und die von besonderer Wichtigkeit erscheinenden Einzelprobleme, entsprechend der Anzahl der Teamgruppen und der zur Verfügung stehenden Zeit, festgelegt.

Solche Probleme können aus folgenden Kategorien gewählt werden: Material und Produktionsmethode, modulare Koordination, Konstruktion, Fügen und Verbinden, Bauelemente, Komponenten, Installation, Planung, Bewegung und Montage, Wirtschaftlichkeit, Physiologie und Psychologie, Soziologie usw. Um ein Minimum solcher oder auch anderer Haupteinflußgebiete zu erfassen, sollten daher nicht weniger als sieben Möglichkeiten der Wahl zur Verfügung stehen. Welche dieser Probleme nun gewählt werden, ist von relativ sekundärer Bedeutung und wird sich aus der vorausgehenden allgemeinen Diskussion ergeben. Ohne jede Bedeutung ist die Reihenfolge der Themenstellung, denn indem alle Gruppen zur gleichen Zeit anfangen zu arbeiten, wird jedes Problem zu einem Hauptthema. Außerdem beschäftigt sich jede Gruppe zuerst mit ihrem Problem in generellen Untersuchungen ohne direkte Beziehung zu anderen Problemen oder dem anzustrebenden Ziel.

Unter der Annahme, daß dieses Team, in sieben Arbeitsgruppen eingeteilt, aus 21 Teilnehmern besteht und dementsprechend sieben Einzelprobleme des Studiums gewählt sind, muß ein Teil der zur Verfügung stehenden Gesamtarbeitszeit in sieben gleiche Arbeitsperioden eingeteilt werden. Diese sieben Arbeitsperioden werden durch sieben Diskussionsperioden voneinander separiert. Jede einzelne dieser Diskussionsperioden wird in sieben gleiche Zeitintervalle eingeteilt, damit zur Diskussion jedes einzelnen Problems die gleiche Zeit zur Verfügung steht.

Es hat sich als zweckmäßig erwiesen, daß die Diskussionsperiode die Dauer eines Arbeitstages nicht überschreitet, um jedem Einzelnen die Übersicht, besonders in bezug auf die gegenseitige Beeinflussung und Förderung des individuellen Problems und des Generalthemas zu erhalten.

Daraus erklärt sich also die Notwendigkeit, eine Höchstgrenze der Problemstellung einzuhalten, die sich bei sieben Einzelproblemen, wenn man eine Stunde für jedes Problem festsetzt, auf sieben Stunden intensiver Diskussion erstreckt und dadurch die Aufnahmefähigkeit schon stark in Anspruch nimmt.

Die Dauer der Arbeitszeit kann beliebig gewählt werden. Für ein sechswöchiges oder zweimonatiges Seminar sind mit einer zweitägigen Arbeitszeit gute Erfahrungen gemacht worden, der jedesmal eine eintägige Diskussionsperiode folgt. Die Vorteile einer so konzentrierten, intensiven Tätigkeit liegen besonders darin, daß die Teamteilnehmer fähig sind, die Entwicklung der Arbeit in ihren einzelnen Phasen gut zu überblicken.

Steht mehr Zeit zur Verfügung und haben die Teilnehmer schon direkte Erfahrungen in der Teamarbeit gemacht, empfiehlt es sich, die Arbeitsperiode auf vier Tage auszudehnen, was gleichbedeutend mit einem Diskussionstag in jeder Woche ist. Diese Diskussionen sollten aber immer einem Arbeitstag direkt folgen, ebenso wie der erste Arbeitstag der neuen Arbeitsperiode auch der Diskussion direkt folgen sollte.

Die Diskussionen finden um einen genügend großen Tisch statt, durch den aber der direkte Kontakt aller Teilnehmer untereinander nicht gestört wird. Jede Gruppe, vertreten durch einen Sprecher, erläutert durch Wort, Zeichnung, Modell oder andere technische Mittel ihre Vorarbeit im Sinne einer Grundkursdebatte. Wenn also zum Beispiel die Gruppe 1 ihre Voruntersuchungen erklärt, ist allen anderen Gelegenheit gegeben, nicht nur spezifische Fragen zu stellen, sondern auch solche ganz genereller Natur, oder auch zusätzliche Vorschläge zu machen. Dann wird nach Ablauf einer Stunde das Resultat der von der Gruppe 1 ausgearbeiteten Untersuchungen mit den neuen Vorschlägen, die aus der Diskussion entstanden, der Gruppe 2 zur weiteren Entwicklung in der nächsten Arbeitsperiode übergeben. Dies setzt sich fort, bis alle sieben Einzelprobleme durchgesprochen sind.

Auf diese Weise ist jeder einzelne Teamteilnehmer mit jedem Problem in immer gleicher Zeitspanne beschäftigt. Er erlebt darin die Entstehung eines Werkes von sieben ganz verschiedenen Seiten, von der jede einzelne entscheidender Ausgangspunkt einer Entwicklung sein könnte, deren Resultat dem Werk Inhalt und Form gibt.

Außerdem lernt er, seinen eigenen Beitrag der allgemeinen Kritik auszusetzen und den natürlichen Wider-

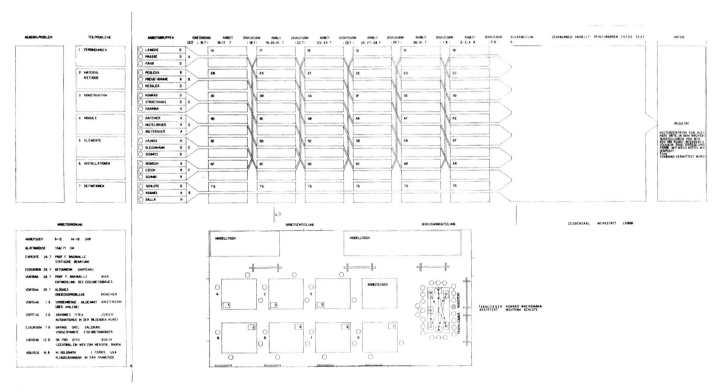

307 Schematische Darstellung des Arbeitsplans und der Arbeitsraumeinteilung eines Teamseminars von 21 Mitgliedern, wie er zum Beispiel im Rahmen der Internationalen Sommerakademie, Salzburg, angewandt wird

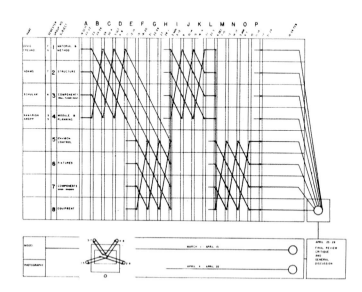

308 Variation des Arbeitsplans eines Teams, das nur aus 6 Teilnehmern besteht, aber 8 Teilprobleme behandelt, wie er zum Beispiel am „Institute of Design", Chicago, angewandt wurde. In diesem Fall arbeiten die Gruppen, wie dargestellt, abwechselnd an den verschiedenen Problemkategorien. Dieses Schema ist nur gezeigt, um die unbegrenzte Variationsmöglichkeit von Teamarbeit-Organisation anzudeuten

stand gegen die Möglichkeit zu überwinden, daß seine Arbeit durch die Vorschläge Anderer ersetzt werden kann. Dabei werden erste Einsichten gewonnen und Rückschlüsse gezogen über direkte oder indirekte Beeinflussungen und die reziproken Beziehungen aller Probleme untereinander.

Die Aufgabe des Teamleiters während dieser Diskussion beruht darauf, durch Beraten oder Erinnern oder eventuell durch Erläuterung von Fragen die aktive Diskussion der Gruppe nur durch solche passiven Mittel zu unterstützen. Aber auf jeden Fall sollte er vermeiden, die Entwicklungsfreiheit und Gedankenrichtung der Teamteilnehmer zu kritisieren oder direkt zu beeinflussen.

Die Gruppen arbeiten am besten an vier zusammengeschobenen Reißbrettern, wobei sich auf dem vierten Reißbrett eine große Mappe befindet, in der alle Skizzen und sonstige Daten gesammelt werden, die während der Arbeit entstehen. Die Mappen müssen jederzeit allen Teamteilnehmern zur Einsicht zugänglich sein und erscheinen auch bei den Diskussionen, um immer wieder auf frühere Entwicklungsstadien zurückgehen zu können.

Darum sollten auch keine Papierkörbe vorhanden sein, denn jede Skizze, Zeichnung oder Berechnung oder jeder aufgeschriebene Gedanke muß erhalten bleiben, denn eines der wesentlichsten Prinzipien dieser Arbeitstechnik liegt in der später eintretenden Rekonstruktion des gesamten Entwicklungsvorgangs der Seminararbeit. Dazu gehören auch die kleinsten Modellstudien und Ergebnisse von Experimenten.

Während der sieben Arbeitsperioden empfiehlt es sich, Experten, entsprechend der sieben gewählten Einzelprobleme, zu zusätzlichen Vorlesungen über ihre Fachgebiete, unabhängig von der gestellten Aufgabe, hinzuzuziehen.

Nach sieben Arbeits- und Diskussionsperioden wird nun jedes der Einzelprobleme, in subjektiver Beziehung zu dem gedachten Generalproblem, seine in dieser Zeitspanne zu erreichende Lösung gefunden haben. Damit hat sich dann zugleich auch das Generalproblem in seinen Grundzügen formuliert.

An diesem Punkt lösen sich alle Arbeitsgruppen auf und beginnen nun, mit Hilfe der besten verfügbaren, technischen Mittel durch Zeichnungen, Modelle, Texte, Forschungs- und Laboratoriumsberichte, Berechnungen, Produktionsbeschreibungen, Fotografien, Film und wenn möglich durch die Herstellung von Modelldetails in vollem Maßstab, das Resultat der Teamstudie zu demonstrieren.

Erst nachdem diese Arbeit vollendet ist, beginnt die Kritik des Teamleiters. Während er sich bei der gesamten Entwicklungsarbeit jedes Werturteils enthalten sollte, gilt es nun, durch eine objektive, sehr eingehende Analyse, Ausgangspunkte und alle Entwicklungsstadien der Arbeit miteinbeziehend, das Ergebnis zu beurteilen, das heißt nicht nur das Endresultat, sondern auch den Weg dazu. Mit Hilfe aller Skizzen, Modelle, Versuche und wenn nötig dem Abhören von Tonbandaufnahmen, die im Verlauf der Diskussion gemacht werden sollten, muß nun versucht werden, durch das Aufzeigen von Gedankengängen, Rückschlüssen, Begründungen von Ideen und Entscheidungen usw. die Notwendigkeit der konstanten Kontrolle logischen Denkens sichtbar zu machen.

Zur Unterstützung dieser Kritik ist es gut, wenn nun die sieben Experten ihrerseits das Werk in bezug auf ihr Spezialgebiet kritisieren.

Die Kritik des Teamleiters und der Experten kann, wenn sie sich auf sehr breiter Basis aufbaut und auch andere, nicht mit der Aufgabenstellung direkt verknüpfte Probleme berührt, sich sehr leicht auf eine ganze Woche ausdehnen.

Aus der Kombination von Grundkursseminaren, über die Studienjahre verteilt, sie beginnend und endend, mehreren Teamseminaren, direkten Experimenten in den Versuchslaboratorien, zeigen sich Möglichkeiten der Veränderung der Methoden des Studiums, die notwendig erscheinen, den sich nun anbietenden Problemstellungen zu entsprechen.

Es wäre wohl wichtig zu untersuchen, ob durch solche oder irgendwelche anderen Mittel der Information des Lernenden, Studierenden, Forschenden besser gedient werden kann.

62

In einer Reihe von Versuchen am „Institute of Design" in Chicago, die sich auf mehrere Semester ausdehnten, entwickelte sich in ihren Grundzügen die vorher beschriebene Technik der Studententeamarbeit. Soweit die dabei erzielten Resultate zur weiteren Erläuterung sowohl der in diesem Buch behandelten Themen als auch dieser Methode des Studiums dienen können, sind einige Projekte und verschiedene Entwicklungsstadien und Details hier gezeigt.
Erste planmäßig entstandene Resultate wurden 1952 erreicht, die durch Wiederholungen in den kommenden Semestern verbessert werden konnten.
Auf Einladung von Egon Eiermann war Gelegenheit gegeben, diese Experimente auch an der Technischen Hochschule in Karlsruhe im Jahre 1954 fortzusetzen.
Durch die Unterstützung des Auswärtigen Amts der Vereinigten Staaten und auf Einladung von Enzo Tange, Isamu Kenmochi und anderer japanischer Architekten und Ingenieure und verschiedener Universitäten konnte eine größere Teamarbeit im Jahre 1955 in Tokio durchgeführt werden, zu der von 7 Universitäten je drei Studenten delegiert waren.
Auf Einladung des Direktors der Internationalen Sommerakademie in Salzburg, Friedrich Welz, wurde dann zum erstenmal 1956 diese Teamarbeitsmethode in Österreich im Rahmen von Seminarstudien durchgeführt. Diese Teamseminare wurden in den Jahren 1957, 1958 und 1959 wiederholt.
In den zeitlich relativ begrenzten, kurzen Teamseminaren kam es nun darauf an, in grundsätzlichen Diskussionen und Untersuchungen die allgemeinen Voraussetzungen zu erkennen, die zu objektiven und positiven Entscheidungen befähigen, die das geplante Werk formen. Man kann also in solchen Teamseminaren ein Instrument sehen, das den Weg zu einem Resultat zeigt, wobei das Resultat selbst von sekundärer Bedeutung ist, wenn darunter ein fertiges Projekt verstanden wird.

Als Grundlage der Tendenzen, die in diesen Teamstudien richtungsweisend wurden, entstanden die folgenden sieben Thesen:

Wissenschaft und Technik ermöglichen Aufgaben, deren Lösung genaue Studien erfordert, bevor Endresultate formuliert werden können.

Die Maschine ist das Werkzeug unserer Zeit. Sie ist Ursache jener Wirkungen, durch die sich die Gesellschaftsordnung manifestiert.

Neue Materialien, Methoden, Prozesse, statische und dynamische Erkenntnisse, Planungen, soziologische Verhältnisse müssen akzeptiert werden.

Den Bedingungen der Industrialisierung folgend, durch Multiplikation von Zelle und Element, soll sich das Bauwerk indirekt entwickeln.

Modulare Koordinationssysteme, wissenschaftliche Versuchsmethoden, Automationsgesetze, Präzision beeinflussen das schöpferische Denken.

Sehr komplexe statische und mechanische Probleme fordern engste Zusammenarbeit mit Industrie und Spezialisten in idealen Meisterteams.

Humane und ästhetische Vorstellungen werden neue Impulse erhalten durch kompromißlose Anwendung zeitgenössischen Wissens und Könnens.

309 Das Verbindungsdetail der standardisierten Bauelemente und Einblick in die Struktur des wabenförmigen Papierkerns der Bauplatten. Der Zusammenschluß von Bauelementen, horizontal oder vertikal, wird durch die Bewegung des vorher eingelegten, achteckigen Verbindungsstabes erreicht, der mit dem Hammer ca. 2 cm hereingetrieben wird und dessen Schlitze die vielen Haken der Bauelemente ergreifen und sie dabei zueinander ziehen

310 Variationen der universellen Verbindungsmethode, die vertikal und horizontal identisch ist

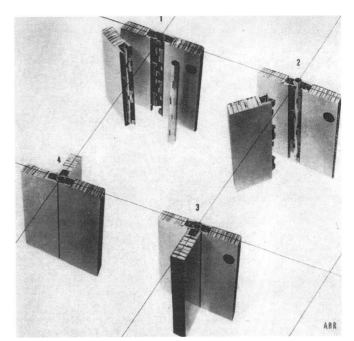

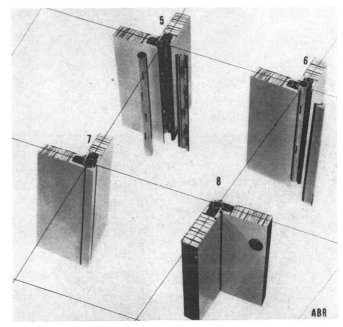

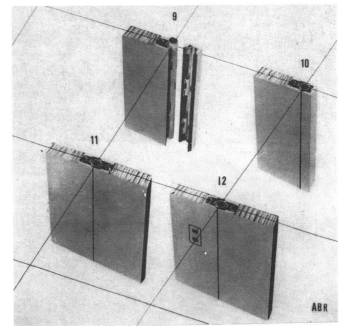

Entwicklung eines Bausystems und Bauprodukts auf der Basis von Aluminium, Papier und Kunststoff. Teamstudie einer Studentengruppe des „Institute of Design", Chicago, 1 Semester, 1953

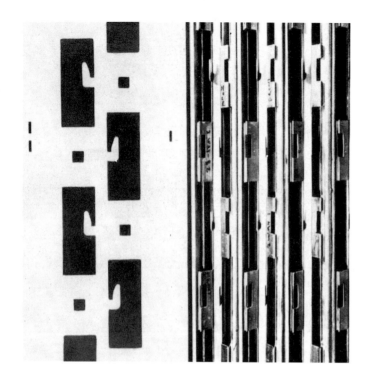

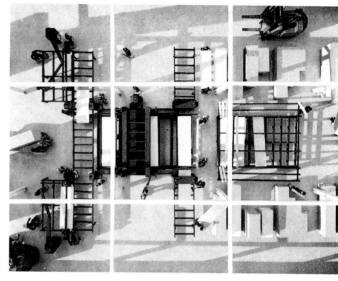

311 Fabrikationsanlage, in der mit 16 Arbeitern und einer automatischen Hochfrequenzpresse alle Bauelemente für ca. 500 Häuser in einem Jahr zusammenmontiert werden können

312 Die auf modularer Ordnung aufgebaute Ausstanzung der Aluminiumstreifen und die daraus gefalteten Verbindungselemente

313 Querschnitt durch die Presse, durch die auf einem endlosen Band, das unterhalb der Presse zurückkehrt, die Vorrichtungen, in denen die Einzelteile des Bauelements zusammengesetzt werden, direkt in die Presse gezogen werden

314 Die Kombination von Papierkern, Verbindungselement und Kunststoffaußenhaut der Bauplatte

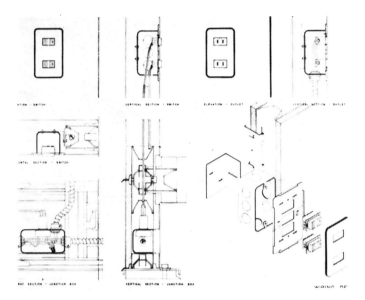

315 Details der elektrischen Installation im Gefüge der Konstruktion und Entwicklung eines Lichtschalters

316 Die Standardverbindung, die Fuge zwischen zwei Bauplatten und der Lichtschalter

317, 318 Das Endergebnis, ein beliebiges Bauprojekt, das erst entstehen kann, nachdem jedes Detail des Bauprodukts, seine Produktion, sein Zusammenfügen, seine statischen und physikalischen Eigenschaften vorher ermittelt wurden

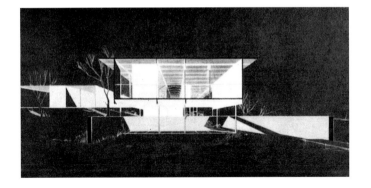

319 Der Aufbau der Struktur, eine Kombination eines räumlichen Fachwerkhauptträgers in der Längsachse der Stützen, daran angehängten Aluminiumträgern, bekleidet mit standardisierten Leichtbauplattenelementen und Rahmenaggregaten für Fenster und Türen

320, 321 Beziehung der Hauptträger zu den Nebenträgern

Studie eines Bausystems für eine gestellte Aufgabe: die Entwicklung eines Krankenpavillons für Tuberkulöse. Teamarbeit von 21 Studenten der Technischen Hochschule Karlsruhe, 6 Wochen, 1954

322 Ansicht der horizontalen Struktur in ihrer Beziehung zu dem Stützensystem, das in einem Abstand von ca. 18 m verteilt ist

323 Konstruktionsschema, Grundriß und Ansicht des Gebäudekomplexes

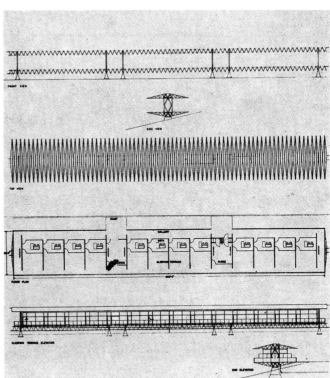

Wiederholung der gleichen Problemstellung, entwickelt von einem Team von 6 Studenten des „Institute of Design", Chicago, 1 Semester, 1954/55

324 Durchblick durch das Konstruktionssystem

326 Die sägeförmige Anordnung einfacher Aluminiumbinder, die durch verbindende Horizontalstäbe zum räumlichen Fachwerk werden

325 System der Stütze, das sich aus einer symmetrischen Dreieckordnung aufbaut, zwischen Fußboden und Decke verbunden

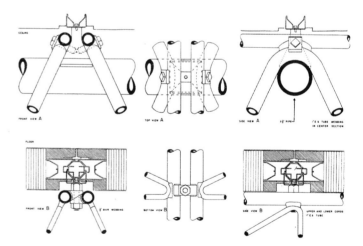

327 Der Knotenpunkt der Röhrenkonstruktion und seine Beziehung zu den Bauplatten, in einer früheren Teamarbeit entwickelt

328 Seitenansicht eines Drittels des gesamten Pavillons, der an jeder Stütze auf zwei Punkten aufliegt

329 Ansicht der Rückseite des Gebäudes mit dem offenen Dachstuhl zwischen Decke und Dach, durch den die Luft zirkulieren kann

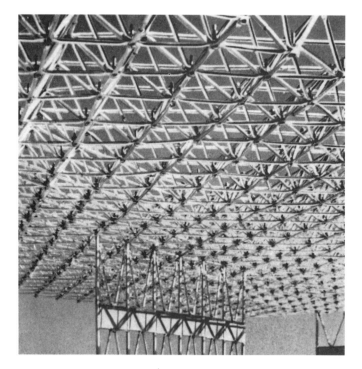

330 Ansicht des Gebäudes mit der offenen Fußboden- und Dachkonstruktion und den beweglichen vertikalen Flächen

331 Die Verteilung der Aluminium-Leichtbaustützen in drei linearen Feldern

332 Die räumliche Aluminium-Leichtbaukonstruktion der horizontalen Faltwerke basiert auf einem Standardknotenpunkt, der mit einem vertikalen Bolzen an dieser Stelle flachgedrückte Aluminiumrohre zusammenhält

Studie eines Bausystems, angewendet auf einen Schulpavillon. Teamarbeit von 21 Studenten an der Universität von Tokio, 6 Wochen, 1955

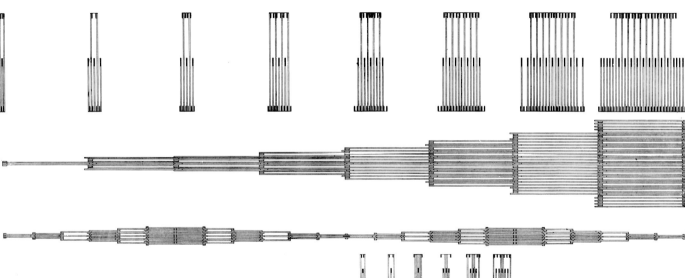

333 Das an zwei Stützen hängende freitragende Dach von 32 m Auskragung und Breite

334 Der Aufbau der Hauptbinder und Nebenbinder

335 Die Beziehung der Binder zueinander

Aus der Verwendung eines einfachen Holzstabes, verbunden durch Tellerdübel, entstand die Notenschrift einer Binderkonstruktion für eine Konzerthalle, die von einem Team von 15 Studenten in 2 Wochen an der Internationalen Sommerakademie in Salzburg, 1956, entwickelt wurde

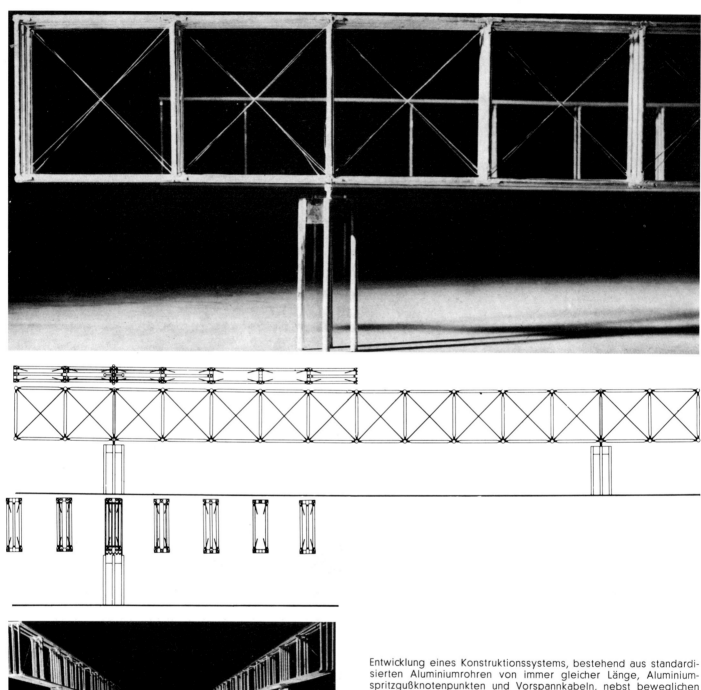

Entwicklung eines Konstruktionssystems, bestehend aus standardisierten Aluminiumrohren von immer gleicher Länge, Aluminiumspritzgußknotenpunkten und Vorspannkabeln, nebst beweglichen vertikalen und horizontalen Flächenelementen. Teamarbeit von 21 Studenten, 5 Wochen, Internationale Sommerakademie Salzburg, 1957

336 Der Auflagepunkt des Binders durch räumliche Spannseile verstrebt und durch Vorspannkabel in der Mitte jeder Stützengruppe im Boden verankert ◄

337 Aufsicht, Ansicht und Schnitte des Bindersystems mit einem Stützenabstand von 30 m zeigen die Variationen im Aufbau jedes Binderfeldes ◄

338 Die Position der Binder zueinander ◄

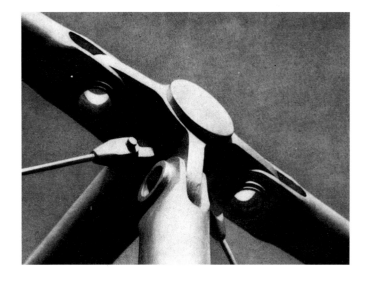

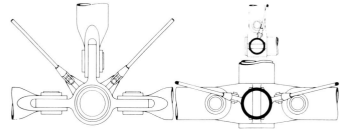

339, 340 Der Standardknotenpunkt der Binderkonstruktion mit den Anschlüssen für die räumlichen Diagonalverstrebungen

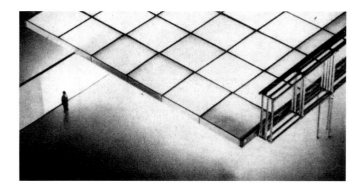

341 Die beweglichen Plattenaggregate für Decke und Wände

342 Die Aufstapelung aller horizontalen Platten im Zustand komplettester Öffnung der ganzen Struktur

343 Kombination von horizontalen und vertikalen Platten für einen Pavillon, der eine Grundfläche von 18×42 m überdeckt

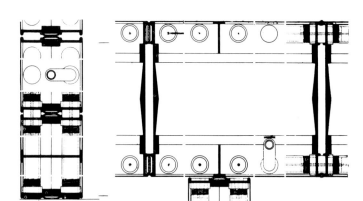

344 Schnitte und Ansichten der vertikalen und horizontalen, durch Vorspannung verbundenen Flächenaggregate

345 Einige Variationen vieler Kombinationsmöglichkeiten der Flächen- und Raumbeziehungen verschieden geformter Bauwerke. Ein Konstruktionsprinzip ist erreicht, in dem nur zwei auf je zwei Stützen ruhende Binder die einzigen feststehenden Konstruktionselemente sind, die sonstige Struktur aber beweglich ist und jedem Bedarf jederzeit angepaßt werden kann.

346 Details der vertikalen und horizontalen beweglichen Flächen. Diese bestehen aus Aluminiumprofilen mit opaquen Kunststoffüberzügen. Durch innere Installationen sind es in sich leuchtende Flächen, die auch zugleich Ventilations- und Heizungsaggregate enthalten, nebst den eventuell notwendigen Verdunkelungsanlagen. Die vertikalen Flächen können in jeder beliebigen Kombination in einem modularen System von in den Boden versenkten Öffnungen aufgenommen werden. Die horizontalen Flächen, aus Standardrahmen von 3 × 3 m durch Vorspannkabel zusammengehalten, in Feldern von 3×18 m, bewegen sich, elektrisch angetrieben in Laufschienen, die an den Ober- bzw. Untergurten und den vertikalen Stäben der Hauptbinder befestigt sind. Damit kann jede beliebige Raumhöhe zwischen 3 und 6 m erzielt werden ◀

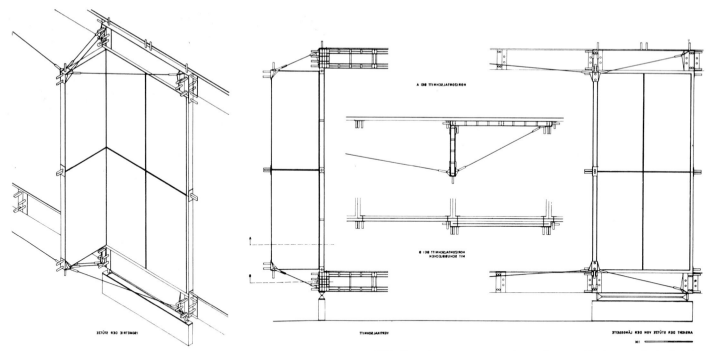

347 Das Verspannungssystem der vertikalen, außerhalb der Struktur stehenden Plattenelemente

348 Die dominierende Position der Spannschlösser an den Außenkanten des Bauwerks

Studie eines Bausystems, das auf der Verwendung einer industriell hergestellten, standardisierten Bauplatte, Spannkabeln und Vorspannschlössern beruht, ohne irgendwelche Stützen, Balken, Unterzüge oder dergleichen. Teamarbeit in 5 Wochen von 24 Studenten an der Internationalen Sommerakademie Salzburg, 1958

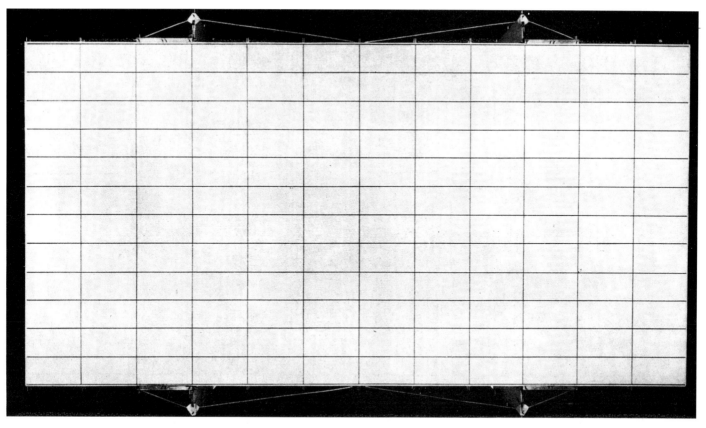

349 Dachaufsicht auf die durch Vorspannung zusammengehaltenen Standardplattenelemente und die Verspannung für die vertikalen tragenden Flächen

350 Das völlig geöffnete Gebäude von der Seite gesehen

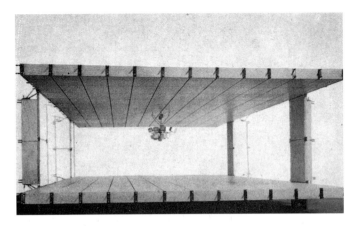

351 Blick in die Struktur von der Schmalseite zeigt die außerhalb der horizontalen Ebenen befindlichen tragenden Platten und die rhythmische Anordnung der Spannschloßaggregate, die in ihrer Lage immer identisch mit den Fugenlinien der horizontalen Felder sind

352 Das System erlaubt die Verwendung jeder Kombination von vertikalen, raumtrennenden Elementen in jeder Höhe

353 Ansicht des geschlossenen Innenraums mit dem beweglichen Beleuchtungsaggregat, das aus einer Kombination von vielen Projektionsapparaten für Diapositive und Filme und Lautsprecheranlagen besteht. Dieses Gebäude ist als ein Kulturzentrum gedacht für kleine und kleinste Ortschaften, in dem durch simultane Projektion, zum Beispiel Bilder in ihren natürlichen Größen und Farben gezeigt werden können, die von auf Band aufgenommenen Vorträgen begleitet sind und periodisch, automatisch ablaufen.

354 Die geöffnete Halle mit den aufgestapelten vertikalen Elementen

355 Die völlig geschlossene Halle, deren Bauelemente verleimte Membranplatten sind unter Verwendung von Sperrholz oder Kunststoff

Studie einer unterspannten Betonkonstruktion ohne Schalungen oder Formen unter Verwendung eines Standardelements im Pressolit-Strangpreßverfahren. Aus einem Hohlkörperprofil entstehen Stützenkombinationen und horizontale Flächen. Halbschalen bilden die vertikalen Elemente. Teamarbeit in 5 Wochen von 21 Studenten an der Internationalen Sommerakademie Salzburg, 1959

356 Die Stützen staffeln sich, entsprechend sich verändernder Lasten, aus Kombinationen der vorgespannten Standardhohlkörper

357 Separierung und Beziehung der eingehängten, horizontalen Flächen zu den äußeren Umschließungen und dem Stützensystem

358 Ein Raumgefüge, das auf zwei Stützenpaaren mit einem Abstand von 24×12 m ruht. Die Unterzüge laufen in der Längsrichtung. Das Rippensystem unter der Decke nimmt die Elemente auf, die der Klimakontrolle, Wasserinstallation, Belichtung, Akustik und Kommunikation dienen

63

Der Lehrende, zum Teamleiter geworden und damit, wenn auch passiv, selbst Mitglied des Teams, steht einer neuen Situation gegenüber. Sein Kontakt mit dem Einzelnen vollzieht sich über den Weg des Kontakts mit den Gruppen und dem ganzen Team. Sein Urteil über den Studierenden basiert nicht nur auf dessen direkten Leistungen als Individuum, sondern muß zugleich seine Fähigkeiten berücksichtigen, sich im Rahmen der Zusammenarbeit mit anderen zu behaupten, was gleichbedeutend mit der Stellung ist, die er in der Gesellschaft, zu der er gehört, einnehmen wird.

Es hat sich oft gezeigt, daß Studierende erst im Team den Sinn der allgemeinen Zusammenhänge erfassen und befähigt werden, ihre Kräfte zu entfalten und zu sehr persönlichen und schöpferischen Beiträgen zu gelangen, die außerhalb der Kapazität liegen, über die sie verfügen, wenn sie sich als Einzelne vor der Komplexität irgendeiner Aufgabe gegenüber sahen. Ganz im Gegensatz zu der Annahme, die man oft hört und die wahrscheinlich nur aus mangelnder Kenntnis der Materie stammt, daß Zusammenarbeit das Ende der Individualität sei, fühlen sich die Teammitglieder jederzeit völlig frei, ihre eigenen, sehr persönlichen Entscheidungen zu treffen. Denn es ist die Idee solch einer Teamtechnik, zu einem Resultat zu kommen, das sich nur und ausschließlich auf individuellen Einzelentscheidungen aufbaut, aber mit dem Ziel, für das gestellte Problem eine einzige, die allgemeingültige Lösung zu finden, die sich aus der vertiefenden Durchdringung der verschiedenen Möglichkeiten, unter den verschiedensten Aspekten und unter dem Einsatz aller Mittel der Information in sachlichen, unvoreingenommenen Auseinandersetzungen ergeben muß.

In solchen Zusammenhängen werden Begriffe der Begabtenauslese schwer anwendbar sein, wie es ja auch nicht in der Absicht des Teamtrainings liegt, das Talent zu züchten. Als einziges Ziel gilt es, dem universellen Designer zu dem Platz zu verhelfen, den die Wissenschaft und Technologie für ihn vorbereitet hat, von dem aus er allein positiv in die allgemeine kulturelle Entwicklung eingreifen kann.

Aber an irgendeine Erneuerung des Studiums kann nicht gedacht werden, wenn nicht vorher die beratenden und lehrenden Kräfte entsprechend ausgebildet sind, um neue Annäherungen und Bedingungen nun auch wirklich lehrend vermitteln zu können.

Aber gerade auf diesem Gebiet scheint überall wenig getan zu werden. Hierin liegen wohl auch die Ursachen, weswegen viele Hochschulen vor großen Schwierigkeiten stehen, ihre Fakultäten progressiv zu erneuern. Besonders kompliziert wird der Fall, wenn es sich wie hier um Probleme handelt, die im Zusammenhang noch gar nicht formuliert sind, sondern nur aus Einzelleistungen bestehen.

Es müßten also, ehe man sich der Neubewertung der Lehrpläne der Hochschulen annimmt, Trainings- und Ausbildungsstätten geschaffen werden, um diese Lehrkräfte vorzubilden und sie mit genügend speziellen Kenntnissen auszustatten im Sinne der wissenschaftlich technologischen, industriellen Entwicklung.

In diesem Zusammenhang erscheint die Notwendigkeit der Planung neuer Institutionen evident. Solche Plätze sollten aber nicht nur auf rationale Gebiete des Studiums und der Forschung beschränkt sein, sondern auch deren Auswirkungen umfassen, selbst bis in das Tabu kunstgeschichtlicher Bewertungen.

64

„Das Forschungsinstitut" als eine umfassende, autonome Institution sollte sich aus den technischen Ausbildungsstätten, den Hochschulen und Universitäten, herauskristallisieren und diesen vorgeschaltet sein.

Man kann sich unter einem solchen Forschungsinstitut eine Organisation vorstellen, die aus entsprechenden, parallel angeordneten Abteilungen zur Untersuchung aller überhaupt möglichen Probleme besteht.

Unter der Voraussetzung, daß die Industrialisierung des Bauens nicht einfach die Verbesserung akzeptierter Methoden und erweiterter Anschauungen darstellt, erfordert sie also zunächst grundlegende Begriffsanalysen. Indem damit jegliches Problem einer Neubewertung unterzogen würde, muß der Aufgabenkreis eines solchen Instituts von Anfang an sehr komplex sein. Er kann überhaupt nur durch seine Komplexität wirksam werden. Denn wie bereits wiederholt angedeutet, kann im Sinne der Industrialisierung das einzelne Produkt nur verstanden werden in seinen direkten dadurch beeinflußten und zugleich beeinflussenden Beziehungen zu jeglichem anderen Objekt, Funktion oder dergleichen. So muß auch das Bauwerk selbst nur das Ergebnis einheitlicher Methoden und Meßwerte sein, die von dem großen Volumen bis in das kleinste Detail an keinem Punkt den Ursprung und Zusammenhang verlieren dürfen. Also nur eine simultane Forschung und diese zugleich basierend auf Grundlagenforschung würde dem Wesen eines solchen Instituts entsprechen. Ohne das Thema prinzipiell zu fixieren, müßte solch ein Forschungsinstitut sich aus folgenden Disziplinen zusammensetzen:

    Grundlagenforschung
    Materialforschung
    Produktionstechnik
    Modulare Koordination
    Statik
    Produktforschung
    Umweltkontrolle
    Installation
    Hygiene
    Organisation
    Statistik
    Soziologie
    Psychologie
    Planung

Erst die vergleichende Analyse von Untersuchungsergebnissen dieser Gebiete bestimmt den Rahmen von Entwicklungsmöglichkeiten und legt zugleich objektive Wertmaßstäbe fest.

Das Gremium der Wissenschaftler, die in diesen einzelnen Abteilungen arbeiten, stellt ein voneinander abhängiges Arbeitsteam dar. Der Sinn eines solchen Instituts liegt also nicht nur in spezialisierten Forschungsarbeiten einzelner Abteilungen, sondern in der konstanten Zusammenarbeit im Team der ganzen Organisation.

Ein Dokumentationszentrum sollte dem Forschungsinstitut übergeordnet sein, das als eine Art Ausgleichsstelle die Ergebnisse der Forschungen der einzelnen Abteilungen sammelt und damit das Grundwerk zu einer neuen Klassifizierungstechnik sowohl analytischer, methodischer als auch materieller Probleme bildet. Abgesehen von der Schaffung einer Bibliothek, die auf jene Themen, die sich direkt oder indirekt mit den Fragen der Industrialisierung befassen, spezialisiert ist, sollte hier ein großes, fundamentales Klassifizierungswerk aufgebaut werden, das jeglichen Beitrag der Entwicklung der Technologie, der Entdeckungen, Erfindungen und Erfahrungen dokumentiert und mit Hilfe der fortschrittlichsten Methoden der Information klassifiziert und weitergibt.

Das Dokumentationszentrum, ausgestattet mit den besten Informationsmitteln, sollte auch Mittelpunkt des Forschungsinstituts sein, zugleich aber auch Zentrale aller Beratungen und Entscheidungen der Vertreter der verschiedenen Abteilungen. Ferner müßte diesem Dokumentationszentrum eine Abteilung eingegliedert werden, die sich mit den Problemen der pädagogischen Information befaßt, aus der sich dann die so außerordentlich wichtige Abteilung der Lehrerausbildung entwickeln würde.

In der Zusammenfassung von Forschung, Entwicklung, Dokumentation, Klassifizierung und Information, der Ausbildung von Lehrkräften und Spezialisten, in enger Zusammenarbeit mit Wissenschaft, Technik, Industrie, Wirtschaft und Politik, erscheint das Forschungsinstitut als eine vordringliche Schlüsselinstitution, die, sich perpetuell in gleichartige Institutionen ausdehnend, zu einer Keimzelle des neuen Baugedankens werden kann.

65

Was aber ist dieser neue Baugedanke? Ist es der Bau selbst, oder ist es der Gedanke der Zeit, der aus den Vorstellungen entsteht, die selbst aus dem Unbewußten geboren und durch Umstände bedingt zu angenommenen Anschauungen führen, die zwischen gut und schlecht, schön und häßlich, kompliziert und einfach unterscheiden?

Vielleicht ist es nur der Gedanke, die Idee, in der sich diese Zeit vollkommen auszudrücken vermag, während das Werk selbst Akt des vorübergehenden Zustands ist und darum seine Bedeutung nicht in seiner Permanenz haben kann.

Ist der Bau als die Summe von Funktionen, bei dem Form und Volumen aus den Räumen und Details entstehen, ein in sich geschlossenes Gebilde, oder ist er selbst Teil eines Ganzen, das sich immer fortsetzend, die Landschaft der Zivilisation bildet?

Ist der Bau ein Mittel zur Befriedigung eines Anspruchs oder einer Vorstellung und erreicht damit seine Aussage, oder ist er die konkrete Interpretation des dynamischen Gedankens der Zeit allein, der alles einbezieht und in einer Formel alles ausdrückt und damit eine ganz andere Bedeutung erhält?

Von welchem Standpunkt aus können Unterschiede zwischen gut und schlecht, einfach und kompliziert, gemacht werden, Unterschiede, die selbst oft nur auf des Messers Schneide liegen und trotzdem klar erkannt werden müssen?

Nimmt man als Beispiel den Begriff des Einfachen, so erscheint er identisch mit der Vorstellung der Vereinfachung von Anschauung und Handlung. Aber eine Einfachheit kann nun auch durch die paradox erscheinende Kompliziertheit des produktiven Vorgangs erreicht werden, der durch das einfache, automatische Wiederholungsprinzip Voraussetzungen schafft, die ganz im Gegensatz zu den Gedanken der Veinfachung stehen, die sich zum Beispiel in einem handwerklichen Prozeß ausdrücken.

In der Überwindung der Vorschule dieses Jahrhunderts hat sich gezeigt, daß aus formaler Erneuerung nur der Zweifel und das Suchen nach dem bedingten Sinn geblieben sind, und es ergab sich die erstaunliche Tatsache, daß die mit einfachen Mitteln erreichte Einfachheit in sich selbst zum Endzustand wurde, wogegen die durch komplizierte Mittel geschaffene einfache Ordnung in ganz anderem Sinn dem Bewegungsrhythmus der Gegenwart zu entsprechen scheint und sich immer weiter ausstrahlend fortsetzt.

Die Fragestellung „was ist einfach" wird zu einem primären Ausgangspunkt jeglicher Anschauung und ist darum auch identisch mit der Frage nach dem „Warum" überhaupt, die sich nicht nur auf Gedanken und Handlung, sondern auch auf Reaktionsfähigkeit bezieht.

Die Deutung des Unterschieds zwischen dem Einfachen und dem Monotonen, dem Nichtsaussagenden und dem Alleserkennbarmachenden, beruht nicht auf Geschmacksvorstellungen und kann nicht von Gefühlswerten beeinflußt sein.

Aus Umständen, dem Möglichen und dem objektiv Vergleichbaren bildet sich der zeitgebundene Begriff des Einfachen.

Man kann sich nicht vorstellen, daß ein Bauwerk zu einfach sein könne. Das zu einfache gibt es überhaupt nicht. Dagegen ist fast alles nicht einfach genug. Wenn aber etwas sehr einfach ist, aus dem Notwendigen entstanden, so ist es darum das Vollkommene, identisch mit dem Begriff des Schönen.

Die Aussage, die ein Bauwerk macht, entsteht nicht durch die hineinprojizierte Mimik der Fassade. Selbst die bis zur Naivität gesteigerte Einfachheit eines Notstandsbaus hat eine größere Ausdruckskraft und wäre eine Tugend gegenüber der absichtsvollen, kunstvollen Verkleidung einer Funktion.

Der Bau sollte um seiner selbst willen genügen. Tut er es nicht, dann würde sich darin nur ausdrücken, daß er in Planung und Funktion nicht seiner wirklichen Aufgabe entspricht, die er zu erfüllen hat. Denn als Spiegelbild des Anspruchs, der Raum und Körper schafft und bestimmt, hat der Bau damit zugleich schon seine Form gefunden.

Dieser Anspruch ist aber ein hoher geworden und auch ein allgemeiner. Es ist nicht mehr das Einzelne, das Besondere, das Individuelle, das diesen allgemeingültigen Anspruch fixiert.
Jetzt geht es um etwas ganz anderes. Es ist die hochentwickelte Technologie in ihrer Anwendung als unbegrenzte Wiederholung im Dienste jeden Anspruchs, welcher Art und wo immer er auch sei. Daraus ergibt sich, daß ein wirklich moderner Bau nicht mit konventionellen Mitteln geschaffen werden kann. Die Begriffe der traditionellen Baukunst sind nicht mehr präzise genug, um durch sie den Gedanken dieser Zeit zu interpretieren.
Das einfache, klassische Haus, der Tempel, die Kathedrale, Wunderwerke der Baukunst, kostbarer Besitz der menschlichen Gesellschaft, haben ihren unzerstörbaren Wert als Deutung von Gedanken und Zeitgefühl. Aber nun wird es nicht mehr nötig sein zurückzublicken, um aus dieser großen Vergangenheit zu lernen, denn so wenig der gotische Gedanke dem romanischen Gedanken Raum gab, so wenig kann die neue Anschauung eine Tradition fortsetzen, die, nur durch ihre Zeit bedingt, lebendig und bedeutungsvoll sein konnte.
Es sind andere Ziele, durch die sich die Kultur der kommenden Epoche ausdrücken wird, mit anderen Mitteln zu erreichen, die die Zivilisation mit ihren eigenen Kräften anstreben muß.
Es kommt nicht darauf an zu wissen, wohin der Weg führen wird. Schon der Versuch einer Beschreibung des Ziels hieße eine vorgefaßte Meinung haben. Die Arbeit selbst im Sinne technologischer und soziologischer Gegenwartsbedingungen wird die Richtung weisen. Aber schon zeichnen sich genug Einzelheiten ab, die den Weg der Entwicklung ahnen lassen.
Der Bau als solide, statische Masse wird sich mehr und mehr in Kombinationen von Funktionen und Einzelelementen auflösen. Aneinander und aufeinander geschichtete Flächen werden dominieren, als Bewegungsebenen gedacht, die zugleich den porösen Charakter der Baumasse bestimmen, umschrieben durch Funktionen ausübende Elemente, weniger durch den Begriff der soliden Masse der Wand.

Der freie Raum wird primär jegliche Planung beeinflussen. Die großen Spannweiten werden neue Raumbegriffe zur Folge haben, wie sie vorher nie konzipiert werden konnten. In diesen weitgespannten Konstruktionen werden die Stützensysteme im fertigen Werk so sekundär sein, daß sie kaum noch in Erscheinung treten. Sie werden auch statisch strukturell nicht immer als solche erkannt werden können, da Zugstäbe, Platten, räumlich aufgelöste Tragsysteme ebenso als tragende Elemente dazu kommen. Achsenbetonungen und andere Gestaltungsmittel werden durch den funktionellen Rhythmus von Öffnungen und Abschirmungen abgelöst.
Die tragenden Bauteile werden sich immer mehr in das Innere des Bauvolumens verlagern. Begriffe von Masse, Fassade oder Monumentalität, nichts mehr als nur zusammenhanglose, visuelle Effekte, werden sich von selbst aufheben. An den glänzenden Außenflächen des Baus wird man nicht mehr das strukturelle System des Bauwerks ablesen können im Sinne von „Form folgt der Funktion". Denn diese Flächen sind keine Fassaden mehr, da sie ganz unabhängig von der Konstruktion nur als abschirmende Funktionen über den Bau gehängt sind, mit dessen Konstruktion sie nichts mehr direkt zu tun haben.
Das Streben nach Leichtigkeit und visueller Überwindung der Schwerkraft wird in den von Last und Stütze befreiten vertikalen Flächen seine Erfüllung finden.
Die Aneinanderreihung volumenmäßig bestimmter Elemente in beliebiger Kombination und Zahl, ohne irgendwelche dazugefügten formalen Verbesserungen und in immer möglicher Anpassung an neue Aufgaben, stets zu verändern, schafft die bewegliche, die „atmende" Haut.
Diese Elemente, welcher Art sie auch sein mögen, in modularen Systemen in Beziehung gebracht, werden sich in Gelenken treffen, die als gedachte Punkte im Raum durch imaginäre Linien verbunden sind, die in den Flächen identisch mit Fugenlinien sein können. In solchen Ordnungen wird sich das Material verteilen als Fläche oder durch seine eigene Krümmung und in sich selbst verformt und punktiert, im Aufnehmen und Weiterleiten der Kräfte, wenn es Teil der Konstruktion ist.

Jede Aussage wird sich daher zunächst auf Punkt, Linie, Fläche, Volumen beschränken müssen. Indem sich in dem Spiel von Material, Linien, Flächen und Körpern ein sehr einfaches, aber sehr empfindliches Medium anbietet, so wird wohl weniger zu sehen sein, aber das Wenige umso bedeutungsvoller werden. So wird der Bau eines Geheimnisses entkleidet sich unverhüllt kritischer Betrachtung aussetzen.

Auf dem Wege in solche Richtungen wird der Abstand zwischen der fortschreitenden Verbesserung existierender Bautechniken und den davon ganz unabhängigen Entwicklungen der aus der Industrialisierung bedingten Probleme immer größer werden. So werden sich auch die Unterschiede zwischen Architekt, Designer und Planer immer mehr akzentuieren.

Es wird der universelle Designer sein, der mit der Industrie als komplexem Instrument, ähnlich dem Produktdesigner, für die Aufgaben seiner Zeit arbeitet. Die Grenzlinien zwischen Produkt, Bauelement und Konstruktion werden sich immer mehr verwischen, bis sie sich völlig aufheben.

Aus der Zerlegung der großen und größten Volumen in kleine und kleinste Einzelteile, die sowohl positive Objekte als auch negative Einzelformen zur Schaffung großer, homogener Strukturen sein können, entsteht als Ausgangspunkt konstruktiver Konzeptionen die Zelle, das Einzelelement.

Aufgabe des universellen Planers aber wird es sein, die technologisch bestimmten Produkte im schöpferischen Akt zum fertigen Werk zu fügen. Der universelle Planer tritt nun in das Team der Schaffenden, die Fertigprodukte zu kombinieren und mit ihnen im weitesten Sinne des Wortes zu planen. Mit der Entwicklung der Teile wird er nur wenig zu tun haben, sie im ganzen in Meisterschaft zu verwenden, ist seine große Aufgabe. Seine Arbeit wird von der Planung kleinster Bauten über die größten Volumen bis in die Gebiete des Städtebaus vorstoßen und indirekt sogar nicht ohne Einfluß auf die zukünftige Landesplanung sein.

Es wäre ein Mißverständnis anzunehmen, daß Rationalismus, Technologie und Funktion die einzigen übrigbleibenden Ausdrucksmittel wären, die nur noch das „Gesicht" der Kultur bestimmen. Die Methoden und Werkzeuge, die sich nun die Zivilisation erarbeitet und erfunden hat und zu denen sie in ihrer sozialen und gesellschaftlichen Struktur so völlig korrespondiert, sind nur als Basis, auf der sich eine neue Anschauung aufbaut, von größter Bedeutung. Sie müssen aber in ihrer Potentialität erkannt werden und in das Bewußtsein dringen, ehe ein Gedanke formuliert werden kann.

Nicht voraussagen läßt sich, welche Folgen sich dadurch ergeben werden oder was überhaupt als Wirkung erkannt und als Gedanke bedeutungsvoll sein wird.

Der lange Weg der Entwicklung ist zugleich der Weg der Befreiung von dem Dogma der Konvention. Erst wenn die Anschauungen, die längst ihren ursprünglichen Sinn verloren haben, überwunden sind und das sich nun anbietende Arbeitsinstrument, seinen eigenen Gesetzen entsprechend, völlig beherrscht wird, kann sich aus dem rationell Bedingten über den Weg der Erkenntnis und durch den Genius des Meisters der Bau zum Werk der Kunst formen.

Aus den Mitteln der Zeit wird sich nicht nur eine neue Ästhetik und eigene Sprache bisher unbekannter Schönheitsbegriffe entwickeln, sondern darüberhinaus eine neue Ethik der Kunstanschauung überhaupt als Symbol einer neuen Epoche.

Die wissenschaftlich technologische Perfektion ist die Voraussetzung, das Ziel aber beibt das Ringen um die Erkenntnis und die Kunst des Bauens.

Aber die objektive Frage, die über alle Handlungen letzten Endes dominiert, was man unter dem Begriff Baukunst verstehen wird, muß offen bleiben. Erst wenn der Mensch fähig ist, die Umwelt als die Seinige, die ihm Eigene zu erkennen und sich mit ihr völlig zu identifizieren, wird die Frage in ihrer ganzen Komplexität klar erkennbar sein.

Die Antwort darauf wird sich dann von selbst ergeben.

Register

Inhaltsverzeichnis

Erster Teil

Seite 8—47

1	Einführung	9
2	Zeitgeschichtliches	10
3	Entscheidende Einflüsse des 19. Jahrhunderts	11
4	Kristallpalast, London	12
5	Firth-of-Forth-Brücke, Edinburgh	22
6	Eiffelturm, Paris	24
7	Beispiel der Spätgotik, Prag	28
8	Alexander Graham Bell	29
9	Brooklyn-Brücke, New York	34
10	Pont Transbordeur, Marseille	38
11	Entwicklung des Hochbaus, Chicago	40
12	Luftschiffkonstruktionen	44
13	Rahmenkonstruktion des Fahrrads	46

Zweiter Teil Seite 48—133

14	Einfluß der Industrialisierung	49
15	Maschine — Massenproduktion	49
16	Modulare Koordination	54
17	Moduln	54
18	Materialmodul	60
19	Leistungsmodul	60
20	Geometriemodul	60
21	Bewegungsmodul	61
22	Konstruktionsmodul	61
23	Elementemodul	62
24	Verbindungsmodul	66
25	Komponentenmodul	66
26	Toleranzmodul	68
27	Installationsmodul	69
28	Einrichtungsmodul	69
29	Planungsmodul	70
30	Die Standardisierung	74
31	Fügen und Verbinden	76
32	Konstruktionsknotenpunkte	88
33	Produktionsprinzipien	92
34	Subtrahieren	92
35	Addieren	94
36	Formen	98
37	Die Maschine als Werkzeug	102
38	Die mechanische Vorrichtung	103
39	Die Automation	104
40	Die mechanische Installation	106
41	Licht	108
42	Kommunikation	110
43	Klimakontrolle	110
44	Wasserversorgung	111
45	Apparate — Objekte	112
46	Materialproduktion	114
47	Finanzierungsprobleme	116
48	Der Facharbeiter	116
49	Die Baustelle	118
50	Beispiele einiger Bausysteme	124

Dritter Teil Seite 134—230

51	Die Komplexität der Bauaufgabe	135
52	Die Entwicklung eines Trennwandsystems	136
53	Die Entwicklung eines Bauplattensystems	140
54	Eine halbautomatische Bauplattenfabrik	148
55	Die Bauplatte, das Fertigprodukt	154
56	Eine Stahlrohrkonstruktion	160
57	Bewegliche, vertikale Flächen	165
58	Die Entwicklung einer räumlichen Konstruktion	170
59	Studie einer dynamischen Struktur	194
60	Studium und Training	202
61	Über die Teamarbeit	204
62	Resultate von Teamstudien	208
	„Institute of Design", Chicago	209
	Technische Hochschule Karlsruhe	212
	„Institute of Design", Chicago	213
	Universität von Tokio	216
	Internationale Sommerakademie, Salzburg	217
	Internationale Sommerakademie, Salzburg	218
	Internationale Sommerakademie, Salzburg	222
	Internationale Sommerakademie, Salzburg	226
63	Der Lehrende — der Teamleiter	228
64	Das Forschungsinstitut	228
65	Die Synthese	230

Personen-Sachregister

Die Zahlen beziehen sich auf die Buchseiten

Adler, Dankmar, 40
Armco, Middletown, Ohio, 64, 84
Arnodin, Ferdinand, 38, 39
Atlas Aircraft Corp., 160

Bauhaus Weimar und Dessau, 202
Bell, Alexander Graham, 29—34, 38
Beman, S. S., 43
Brooklyn-Brücke, 34—37
Burnham, Daniel, 40

Carson Pirie Scott-Gebäude, 42
Chatsworth, Gewächshaus, 14, 20
Chicago Hochhaus, 40—43
Clemson College, 122, 129
Connecticut General Life Insurance Gebäude, 83, 108
Curtainwall-Konstruktion, 40—43, 64, 65, 80, 81, 96

Dombauhütte, 118
Dunnington, Jon, 192, 193

Eiermann, Egon, 208
Eiffel, Gustave, 24—28
Eiffelturm, 22, 24—28, 44, 88
Eternit, 114

Fahrradrahmen, 46, 47
Firth-of-Forth-Brücke, 22, 23
Fox, Henderson & Comp., 17
Fuller, Buckminster, 91, 126, 127

General Panel System, 136, 140—159
General Panel Trennwände, 136—139
Goldene Schnitt, 55
Gotik, 28, 29, 55, 76, 195
Gropius, Walter, 140—159
Grundlehre, 203

Harrison und Abramovitz, Gill und Harrel, 64
Hradschin, 28, 29
Holabird, William, 40, 41

Ibec-System, 128
Inland Steel Gebäude, 65
Institute of Design Chicago, 186, 194, 204, 206, 208, 209 bis 211
Internationale Sommerakademie Salzburg, 79, 91, 206, 217—227

Jenny, William le Baron, 40

Kenmochi, Isamu, 208
Kristallpalast, 13—21, 22, 44

Leinekugel le Coq, 38, 39
Leonardo da Vinci, 29
Lyles, Bissett, Carlisle & Wolff, 122, 129

Mero-Bauweise, 133
Meisterdiagramm, 55
Mile High Center, Denver, Colorado, 64
Mobilar Struktur, 160—167
Monier, Joseph, 34

Otto, Frei und Partner, 38

Paxton, Sir Joseph, 12—21, 22, 24, 34
Pei, I. M., 64
Pressolit, Gartenau, 100, 226

Reliance Gebäude, Chicago, 40
Renaissance, 28, 29, 76
Republic-Bank-Gebäude, 64
Roche, Chicago, 40, 41
Roebling, Johann August, 34—38
Root, John Wellborn, 40

Samuely, Felix, 38, 89, 124, 125
Schütte-Lanz Luftschiff, 44, 45
Shugg Brothers, 35

Skidmore, Owings and Merril, Chicago, 82, 83, 85, 89, 108, 109
SONOWELD, 96
Strukturstudie, 194—201
Studebaker-Gebäude, Chicago, 43
Studio Architetti Valle, 91
Sullivan, Louis, 40, 42

Tacoma-Gebäude, Chicago, 41
Tange, Enzo, 208
Transbordeur, Pont, 38, 39

US Airforce Academy, 85, 89, 109, 120, 121
US Airforce Hangar, 168—191
Unistrut-Bausystem, 89, 123, 130—132

Victoria Regia, 20

Weich, Peter J., 64
Welz, Friedrich, 208

Fotonachweis

Die Zahlen beziehen sich auf die Abbildungen

Adams, Robert, Chicago, 324, 326
Aeroprojects Inc., Westchester Penn., USA, 129
Architectural Review, London, 16

Bob, Chicago, 58, 59
Brechbühler, Hans, Prof., Bern, 44
British Railways, 17
Burkhardt und Weber, Reutlingen, 138
Butler Steel Products, 63

Callahan, Harry, Prof., Chicago, 259, 279, 285, 287, 288, 290
Cal Pictures, 57
Chicago Architectural Photographing Co., 46—48
Chicago Historical Society, 45
Collection photographique Lausanne, 61, 124
Connecticut General Life Insurance Comp., 106
Craftsmen In., Norfolk, Va., 179, 180

Daniel Construction Comp., Inc., 166—168, 181
Davis, 325
Dell and Wainwright, 16
Delugan, Eleanor, Ulm, 123
Demag, Duisburg, 151
Dunnington, Jon, Kansas City, 295—298

Eternit, Zürich, 152, 153
Fawcett, Walden, 25
Fonteyn, Felix, 156
Ford Motor Co., 103, 104

Garber, Woodie, 254, 255
General Bronze, New York, 64, 160
General Panel Corp., New York, 100, 122, 126, 127, 195 bis 245
Gliessmann Studio, 128
Grosvenor, Gilbert, Washington, D.C., 39

Hahn und Kolb, Stuttgart, 137
Harris, John, 155
Hedrich-Blessing, Chicago, 105
Heininger, F. A., Zürich, 152, 153
Hirayana, Tokio, 330—332

Institute of Design, Chicago, 96, 97, 261, 284, 289, 291, 292, 310—313, 316
International Plastics Ltd., London, 155, 156

Kaiser Aluminium, Chicago, 178
Kanarish-Kropp, 328, 329
Kaufmann and Fabry Co., Chicago, 86

Laing and Son, John, London, 171
La Plant, H., 108, 113, 114, 147, 162—165
Leonhardt, Fritz, Prof., Stuttgart, 18
Lincoln Electric Comp., Cleveland, Ohio, USA, 174
Loewy, USA, 136

Marshall, David, London, 172
McCurdy, David G., 34
McCurdy, John A. D., 27, 29—33
Mengeringhausen, Würzburg, 192—194
Museum of the City of New York, 35

National Geographic Society, 25—34, 39

Otto, Frei, Berlin, 41

Péclard, Lausanne, 40, 54—56
Puschej, Landesbildstelle Salzburg, 121, 333, 335, 336, 338, 339, 341—343, 346

Republic Steel Corp., Long Island City, N.Y., 130—132, 182, 183
Richter, Don, 178

Samuely, Felix, London, 42, 115, 173
Schacht, Wilhelm, München, 14, 15
Schmidt, Ilse, TH Karlsruhe, 101, 348—355
Schneider, Ursula, Chicago, 24

Schütte-Lanz Luftschiffwerke, 49—51
Schulak, Chicago, 322
Siskind, Aaron, Institute of Design Chicago, 60, 120, 262—264, 266—271, 273, 275, 277, 278
Sparks Co., Inc., N.Y., 139—142, 159, 161
Steinman, David B., 35
Stöhr, Wilhelm, Offenbach/Main, 62
Stoller, Ezra, New York, 106, 109, 143—146
Studio Architetti Valle, Udine, 117, 118
Sulzer, Fritz, New York, 36—38, 119, 175—177
Sulzer, Peter, Paris, 19—23, 112, 319—321, 356—358

Tarex S. A., Genf, 157

Union Bag-Comp. Paper Corp., 154
Unistrut, Michigan, 116, 169, 170, 184—188
US Plywood Corp., New York, 125

Violett, H. Roger, Paris, 43

Wachsmann, Anna, New York, 127, 195—197, 200—203, 206, 209—211, 236—249, 251—253, 258
Williams and Meyer Co., Chicago, 85
Whittington, Dick, Los Angeles, 122, 126, 215, 219—221, 223—228, 230—234

Aus folgenden Publikationen wurden Abbildungen entnommen:

„The building erected in Hydepark", Verlag John Weale, 1852, London, 1, 2, 4—7, 9, 10, 12
Zeitschrift für Flugtechnik und Motorluftschiffahrt, 1924, 49—53
„Arts and Architecture", John Entenza, 1943, 111
„A study prepared for the committee of stainless steel producers", Princeton Universität, 1955, 82—84, 102
Jahreszeitschrift La Casa, Nr. 5, Rom, 1958, 148—150
„Fördern und Heben", Krausskopf-Verlag, Wiesbaden, 62, 137, 138, 151